房地产全流程实务指引

——基于司法裁判的大数据分析

张莹琳◎著

法律出版社
LAW PRESS·CHINA
北京

金茂法律丛书

图书在版编目(CIP)数据

房地产全流程实务指引：基于司法裁判的大数据分析/张莹琳著. -- 北京：法律出版社, 2022
(金茂法律丛书)
ISBN 978-7-5197-7092-1

Ⅰ. ①房… Ⅱ. ①张… Ⅲ. ①房地产-民事纠纷-审判-研究-中国 Ⅳ. ①D925.118.4

中国版本图书馆 CIP 数据核字(2022)第169943号

房地产全流程实务指引
——基于司法裁判的大数据分析
FANGDICHAN QUAN LIUCHENG SHIWU ZHIYIN
—JIYU SIFA CAIPAN DE DASHUJU FENXI

张莹琳 著

策划编辑 肖 越
责任编辑 肖 越
装帧设计 马 帅

出版发行 法律出版社
编辑统筹 法商出版分社
责任校对 晁明慧 王 皓
责任印制 胡晓雅
经 销 新华书店

开本 710毫米×1000毫米 1/16
印张 20.75 **字数** 327千
版本 2022年11月第1版
印次 2022年11月第1次印刷
印刷 三河市龙大印装有限公司

地址:北京市丰台区莲花池西里7号(100073)
网址:www.lawpress.com.cn
投稿邮箱:info@lawpress.com.cn
举报盗版邮箱:jbwq@lawpress.com.cn

销售电话:010-83938349
客服电话:010-83938350
咨询电话:010-63939796

书号:ISBN 978-7-5197-7092-1
定价:88.00元

金茂律师著述之花持续盛开

金茂律师专业著作一本又一本、一批又一批陆续出版发行，令人欣喜。

金茂律师文集。金茂律师事务所建所以来，每隔五年，出版一本金茂律师文集，回顾总结五年间金茂律师法律服务优秀专业成果，记录金茂律师的不俗业绩和执业经验。

金茂律师专业著作系列。金茂律师在为当事人服务中，在不同领域形成了一批专业团队，不仅专业水准高超，且专业著作频出，形成系列。如吴荣良律师领衔的生态环境、员工健康、公共安全法律服务团队，单独或与复旦大学、华东理工大学等高校专家教授合作，自2015年以来的七年间，出版发行了《HSE法治热点面对面》《企业环境法律风险管理实务》《企业环境健康安全风险管理》《ESG理论与实务》等五部专著，在生态环境、员工健康、公共安全领域形成了系统性研究成果。

金茂法律丛书。继2021年首批法律丛书《外商投资法律实务》《科创企业运营与上市法律实务》《建设工程全流程实务指引——基于司法裁判的大数据分析》等三部丛书出版发行后，2022年已出版了由吴荣良、万美、黄启荣律师撰写的《环境法律实务——争议解决与合规发展》一书，目前又有四部专著即将出版发行。

本次出版发行的金茂法律丛书，包括由袁青、张莹琳、韩春燕、孔瑜律师撰写的《城市更新法律实务指引——基于上海城市更新的探索与实践》，张莹琳律师撰写的《房地产全流程实务指引——基于司法裁判的大数据分析》，万波律师撰写的《数据与个人信息疑难问题实务指引》，丁钰律师撰写的《行政法实务笔记》等。这批金茂法律丛书又有了新的视角和高度，有关对特大型国际大都市上海城市更新重大课题及房地产全流程的法律观察，有关对亿万人民群众关心关注的个人信息和数据安全与保护疑难问题法律解决的方法。金茂法律丛书的创作方式也有创新与发展,用笔记形式叙述事实与法律,更形象,更生动,更贴近百姓。

金茂律师创作著述已入佳境。金茂有众多律师构成了著书立说的群体,而源源不断的高质量法律服务实践,为著述提供永不枯竭的创作源泉。金茂律师的创作热情,会催生更多更好的律师专著。

让金茂律师著述之花持续盛开,出版发行更多更优秀的金茂法律丛书,不断提高律师法律服务的专业水平和执业能力,更好地服务当事人,服务社会,引领法律服务业发展。

上海市金茂律师事务所创设律师、合伙人

吴伯庆

2022年8月

序　二

张莹琳律师是一位勤奋的年轻律师，也非常荣幸能与她共事多年。这次受张律师之托，为张律师的新书作序，倍感荣幸。看到一位律界新星冉冉升起，也是非常令人高兴和期待的。

在我的回忆中，张律师从中南财经政法大学毕业后就加入开炫律师事务所实习，开始走上律师职业。选择做一个专业化律师，对于年轻律师而言是需要很大勇气的。我是开炫律师事务所的创始人，坚持专业化道路是开炫律所的基本方针。2014 年的夏天，我和张律师就律师专业化进行了讨论，并分析了在无锡进行律师专业化的可能。我们就以建筑房地产作为专业领域，并邀请张律师一起组建了开炫房地产团队。可以这么说，开炫房地产团队的基本框架是我和张律师一起完成的。当时，我们每月举办一次房地产领域法律的讲座，设立了开炫房地产法律的微信公众号，出版了开炫建筑与房地产季刊。经过一年多的推广，国内外著名的房地产企业，比如万科集团、万达集团、九龙仓集团、日本积水集团等成为了开炫客户。

相比无锡而言，上海能为律师的专业化发展提供更高的舞台，张律师有幸到上海建纬律师事务所，并师从朱树英主任。尽管张律师离开开炫时，我心里是万般不舍，但回过头来看，张律师的选择是对的。经过多年的磨练，张律师成为房地产建筑领域内专业的著名律师，也成为著名律所上海市金茂律师事务所合伙人。

房地产开发是一项系统的工程，需要经过多个政府部门行政审批，周期长、环节多。房地产项目的开发、融资、销售、售后、租赁、征收补偿、存量房买卖等各个业务环节，都会面临各类复杂的法律问题。正确处理和解决房地产开发流程中的法律风险，对房地产企业甚至房地产市场的健康发展有重要意义。本书无疑关注到了此热点问题，以房地产业务流程为经，以各流程中可能出现的法律问题为纬，框架完整，内容丰满，对深入了解房地产业务大有裨益。在看完此书之后，我们不仅能够了解房地产业务涉及的法律问题，还能够对房地产业务流程本身进行总体把握。

与一般的房地产法律风险控制方面的书籍不同,本书扎根于司法实践,高度关注了司法案例作为法治的基本单位所蕴含的价值。相较于司法解释固有的局限性,司法案例在弥补制定法不足方面更具有针对性、及时性和明确性,更有利于将法官的自由裁量权约束在一个相对合理的限度内。本书无疑是作者对司法大数据与审判经验深度融合进行制度探索的经验归纳与凝练。从内容上看,本书共有七章四十三个专题,每个专题都包含问题的提出、法律分析、司法裁判实务梳理、小结四个部分。问题的提出部分简明扼要地阐述了该法律问题的核心争议及研究的意义;法律分析部分主要介绍该专题相关的法律、行政法规及规章、地方法规及规章、最高人民法院的司法解释以及地方法院的审判意见、纪要;司法裁判实务梳理部分则集中选取了一批权威度高、影响力广泛的案例,进行精心编排、整理编辑,其中大多数为适用法律和司法解释准确、说理充分的文书范例;小结部分从法律责任的角度对每一模块的法律风险进行了总结,并从实务操作角度提出了切实可行的防范措施。

除鲜明的体系性和实践性外,本书又对社会时事、聚焦前沿问题保持了敏锐感。本书的研究内容既涵盖了有关物业管理、房屋质保、房屋权属、征收补偿等传统问题,也涵盖了近年来对房地产业务影响颇深的公募型 REITs、《民法典》、人脸识别、教育双减政策以及新冠肺炎疫情等新问题,兼具理论深度和实践意义,对于读者迅速理解和掌握房地产领域的新型法律问题大有裨益。

通过阅读本书,读者不仅可以全面掌握蕴藏在典型案例中的制度规则,了解权威机关对具体法律适用问题的司法政策、观点,准确理解和掌握法律条文及司法解释的精神和原义,而且还能够获取大量可参照、可复制的释法说理的思路与方法,有助于从宏观和微观、理论和实践、立法与司法等不同视域对我国房地产法律制度和裁判规则进行全方位的解析和研读。

需要补充的是,张律师除了专业上锐意进取外,平日喜欢读书,热爱生活,还在进修学习中医。最后在张律师新书付梓之余,真心祝福张律师在专业化的道路上走得更顺,成为一名卓越的律师。是为序!

开炫律师事务所创始合伙人、主任

2022 年 9 月

CONTENTS 目　录

第一章　房地产项目开发与融资法律问题

003 | 专题一　非土地管理部门签订的土地置换类协议效力法律问题

009 | 专题二　不动产类股权收购法律尽职调查的调查内容与方法

013 | 专题三　房地产转让中企业所得税承担约定的相关法律问题

017 | 专题四　公募型 REITs 的基本理论与在我国的发展现状

026 | 专题五　我国公募型 REITs 的组织结构与法律关系问题

037 | 专题六　我国发展 REITs 面临的具体法律问题与应对建议

052 | 专题七　融资租赁合同纠纷相关法律问题

第二章　房地产项目销售法律问题

067 | 专题一　房地产广告的法律风险与防范

075 | 专题二　“全民经纪人”的性质与相关法律问题

083 | 专题三　委托合同与中介合同的区分与相关法律问题

093 | 专题四　《民法典》对格式条款的修改与相关法律问题

099 | 专题五　人脸识别司法解释出台后对房地产领域的影响与应对建议

105 | 专题六　超备案价格销售的法律风险与防范

113 | 专题七　“买房送面积”的七个相关法律问题

124 | 专题八　分期开发住宅小区中的物业管理区域与车位出售法律问题

第三章 房地产项目售后法律问题

133 | 专题一 疫情对房地产开发企业项目交付阶段的影响与应对建议
137 | 专题二 物业区域内公共设施/用房权属认定法律问题
143 | 专题三 房地产项目公司注销与购房人产证办理的相关法律问题
148 | 专题四 商品房质量与购房人救济主张的法律问题
154 | 专题五 房屋存在质量问题时房地产开发企业维修责任认定法律问题
160 | 专题六 公共区域过保修期但业主委员会尚未成立时物业维修责任法律问题
165 | 专题七 在超出施工单位保修期后售房的保修责任承担法律问题
169 | 专题八 质保期过后房地产开发企业向施工单位主张质量责任的法律问题

第四章 房地产租赁法律问题

181 | 专题一 未经批准情况下划拨土地上房屋租赁合同效力法律问题
188 | 专题二 餐饮承租方无证经营等情形下出租方的法律责任与应对建议
192 | 专题三 出租方以停止供电、供水等方式催交租金的法律效果与应对建议
196 | 专题四 教育“双减”对校外培训类房屋租赁合同的影响与应对建议
202 | 专题五 商业租赁纠纷中出租方主张解约违约金结算法律问题

第五章 房屋征收补偿法律问题

211 | 专题一　房屋征收补偿款项归属与分配法律问题
216 | 专题二　租赁厂房被征收时出租方与承租方间征收补偿款项分配法律问题
226 | 专题三　公有出租居住房屋征收补偿款项归属法律问题
232 | 专题四　宅基地房屋征收补偿款项分配的法律问题

第六章 存量房买卖法律问题

239 | 专题一　买受方未确定购房资格导致的合同解除与违约责任法律问题
245 | 专题二　无购房资格情况下协议代持购房的法律问题
252 | 专题三　房产新政导致买受方无购房资格的相关法律问题
261 | 专题四　签约后买受方可否要求出卖方配合更名的法律问题
265 | 专题五　出卖方因房价上涨解约导致的合同解除与违约责任法律问题
272 | 专题六　企业购房政策及涉税法律问题(含买卖双方应缴税费案例)

第七章 房地产其他法律问题

281 | 专题一　《民法典》对房地产领域的影响与应对建议
291 | 专题二　《上海市土地交易市场管理办法》新旧版对比与解读
303 | 专题三　不动产抵押权证登记的抵押期限的相关法律问题
308 | 专题四　约定担保范围与登记担保金额不一致时的相关法律问题
317 | 专题五　债务人物保与第三人人保并存时的相关法律问题

第一章

房地产项目开发与融资法律问题

专题一　非土地管理部门签订的土地置换类协议效力法律问题

一、问题的提出

实务中存在一类特殊的土地置换协议，该类协议并未按照正常的土地出让流程与政府土地管理部门签订，那么该类协议的效力如何？为方便理解该问题，试举一例：A公司与某镇政府、B公司签订三方协议，该协议具体权利义务大致为：某镇政府拟收回B公司位于该镇的划拨用地使用权，并协助A公司竞拍取得该镇甲地块的国有土地使用权。如A公司其后事实上取得甲地块的国有土地使用权的，需以低于市场价格将其位于该镇乙地块上的部分建筑物出卖给B公司。其中，B公司取得乙地块上建筑物的价格与市场价格的差额部分，即实际优惠的金额，则抵作镇政府本应支付给B公司的动迁安置补偿款项部分。

为此，笔者结合相关规定和司法裁判实务，对非土地管理部门签订的土地置换类协议效力所涉及的法律问题进行分析，以供参考。

二、司法裁判实务梳理

（一）法院认定该类协议有效的情形

1. 部分法院以"协议内容不涉及分割或处置土地出让金、土地的具体交付、过户时间等具体问题"为由，认为其并不是一份正式的土地出让合同，据此认定协议未违反法律、行政法规强制性规定，应属有效。

案例1－1－1　上海市某人民政府与上海某经济联合发展有限公司建设用地使用权出让合同纠纷案，上海市高级人民法院（2016）沪民申115号审判监督民事裁定书。

【案涉协议书摘要】2000年，某联合发展公司与某人民政府签订《协议书》，约定:某联合发展公司为支持曹路镇汽车工业发展,将其拥有的位于上川路以北、陈邵路以西、金惠路以东(金惠路以西尚有部分)某某村100.857亩土地使用权以18万元/亩的价格转让给某人民政府;同时,某人民政府为了补偿某联合发展公司,愿意将某154亩土地(下述某村10宗土地)转让给某联合发展公司开发,土地征用、养吸劳安置、动拆迁由某人民政府负责,完成后交付某联合发展公司,转让价格按60万元/亩。

2005年,双方又签订《补充协议》,约定:某联合发展公司通过摘牌方式取得某村10宗土地的开发权,无论最终摘牌价格多少,某人民政府均按110万元/亩收取成本,并在110万元/亩的价格内按110万元/亩为基础承担政府收取的土地出让金,摘牌价格超出110万元/亩的部分全部返还某联合发展公司,超出部分的土地出让金由某联合发展公司按超出部分为基础自行承担;如果某联合发展公司未获得某村10宗土地的开发权,某人民政府按该块土地出让价格的70%扣除110万元/亩后返还某联合发展公司。

【法院裁判】《协议书》中并未对某村土地的具体交付、过户时间等事项进行约定,由此可见,《协议书》并不是一份正式的土地出让合同。《协议书》系约定集体土地性质转换前置程序的土地置换框架协议,并无直接出让集体土地的意思表示。《补充协议》中结算方式的条款以竞拍的不同结果为条件,分别约定了竞拍成功与不成功情况下的补偿金计算方法,并无某发展公司可直接收取土地出让金的意思表示。故上述两份协议均未违反法律、行政法规强制性规定,应属有效。

2. 部分法院以"协议仅对双方权利义务进行框架性约定,无法就其单独全面履行"为由认定协议性质为预约合同,且协议未违反法律、行政法规强制性规定,合法有效。

案例1-1-2　香港某投资管理公司、绵阳市某乐园有限公司合同纠纷案,最高人民法院(2017)最高法民终194号二审民事判决书。

【案涉协议书摘要】2002年,绵阳市某管委会与某投资公司签订《购买土地协议》,约定:(1)某投资公司在绵阳市注册某项目公司用于建设南湖乐园等项目,占地面积约2000亩,项目投资3亿元;土地性质为出让,用地性质为商业用地,使用期限50年,争取70年,协议签订之日起七日内付土地款100万元,项目建成后再付土地款100万元,某管委会交付国有土地使用证予某投资公司后,某投资公司再支付余款300万元。(2)某管委会为某投资公司用地配套水、电、气、通讯、道路等基础设施及道路两边绿化。(3)南湖乐园内主干道建设由经开区管委会负责完成。(4)某管委会向某投资公司出让南湖乐园以北、鸿南路以西土地200亩。(5)某管委会在某投资公司进场之前,协助某投资公司做好注册公司进区项目立项、工商注册登记、城建报批等服务工作。(6)某投资公司在经开区内注册公司,享受绵阳科技城有关优惠政策。

【法院裁判】该协议对双方的权利义务进行了框架性约定,是双方当事人的真实意思表示。但是,《购买土地协议》除总体规划招商引资和土地出让等内容,对协议所涉及的出让土地性质的调整、如何达成符合城市规划及土地出让的具体条件、出让土地范围和具体时间等均未明确,这就决定其难以只就该协议单独进行全面实际履行。因此,《购买土地协议》对项目的构架进行的约定,为双方当事人以后订立具体的履行合同确立了基础。本案中,当事人也正是通过《土地出让协议》和《承包经营合同》的方式,使该框架性协议得以部分落实,即单独履行《购买土地协议》不具备的条件,通过后续合同予以调整、完善并得以实际履行。本案当事人订立的《购买土地协议》是双方当事人真实意思表示,协议不违反法律、行政法规的效力性强制性规定,应认定为有效合同。

(二)法院认定该类协议无效的情形

1.部分法院以"协议或协议中某条款内容涉及出让土地的范围、年限、价格、交接前的前期工作"为由,认为该类协议本质上属于土地使用权出让合同,因签约主体违反法律、行政法规强制性规定,该协议或该条款无效。

案例1-1-3　何某、某管理委员会建设用地使用权出让合同纠纷案,最高人民法院(2017)最高法民终215号二审民事判决书。

【案涉协议书摘要】2002年,某管委会(甲方)与某酒店(乙方)签订《意向书》,约定:甲方把常昆工业园区B区常昆公路以西,新南桥以北,加油站以南,张家港以东国有土地88亩使用权依法出让给乙方使用;甲方负责出让地块"五通一平"工作(五通即路通、电通、给排水通、电讯通、煤气管接通,一平即场地平整);双方签约后,甲方负责办理涉及批租土地手续的相关事项,确保乙方领取土地使用权证,并提供建设管理等服务,确保乙方项目按时实施;乙方在批租土地上新建建筑物,须按规定办理报批手续;乙方确认土地使用权出让金价格,总额为352万元,双方签约后七天内交付批租总额计160万元,余款在乙方领到土地使用权证时全部付清;该宗土地使用权出让合同书经有权一级人民政府批准后,乙方与某国土局订立国有土地使用权出让合同,并在甲方帮助下办理土地使用权证手续等。

【法院裁判】结合内容分析,《意向书》涉及出让土地的范围、年限、价格、土地交接前的前期工作,故案涉合同本质上属于土地使用权出让合同。本案中何某并未举证证明某国土局对案涉土地使用权出让合同进行追认以及与某国土局订立正式的土地使用权出让合同,某管委会无权订立土地使用权出让合同,其签订《意向书》,与某酒店订立的土地使用权出让合同,不能认定为预约合同,应属于无效合同。

案例1-1-4　再审申请人福州某化纤有限公司与被申请人福建省某建设发展公司、某管理委员会合同纠纷案,最高人民法院(2013)民申字第2283号申请再审民事裁定书。

【案涉协议书摘要】2002年,某管委会(甲方)与某公司法定代表人施振根(乙方)签订《投资项目合同》,约定:甲方将某开发区北工业区化纤生产专用厂房及土地17.6亩租赁给乙方,租赁期限5年,2003年1月15日至2008年1月15日。该《投资项目合同》第6条第7款约定:"租赁期满后,甲方按厂区(含所有建筑物及附属设施、设备)建设的成本价(以审计部门审核确认的造价为准)将厂区(含土地)转让给乙方。乙方分三年平均支付转让金,转让金于每年6月1日前付清。"

【法院裁判】案涉《项目投资合同》系管委会与化纤公司签订,其中第6条第7款约定:"租赁期满后,甲方(管委会)按厂区(含所有建筑物及附属设施、设备)建设的成本价(以审计部门审核确认的造价为准)将厂区(含土地)转让给乙方(化纤公司),乙方分三年平均支付转让金,转让金于每年6月1日前付清。"上述合同条款中包含土地使用权转让内容,根据最高人民法院《关于审理涉及国有土地使用权合同纠纷案件适用法律问题的解释》(以下简称《国有土地使用权解释》)规定[①],该条款应认定为无效;虽本案属于《国有土地使用权解释》实施前由开发区管委会作为出让方与受让方签订合同的情形,但由于在本案起诉前并未经市、县人民政府追认,因此仍不能适用《国有土地使用权解释》第2条第2款的除外条款,案涉合同第6条第7款仍应当认定为无效。

2. 部分法院以"协议涉及的土地性质不具出让条件(未利用地或集体土地)"为由,认为协议违反法律、行政法规强制性规定,协议无效。

案例1-1-5　某县人民政府与甘肃某土地整理有限公司合同纠纷案,最高人民法院(2015)民申字第1192号申诉、申请民事裁定书。

【法院裁判】本案讼争项目土地属国有荒山、荒坡等未利用地,其开发建设不仅应符合土地利用总体规划和土地开发整理专项规划,且需经依法批准后进行。经原审法院审理查明,涉案《项目合同书》《补充合同》《补充条款》签订时,讼争合同项下的国有未利用地的开发建设并未获得有权政府部门的批准。据此,原审法院认为本案双方当事人未经兰州市政府批准即开始对涉案的国有未利用地实施土地开发的行为违反了《土地管理法》第76条[②]的强制性规定,双方所签订的上述合同为无效合同的认定,理据充分,并无不妥。

案例1-1-6　烟台市国土资源局某分局与烟台开发区某房地产建筑开发总公司建设用地使用权纠纷案,山东省高级人民法院(2016)鲁民申185号再审复查与审判监督民事裁定书。

【案涉协议书摘要】2004年,开发区国土局与某开发公司签订《调换土地协议书》,就高压走廊和某化工厂占用了转让给某开发公司的土地使得原有土地面

---

① 最高人民法院《关于审理涉及国有土地使用权合同纠纷案件适用法律问题的解释》(2005)第2条规定:"开发区管理委员会作为出让方与受让方订立的土地使用权出让合同,应当认定无效。本解释实施前,开发区管理委员会作为出让方与受让方订立的土地使用权出让合同,起诉前经市、县人民政府土地管理部门追认的,可以认定合同有效。"该司法解释于2020年修正,为保证所引案例客观性,本书仍援引案件裁判时的规定。

② 《土地管理法》(2004)第76条规定:"未经批准或者采取欺骗手段骗取批准,非法占用土地的,由县级以上人民政府土地行政主管部门责令退还非法占用的土地,对违反土地利用总体规划擅自将农用地改为建设用地的,限期拆除在非法占用的土地上新建的建筑物和其他设施,恢复土地原状,对符合土地利用总体规划的,没收在非法占用的土地上新建的建筑物和其他设施,可以并处罚款;对非法占用土地单位的直接负责的主管人员和其他直接责任人员,依法给予行政处分;构成犯罪的,依法追究刑事责任。超过批准的数量占用土地,多占的土地以非法占用土地论处。"

积减少进行土地调换的补偿作出约定:调换后的土地位置为开发区北于家村西北角、卡斯特酒庄东(A-14小区)。后经查,协议签订时,涉案A-14小区的土地属于某村的集体土地。

【法院裁判】申请人与被申请人签订调换土地协议时,部分土地的所有权性质尚未发生变化,即部分土地仍属于农村集体土地,尚未被征收转性为国有土地。根据我国土地管理法等法律的规定,①农村集体土地在未被征收转为国有土地的情形下不允许进入土地流转市场,因此,申请人与被申请人订立的调换土地协议中所涉标的物出让违反了法律的效力性强制性规定;即使某国土局取得了上述土地的处分权,调换土地协议书也违反了我国法律中关于经营性用地应当采取招标、拍卖等公开竞价的方式出让的强制性禁止规定。② 因此,被申请人与申请人订立的调换土地协议应认定无效。

三、小结

通过上述整理可以看出,对于非土地管理部门签订的土地置换类协议的效力,如果合同涉及的土地范围、履行方式等合同主要内容并未特定,那么部分法院倾向于认为该合同不是一份土地出让合同而仅为普通合同,因此承认其效力;如合同内容对出让范围、出让年限、土地整理等作出了具体约定,那么将可能被法院认定为规避土地行政管理的实质土地出让合同,从而否定该合同效力。

对此,笔者提出如下建议:

1. 在合同磋商阶段,先行调查该地区对非土地管理部门签订的土地置换类协议效力认定的司法倾向,明确合同的效力风险。

2. 如确定存在前述情形的,在合同订立阶段,尽量避免对土地出让范围、履行期限、价款、交付等具体事项进行约定,而替代以框架性约定,避免协议性质被认定为实质上的土地出让合同,从而被认定无效。

---

① 《土地管理法》(2004)第63条规定:"农民集体所有的土地的使用权不得出让、转让或者出租用于非农业建设;但是,符合土地利用总体规划并依法取得建设用地的企业,因破产、兼并等情形致使土地使用权依法发生转移的除外。"

② 《城市房地产管理法》第13条规定:"土地使用权出让,可以采取拍卖、招标或者双方协议的方式。商业、旅游、娱乐和豪华住宅用地,有条件的,必须采取拍卖、招标方式;没有条件,不能采取拍卖、招标方式的,可以采取双方协议的方式。采取双方协议方式出让土地使用权的出让金不得低于按国家规定所确定的最低价。"

专题二　不动产类股权收购法律尽职调查的调查内容与方法

一、问题的提出

A公司作为收购方，拟收购处于破产重整阶段的转让方所持有的某上市企业（以下简称目标公司）的股权，该目标公司有众多股东、各级子公司，核心资产在于各类不动产相关业务，笔者基于收购方的核心需求就本次股权收购项目进行了专业、全面的法律尽职调查（以下简称尽调）。在此，特将一般尽调的思路、调查内容及方法整理如下，以供参考。

二、对目标公司核心现状问题的调查

本项目交易标的为转让方持有的目标公司股权，为尽可能降低或避免收购后的法律风险，一般首要协助收购方了解目标公司的法律现状，包括从目标公司股权信息、目标公司经营资质、经营状况、重大资产、重大负债及或有负债、重大合同、对外担保、诉讼/仲裁、劳动人事等方面进行全面调查。

如调查目标公司股东情况，一般调查持股比例前十大股东信息，以及公司章程中规定的股东各自认缴的出资额是否全部实缴到位，有无出资不实、虚假出资、抽逃出资的风险，控股股东和实际控制人信息、是否存在股份转让或增资的限制的情况、是否有股份登记不实、可能代持的风险等角度展开调查。

调查方式主要包括要求提供证照、合同等书面文件资料，向有关主管部门调查，实地现场走访，公司人员访谈等。此外，如转让方已由法院裁定进行合并重整，在调查时，建议密切配合法院的破产案件审理，加强与法院、管理人的沟通，以推进尽调活动的顺利、有效展开。

三、对于收购方重点关注的各类不动产相关业务的调查

(一)对于持有待开发的土地资产的调查

如果目标公司持有的土地资产尚未被开发,则应当对该土地使用权资产的权属以及使用情况进行重点调查。为了防范该土地可能存在权属不清、被查封、抵押、土地出让金及税费缴纳不全、土地获批的手续不齐全、土地长期未开发处于闲置状态、土地使用权开发条件和期限受限等风险,建议至少从以下几个方面进行调查:

第一,要对目标公司是否持有土地使用权证进行调查,要求公司出具土地使用权证书原件,核查该公司实际占用土地与土地使用权证记载的内容是否相符,并通过向国土、房管等部门了解该土地是否存在被查封、抵押等会限制土地流转的权利负担情况,同时要求目标公司提供土地使用权清单及土地现状说明。

第二,建议调查该土地的性质,即该土地是划拨用地还是出让用地。如果为划拨用地,还应当调查该土地的取得手续是否齐全,并对土地是否可以转让等进行确认,必要时要求公司提供土地审批文件及费用缴纳凭证。如果为出让用地,要求目标公司提供土地出让合同、成交确认书等。另外,还应关注土地使用权出让(划拨、转让)合同中有关闲置期、使用用途以及相关违约责任等重点条款的约定。

第三,建议对土地的具体开发进度和开发情况进行调查,判断该土地是否属于闲置土地,如是,是否缴纳了土地闲置费,是否有被收回的可能等。

第四,建议对目标公司的土地进行实地走访做通盘、直观的了解,查漏补缺,并通过拍摄照片、视频等方式留存该土地使用的情况和状态。

(二)对于已开发项目的调查

对于已经建设的房屋,主要从房屋权属的真实有效性、经营情况和房屋使用情况等进行调查;对于在建工程,主要从其规划手续的合法性与完整性等进行调查。

鉴于目标公司所建设的房屋可能存在不同的用途,如住宅、商业综合体、校舍、办公楼等,还需重点调查该工程是否已取得相应的审批许可,以及是否存在违反规划许可等的分割、销售、出租等情形,以防范存在房屋权属不清、在建工程手续不全或存在抵押、查封、违规使用经营等带来的风险。

第一，对于已建设的房屋，主要调查目标公司是否持有该房屋的所有权证，可以要求公司提供该房屋的所有权证书原件、所有权和使用权清单以及房屋的现状说明。对于在建工程主要可以调查其手续是否齐全完备，后续是否存在权属证书办理上的障碍。可以要求目标公司提供在建工程审批文件原件，核实是否存在未按图施工，或者未批先建，无证施工等情况。

第二，建议调查房屋是否存在共有权利人。可以调查目标公司是否持有该房屋上的《房屋抵押合同》或他项权利证书，尽可能避免后续发现该房屋所有权和使用权上存在查封、抵押等限制流转的权利负担。

第三，对于日标公司承租的房屋需调查《租赁合同》和出租方权属证书，有需要时可以前往房屋管理行政部门调查确认。

第四，如有需要的，可以对目标公司的房屋及在建工程进行实地走访，通过拍摄照片、视频等方式留存该房屋的使用情况、在建工程的状态。

（三）对于不动产销售情况的调查

对于不动产销售情况，可以主要从开发项目的预售、现售行为的合规性进行重点调查，分析是否存在行政方面或民事方面的法律风险等。

第一，对开发项目的预售许可及现售备案情况进行调查。如开发项目没有取得预售许可证或没有履行法定现售备案义务，将可能面临被主管部门责令停止、限期改正乃至处以罚款的风险。因此，建议要求目标公司提供销售房屋情况说明，出示预售许可及现售备案的证照原件，并与各项规划建设指标进行核对。

第二，调查该项目已售和待售房屋的现状，包括抵押和查封、初始登记情况等。建议要求目标公司在提供房屋用地及建设工程抵押合同、他项权利证书原件、已竣工验收房屋的首次登记证照原件、办理首次登记证照的全部材料，出示房地产最新、完整、真实的销售台账。如有必要，应前往房地产主管部门进行调查。

第三，建议通过该项目已发布的销售宣传资料、售楼文书等对开发项目的宣传、签约及履约情况进行判断，确认是否存在潜在的合同纠纷，综合评判开发项目是否存在房屋销售方面的系统性法律风险。

第四，在诉讼情况方面，除了要求目标公司进行如实披露以外，建议通过裁判文书网（https://wenshu.court.gov.cn）、信用中国网（www.creditchina.gov.cn）、执行信息公开网（http://zxgk.court.gov.cn）等网站对有关房屋销售行为的行政处罚情况、涉诉情况进行调查。

（四）对于不动产租赁情况的调查

对于不动产租赁情况，一般重点调查已出租房屋的出租情况、未办理租赁备案登记的处罚（如有）、民法典中的居住权对目标物业的限制（如涉住宅出租）等。

第一，要求目标公司提供已签订的租赁意向书、租赁合同及补充文件等，重点关注其中约定租金支付（金额/支付方式/年涨幅）、租期、出租方义务与承租人权利等条款，尤其应当关注是否明确约定承租人同意放弃优先购买权、优先承租权等内容，如未约定，还应继续关注有相应优先权利的行使条件和行使情况等。

第二，要求目标公司如实披露房屋出租所涉行政处罚情况与涉诉情况，并通过裁判文书网、信用中国网等进行核实。

第三，鉴于《民法典》规定居住权的住宅不得出租，项目上涉及住宅物业的，还应核查居住权的设立情况以及相关约定，判别房屋进行出租的风险。

第四，也可对承租人的合规经营情况进行相应调查，防范因承租人无证、违规经营导致出租方承担法律责任的风险。

四、小结

上述各点基本涵盖了一般情况下不动产股权收购尽职调查的主要部分，但就具体项目而言，仍应根据产业内容、商业目的、委托人意愿的不同而有所增补和侧重。

总体来说，尽职调查的流程可以标准化，但尽调报告的撰写，尤其是法律风险的分析和披露以及相应的建议部分，仍应就不同公司、不同项目进行针对性地调查和研判。

同时也要意识到，收购的尽职调查中并不只有法律角度，还有财务等多个维度，因此从保障法律尽职调查质量的角度出发，尽职调查人员应注意与其他中介机构和专业人员加强联系，避免尽调单一化、片面化。

专题三　房地产转让中企业所得税承担约定的相关法律问题

一、问题的提出

A 公司遇到有关房地产转让中企业所得税承担的问题：其将名下房地产（厂房）转让给 B 公司时，双方约定 A 公司因此次转让所需承担的企业所得税由 B 公司承担。但在向 B 公司主张企业所得税时，B 公司就该约定的合法性以及企业所得税的金额都提出了异议。

对此问题，笔者将通过梳理案件事实和涉及“房地产转让中双方约定企业所得税由买方承担”的相关司法裁判实务，以供参考。

二、法律分析

《企业所得税法》第 1 条规定：“在中华人民共和国境内，企业和其他取得收入的组织（以下统称企业）为企业所得税的纳税人，依照本法的规定缴纳企业所得税。”

第 6 条规定：“企业以货币形式和非货币形式从各种来源取得的收入，为收入总额……（三）转让财产收入……”第 22 条规定：“企业的应纳税所得额乘以适用税率，减除依照本法关于税收优惠的规定减免和抵免的税额后的余额，为应纳税额。”

《企业所得税法实施条例》第 76 条规定：“企业所得税法第二十二条规定的应纳税额的计算公式为：应纳税额 = 应纳税所得额 × 适用税率 - 减免税额 - 抵免税额。公式中的减免税额和抵免税额，是指依照企业所得税法和国务院的税收优惠规定减征、免征和抵免的应纳税额。”

因此，企业所得税应当由卖方承担，一般应纳税所得额为企业每一纳税年度的收入总额,减除不征税收入、免税收入、各项扣除以及允许弥补的以前年度亏损后的余额。

三、司法裁判实务梳理

那么,房地产转让中双方约定企业所得税由买方承担的,如产生争议,一般会有哪些方面的情况?法院又是如何处理的呢?笔者从三方面进行整理:

(一)如果仅做"由买方承担本次房屋交易所产生的税费及其他费用"类似约定,即未明确"卖方的企业所得税由买方承担",那么存在法院不支持"由买方承担卖方的企业所得税"的风险

案例1-3-1　某建设有限公司、章某房屋买卖合同纠纷案,浙江省金华市中级人民法院(2020)浙07民终4546号二审民事判决书。

【法院裁判】《房屋买卖居间合同》第9条约定,涉及此次房屋交易所产生的税费及其他费用由买方全额承担。根据该条款上下文的内容以及房地产交易的惯例,该约定应当理解为办理案涉房地产过户手续过程中应缴纳的各种税费和相关费用。根据企业所得税的性质,企业每一纳税年度的收入总额,减除不征税收入、免税收入、各项扣除以及允许弥补的以前年度亏损后的余额,为应纳所得税。故企业所得税不属于办理房产过户手续过程中应交纳的税款。因此,在某公司未能提供其他证据证明双方曾约定由章某承担企业所得税的情况下,其要求章某承担因房屋交易产生的企业所得税49,636.08元,依据不足,本院不予支持。

案例1-3-2　某物业管理有限公司与袁某房屋买卖合同纠纷案,广东省深圳市龙岗区人民法院(2020)粤0307民初11628号一审民事判决书。

【法院裁判】本案争议焦点为:涉案企业所得税具体是由原告承担还是被告承担。本案中,原告主张按照《房屋买卖合同》中"合同约定的转让总价款系原告实际收到款项,税费、居间费用、办理登记等行政事业性收费由被告负责"的约定,涉案企业所得税应由被告承担。本院认为,第一,按一般交易习惯,税费、居间费用、办理登记等行政事业性收费由买方承担是指房屋转移登记过程中缴纳的税费,除非特别说明,否则并不包含企业所得税,原告主张企业所得税由被告

承担,未提交有效证据证明,应承担举证不能的责任。第二,企业所得税是对我国国内企业和经营单位的生产经营所得和其他所得征收的一种税。企业所得税不仅与收入有关,且与成本及各项扣除相关。原告未提交证据证明其主张的企业所得税已经发生及向税务部门缴纳的具体金额,没有事实依据。因此,原告的该项诉讼请求没有事实及法律依据,本院不予支持。

案例1-3-3　**上诉人上海某贸易有限公司(以下简称某公司)因房屋买卖合同纠纷一案,上海市第一中级人民法院(2012)沪一中民二(民)终字第355号。**

【法院裁判】本院认为,上述甲乙双方的意思表示,可以在此后的《补充协议》中得到印证,即《补充协议》中约定,"根据协议双方确定转让款人民币柒佰贰拾万元整,所涉及的交易税费由沈某某个人承担"。此处双方所指是转让房屋过程中所涉及的交易环节的税费,也即原审所认定的完成该次交易所涉及和需要缴纳的税费双方约定由沈某某承担。现某公司在双方合同未就其主张的企业所得税有明确约定的情况下,要求林某公司承担该笔费用,缺乏相应根据,原审法院对其请求不予支持,当属无误,本院亦难以支持其上诉请求。

(二)如果明确约定"卖方的企业所得税由买方承担",那么法院一般认为该约定没有违反法律的强制性规定,认定其有效

案例1-3-4　**黄某、某房地产开发有限公司商品房销售合同纠纷案,广西壮族自治区玉林市中级人民法院(2018)桂09民终1158号二审民事判决书。**

【法院裁判】税法调整对象是国家税收活动中所发生的税收关系,税法规定了地税的纳税义务人是房地产开发企业,但是没有禁止房地产开发企业与业主协商由业主负担。上诉人与被上诉人作为平等的民事主体,双方以合同形式约定该费用由业主来负担没有违反法律的强制性规定,合法有效。

案例1-3-5　**昆山某包装有限公司与昆山某金属制品有限公司房屋买卖合同纠纷案,江苏省苏州市中级人民法院(2014)苏中商终字第0082号二审民事判决书。**

【法院裁判】被上诉人与上诉人签订的土地及厂房转让协议系双方当事人真

实意思表示,内容不违反国家法律、法规的规定,应认定为有效。协议签订后,上诉人已向被上诉人支付了全部土地、房产款,被上诉人亦将房产登记至上诉人。根据约定,上诉人还应承担被上诉人在转让协议中的转让税、所得税以及办理费用等,故被上诉人有权在缴纳相应税费后基于双方的约定要求上诉人履行给付义务。

(三)在支持"买方承担卖方的企业所得税"的案例中,法院一般对企业所得税金额的认定/计算方式

案例1-3-6　某公司与陆某某房屋买卖合同纠纷案,上海市静安区人民法院(2017)沪0106民初32638号一审民事判决书。

【**法院裁判**】依法成立的合同,对当事人具有法律约束力。当事人应当按照约定履行自己的义务,不得擅自变更或者解除合同。原、被告对于系争房屋交易过程中涉及的税、费由被告承担并无异议,但对于交易过程中出售方企业所得税的计算标准存有争议。结合原告公司财务与被告的沟通记录,双方对于企业所得税的预期为系争房屋出售价减去买入价并扣除本次交易中出售方的税费后按照企业所得税税率25%计算,即337,251.04元。虽然原告公司财务并非原告的法定代表人或委托代理人,但在交易过程中被告有理由信赖原告公司财务系代表原告履行职务。考虑到原、被告签订购房补充协议时,原告未向被告释明原告公司实际缴纳企业所得税的基数及计算标准,并且原告对系争房屋计提折旧属于原告自身的财务操作,与系争房屋交易并无直接联系,其亦未告知被告折旧情况,故本院认定房屋交易过程中被告应负担的企业所得税为系争房屋出售价减去买入价并扣除本次交易中出售方的税费后按照企业所得税税率25%计算,即337,251.04元。

四、小结

1. 对卖方而言,可以在合同中约定由买方承担卖方的企业所得税,但需注意在签订合同中必须清晰明确地表达"由买方承担卖方的企业所得税"等,因为企业所得税并不属于办理房产过户手续之需,如果约定含糊,可能不会得到法院的支持。

2. 对买方而言,应重视合同的所有条款,在合同签订之时,需要谨慎注意合同中是否有由买方承担卖方的企业所得税的约定,以免受到不必要的经济损失。

专题四　公募型 REITs 的基本理论与在我国的发展现状

一、公募型 REITs 的基本理论

（一）公募型 REITs 的含义

REITs（全称为 Real Estate Investment Trusts），即不动产信托投资基金，起源于美国，其具体交易结构为通过公司、信托等组织形式，募集投资者资金，并将所募集资金对具有稳定收益的不动产项目进行收购，进而持有这些收益类不动产。1960 年，美国通过修订《国内税收法案》正式创立 REITs；但 REITs 的结构雏形和创设理念最早可追溯到 19 世纪美国马萨诸塞州波士顿市的商业信托。由于当时的州法律在除不动产是整体商业的一部分的情况之外不允许公司拥有不动产，[①]为了规避这一限制，马萨诸塞州的商业信托通过设立有限责任的实体进行投资不动产。

直到今天，经过近六十年的不断发展，REITs 成为全球范围内不动产投资的重要金融工具。REITs 的本质是将不动产的股权证券化的过程，其募集资金的方式为发行收益凭证，这种募集方式打破了不动产投资高门槛、低灵活性的壁垒。得益于 20 世纪八九十年代的经济发展，目前除美国外，新加坡、日本和我国香港地区也逐步建立起较为成熟的 REITs 市场。

以美国为例，REITs 的组织结构形式主要分为公司结构、信托结构和合伙制结构，无论是哪种结构，REITs 项下的不动产投资经营管理都由专业投资机构负责，所获收益则根据法律相关规定，95% 以上均需向投资者分配。[②] 这样的分配

---

① 李智：《房地产投资信托（REITs）法律制度之基本理论》，载《河北法学》2007 年第 9 期。

② Charles E. Wern Ⅲ, "*Sparing Cain: Executive Clemency in Capital cases*": *The Stapled Reit on Ice: Congress*' 1998 *freeze of the Grandfather Exception for Stapled Reits*, 28 Capital University Law Review 717(2000).

比例主要得益于美国建立了有条件的税收优惠这一完善的机制，该机制围绕REITs投资、运营、收益分配等各个环节对REITs项下税收优惠的前提进行了全面规定。

REITs虽名为不动产投资（股权投资），但基于其金融工具之本质，各地区对于可投资项目均设定了一定的限制。为了使REITs能够有稳定的收益，一般要求被投资不动产项目本身有稳定的收益来源，如办公楼、商业综合体、酒店等，居民住宅则不属于REITs的投资方向。上述项目的收益来源主要分为项目出租的租金收益和不动产本身的资产升值两个方面。基于此类收益稳定的基础资产，REITs才能吸引大量投资者将其作为长期的投资工具以获得固定收益，投资者可在承担较低风险、投入较少资金的情况下参与不动产投资并享受收益，投资风险相对较小。

REITs产品一般可依据募集资金的途径的不同区别为私募和公募两种形式。其中，以公募方式募集资金的REITs产品多发行于公开交易市场，并向社会公众募集资金，比私募的流动性大且更为透明，且因受到监管机构的严格审批和监督，公众可以获得REITs运行过程中更多的信息，投资风险也大大降低。正因如此，公募型REITs可以吸引到大范围的社会中小型投资者，并成为目前国际市场中不动产信托投资基金的主流资金募集形式。

（二）公募型REITs的优势

公募型REITs较私募型REITs更能保护社会中小投资者的权利和利益，因其主要具有以下优势：

1. 发行市场监管有效

公募型REITs在进入公开交易市场时在准入、运行等方面均受到公开交易的监管。准入方面，为规范化设立公募型REITs，其组织结构、经营情况均应符合监管要求；上市交易方面，为使投资者了解REITs的经营状况以进行投资决策，监管机构强制要求REITs及时向投资者反馈相关财务信息、经营信息，并向社会公众披露季报、年报及重大事项的临时公告等。

2. 交易成本低廉

收费标准上，公募型REITs的收费标准明确且公开，投资者可在投资决策前获悉交易成本；最低投资额上，公募型REITs的最低起投金额远低于私募型REITs，这降低了投资门槛且更能吸引中小投资者参与。

3. 参与主体多元

由于不动产行业作为资金密集型行业需要大规模投资资金且投资周期较长而一般不是中小投资者的首选，而公募型 REITs 的上述优势使得投资者类型除具有一定经济实力的机构投资者外更吸纳了各类中小型投资者，理论上使投资者更为大众和多元。

4. 流动性和变现性较高

传统的不动产行业投资者对于持有不动产资产的变现方式多为出售，其高交易及谈判成本又导致资产本身流动性和变现性较差。为突破传统行业中不动产不易变现的情况，公募型 REITs 将不动产企业股权证券化并通过公开的市场交易平台进行交易，方便投资者可以在交易时间内随时买卖且加强了资金流动。

因此，成熟的 REITs 市场大多选择发行公募型 REITs，依据公平、公正之原则，通过完善的法律体系和部门法架构，严格监管 REITs 的发行、投向、运行方式、收益分配等方面，建立起运行限制、信息披露及利润分配等行业规范。

二、公募型 REITs 在我国的发展现状

(一)我国发展公募型 REITs 的意义

我国目前已出现了许多类 REITs 产品，他们通过银行间市场或私募的方式发行并募集资金。但因我国资本市场存在投资环境和投资者尚未充分发育，且行业投资方向也受到法律层面的多方制约等局限性，我国类 REITs 产品远无法达到境外公募型 REITs 的规模。

笔者认为，公募型 REITs 在我国已经逐渐起步，并将继续蓬勃发展。一方面，公募型 REITs 将不动产项目由经营管理要求高、低流动性转变为高流动性、标准化的交易资产，[①]既大幅降低了投资者的门槛，也为投资者提供了新的资产配置方案。另一方面，我国居民向来重储蓄且总储蓄金额较多，公募型 REITs 通过吸引社会中多元的中小投资者，有利于盘活固定的储蓄资金，也为中小投资者扩大投资渠道。

---

① 李新天、闾梓睿：《论我国房地产投资信托制度（REITs）的困境及出路》，载《社会科学》2009 年第 2 期。

推行公募型 REITs 对于我国不动产行业和不动产开发企业也具有重要意义：

1. 促进不动产行业稳定发展

对于办公楼、商业地产、基础设施等不动产项目所稳定持续产生的收益，基于分红要求比例较高，所产生的大部分收益均强制分配给投资者，因此留存在 REITs 项目本身的资金有限，从而公募型 REITs 无法通过快速投资扩张获得主动性收益。这有利于平缓不动产市场的价格波动幅度，遏制不动产市场价格非理性上涨，从而促进了不动产市场的长效稳定发展。

2. 加快产业模式转型升级

目前，我国不动产开发项目中，企业开发所持自有资金一般不超过 20%，[①]公募型 REITs 为不动产企业打开了新的投融资渠道，募、投、管、退的过程联动形成闭合的资本模式，可提高不动产企业财务稳定性，进一步推动不动产行业的转型升级以及持续健康发展。从宏观经济的发展来看，公募型 REITs 也在一定程度上有利于引领经济摆脱困境，为经济持续发展提供新的增长动力。

3. 继续推进金融供给侧改革

2015 年以来，金融供给侧改革一直是我国金融市场的工作重点，通过不断加快经济结构调整、促进产业转型升级、优化资源整合的方式，最终实现金融良好服务实体经济的目的。[②] 不动产行业在获得更丰富融资渠道的情况下，也可以更好地解决不动产经营的资金问题。[③]

公募型 REITs 以持续产生稳定收入的优质物业或其他资产为基础资产，结合完善的治理机制和专业的管理模式，可谓是一种风险适中、收益稳定、流动性高的投资产品，改善了金融领域当前直接融资比例偏低、杠杆率偏高的情况，最终助力金融供给侧结构性改革。同时，公募型 REITs 将资产和资金以创新结构进行连接、管理、运作，有效化解不动产行业中优质资产与高负债率并存的矛盾，助力企业以更加健康可持续的方式扩大业务规模。

---

① 杨宇：《美国经验对我国发展房地产信托投资基金的启示》，载《现代商业》2008 年第 26 期。

② 李宏杰：《浅析新常态下的供给侧结构性改革》，载《北方经贸》2019 年第 3 期。

③ 陈柳钦：《美国房地产投资信托基金的发展及其对我国的启示》，载《山东财政学院学报》2005 年第 1 期。

(二)我国公募型 REITs 现有的情况分析

我国目前尚未推出海外成熟资本市场的公募型 REITs 产品,但国内监管部门和各市场主体对不动产信托投资基金的探索却一直没有停止过。

政策方面,近几年各部委为推进 REITs 产品不断释放利好信息。早在 2011 年 12 月 19 日,国家发展和改革委员会便在《"十二五"上海国际金融中心建设规划》中提出"积极开展房地产信托投资基金(REITs)、住房抵押贷款支持证券、汽车消费贷款支持证券等创新产品试点"的要求。

半年后,中国人民银行、国家发展改革委、财政部、国务院港澳事务办公室、中国银监会、中国证监会、中国保监会、国家外汇管理局《关于印发广东省建设珠江三角洲金融改革创新综合试验区总体方案的通知》(银发[2012]158 号)更进一步提出"在总体试点推进框架下,研究开展房地产信托投资基金(REITs)和个人住房抵押贷款证券化业务,培育房地产金融市场"。①

2014 年 5 月 13 日,中国证券监督管理委员会在《关于进一步推进证券经营机构创新发展的意见》(证监发〔2014〕37 号)中提出"研究建立房地产信托投资基金(REITs)的制度体系及相应的产品运作模式和方案"的意见。

2015 年 1 月 6 日,住房和城乡建设部在《关于加快培育和发展住房租赁市场的指导意见》(建房[2015]4 号)中也明确提出"积极鼓励投资 REITs 产品。各城市要积极开展 REITs 试点,并逐步推开"的要求。

2015 年 4 月 21 日实施发布的《关于运用政府和社会资本合作模式推进公共租赁住房投资建设和运营管理的通知》(财综[2015]15 号)提出支持"以未来收益覆盖融资本息的公共租赁住房资产发行房地产信托投资基金(REITs),探索建立以市场机制为基础、可持续的公共租赁住房投融资模式"。

2017 年 6 月 7 日,财政部、央行、证监会《关于规范开展政府和社会资本合作项目资产证券化有关事宜的通知》(财金〔2017〕55 号)要求"大力营造良好发展环境。建立多元化、可持续的资金保障机制,推动不动产投资信托基金(REITs)发展,鼓励各类市场资金投资 PPP 项目资产证券化产品"。

2017 年 7 月 18 日,住建部等多部门在联合发布的《关于在人口净流入的大

---

① 杨轶明:《探路金融改革深水区 广东勇当排头兵》,载南方日报网,http://epaper.southcn.com/nfdaily/html/2012-07/26/content_7107943.htm。

中城市加快发展住房租赁市场的通知》(建房[2017]153号)再次号召对住房租赁项目加大金融支持、拓宽融资渠道,同时也鼓励地方政府积极推动REITs的发展。①

2020年4月30日,证监会、国家发改委联合印发了《关于推进基础设施领域不动产投资信托基金(REITs)试点相关工作的通知》,提出基础设施REITs对有效盘活存量资产,增强资本市场服务实体经济质效具有重要作用。

2020年7月,国家发展改革委办公厅发布了《关于做好基础设施领域不动产投资信托基金(REITs)试点项目申报工作的通知》,强调聚焦重点区域,优先支持位于《京津冀协同发展规划纲要》等国家重大战略区域范围内的基础设施项目;聚焦重点行业,优先支持基础设施补短板项目,鼓励"仓储物流项目"等七类新型基础设施项目开展试点。

2020年8月,证监会正式发布了《公开募集基础设施证券投资基金指引(试行)》(以下简称《证券投资基金指引》),首先将REITs聚焦于基础设施类不动产领域,并对此作出了细化的规定。据悉,在基础设施类不动产领域开闸REITs后,商业不动产领域也指日可待。

2021年1月,国家发展改革委办公厅发布了《关于建立全国基础设施领域不动产投资信托基金(REITs)试点项目库的通知》,决定建立全国基础设施REITs试点项目库,加强基础设施REITs试点项目储备管理。

2021年6月,国家发展改革委发布了《关于进一步做好基础设施领域不动产投资信托基金(REITs)试点工作的通知》,要求各地发展改革委把基础设施REITs作为一项重点工作,高度重视、积极推动,盘活存量资产,促进形成投资良性循环。

2021年12月,国家发展改革委办公厅发布了《关于加快推进基础设施领域不动产投资信托基金(REITs)有关工作的通知》,旨在推动基础设施领域不动产投资信托基金(REITs)健康发展,有效盘活存量资产,形成存量资产和新增投资

---

① 2017年7月18日住房和城乡建设部、国家发展和改革委员会、公安部、财政部、国土资源部、中国人民银行、国家税务总局、国家工商总局、中国证券监督管理委员会《关于在人口净流入的大中城市加快发展住房租赁市场的通知》规定:加大对住房租赁企业的金融支持力度,拓宽直接融资渠道,支持发行企业债券、公司债券、非金融企业债务融资工具等公司信用类债券及资产支持证券,专门用于发展住房租赁业务。鼓励地方政府出台优惠政策,积极支持并推动发展房地产信托投资基金(REITs)。

的良性循环。鼓励结合本地区实际情况，借鉴先进地区经验，研究出台有针对性的支持措施，支持本地区企业积极参与基础设施 REITs 试点。

2022 年 1 月，财政部、税务总局发布了《关于基础设施领域不动产投资信托基金（REITs）试点税收政策的公告》，这是首次出台 REITs 相关税收政策。明确了五点 REITs 产品运作的相关税收政策，分别为原始权益人向项目注入基础设施资产以取得项目公司股权不征收企业所得税、基础设施 REITs 设立阶段原始权益人转让项目公司股权或自持 REITs 份额取得收益可递延缴纳企业得税、基础设施 REITs 运营按原税收法规定执行，以及本政策适用范围和适用时间。

基于近十年来的政策分析，我国始终坚持鼓励不动产信托投资基金在住房租赁领域及基础建设等方面的发展。当然，也应当认识到，由于中国的资本市场仍处于初级阶段，不像国际其他成熟资本市场有很强的自我调节性，[①]投资者的投资意识和投资理念也不高，这些都会对 REITs 的建立和发展造成影响。

实务方面，我国不仅在境外市场尝试发行以国内资产为投资标的的 REITs 产品，而且在我国现有监管法律框架下，也尝试推出与成熟市场上的公募型 REITs 具有一定功能相似性的公募型 REITs 产品。目前，鹏华前海万科 REITs 是第一支使用公募基金作为发行载体的公募型 REITs 产品。对我国境内投资者来说，鹏华前海万科 REITs 对于我国 REITs 市场的探索具有非凡的意义。

（三）我国公募型 REITs 的首次尝试——鹏华前海万科 REITs

1. 产品简介

2015 年 6 月 8 日，鹏华前海万科公募型 REITs 正式获批并完成注册（以下简称鹏华前海万科 REITs），这是我国首支公募型 REITs。该 REITs 为封闭式混合型发起式证券投资基金，2015 年 7 月 1 日完成募集。

鹏华前海万科 REITs 的投资标的主要为深圳前海万科企业公馆项目（以下简称前海企业公馆）且其发行规模不超过 30 亿元。根据《鹏华前海万科 REITs 封闭式混合型发起式证券投资基金上市交易公告书》："基金合同生效后 10 年内（含 10 年）为基金封闭运作期，本基金在此期间内封闭运作并在深圳证券交易所

① 肖晓红：《我国房地产投资信托基金（REITs）发展障碍与对策研究》，载《山东行政学院学报》2013 年第 2 期。

上市交易。基金封闭运作期届满,本基金转为上市开放式基金(LOF)。”①

为在符合现有法律框架下实现公募,鹏华前海万科 REITs 未将投资不动产资产作为主导基础资产(仅占基金资产的不足 50%),剩余基金资产则投资于固定收益证券和股票,因此产品的主要收益并非来源于不动产资产。另外,不同于上文所述的 REITs 产品的基本特点,由于鹏华前海万科 REITs 持有的是一个有 10 年固定期限的 BOT 收益权,收益只包括租金,并不包括物业增值,故鹏华前海万科 REITs 只具有 REITs 的金融属性,并不具有不动产属性,其本质上是一个有期限的债权性质的产品,而不是权益类产品。

2. 鹏华前海万科 REITs 产品的突破

鹏华前海万科 REITs 产品的发行的现实意义在于推动了国内不动产证券化业务在 REITs 方向上的尝试和迈进,主要包括以下几个方面:

首先,在结构设计上,鹏华前海万科 REITs 采用了“投资者与投资公司或基金管理公司签订以证券投资为标的的信托契约,后者又与基金托管人订立信托契约而组建的投资信托基金”的契约型方式,②回避了以公司制形式运作的方式以获取最大限度的税收优惠。

其次,在募集方式上,鹏华前海万科 REITs 选择了与 2014 年的中信启航 REITs 所采用的资产管理计划加私募基金完全不同的方式。中信启航 REITs 的资金募集方式由于涉及资产管理计划与私募基金的套叠,从而投资门槛变为不超过 200 人的资产计划管理人分别认购超过百万元的投资份额,这大大限制了产品的流动性。鹏华前海万科 REITs 以公募方式募集资金,不仅放宽了人数限制及降低了认购门槛,还可在证券二级市场流通,以高流动性和高信息透明度最大限度地引入大众化的个人和机构投资者。

最后,在投资类型上,鹏华前海万科 REITs 也突破了我国当时的法律限制,进行了特事特批。

一方面,鹏华前海万科 REITs 在投资方向上选择投资非上市公司股权,这并

---

① 《鹏华前海万科 REITs 封闭式混合型发起式证券投资基金上市交易公告书》,载巨潮资讯网,http://www.cninfo.com.cn/new/disclosure/detail?plate=fund&stockCode=184801&announcementId=1201635899&announcementTime=2015-09-25。

② 綦磊:《对美国房地产投资信托基金的法律分析——以运作模式和风险规避为视角》,载《中国不动产法研究》2009 年辑刊。

未符合《证券投资基金法》关于应投资上市公司的交易股票、债券等的要求；[①]另一方面，鹏华前海万科 REITs 在投资单价公司发行的股权的比例上也突破了《公开募集证券投资基金运作管理办法》的规定，其所投资的接近 50% 的比例远超办法要求的投资一家公司发行的证券的规模应低于基金资产净值的 10%。[②]

基于上述两项突破，结合《公开募集证券投资基金运作管理办法》的规定，笔者认为，鹏华前海万科 REITs 产品应属于由中国证监会特批的其他特殊基金品种。尽管“特批”属于发行 REITs 产品一种方式，但自 2015 年 6 月以来仅有鹏华前海万科 REITs 一单成功发行而至今并无另一支同样结构的 REITs 产品推出这一客观情况来看，鹏华前海万科 REITs 由中国证监会特批发行的路径并未进行广泛复制及推广。

---

① 《证券投资基金法》第 72 条规定：“基金财产应当用于下列投资：(一)上市交易的股票、债券；(二)国务院证券监督管理机构规定的其他证券及其衍生品种。”

② 《公开募集证券投资基金运作管理办法》第 32 条规定：“基金管理人运用基金财产进行证券投资，不得有下列情形：……(二)同一基金管理人管理的全部基金持有一家公司发行的证券，超过该证券的百分之十。……中国证监会另行规定的其他特殊基金品种可不受上述比例的限制。”

专题五　我国公募型 REITs 的组织结构与法律关系问题

不动产投资信托系一种创新型的商业模式，其法律关系主体主要由委托人、受益人和受托人三方构成。其中委托人一般为信托财产的原所有者，在信托关系中主要提供信托财产、指定受益人及受益权以及委托人。受益人则享有信托受益权，并不必然需要民事行为能力。受托人则接受委托并按照信托合同之约定，为委托人管理、运用乃至处分信托财产，应当具有完全民事行为能力且必须恪尽职守、诚实信用、谨慎有效地履行各项管理义务。不同类型的信托对受托人提出了不同的资质要求，各类型信托的运行机制也不尽相同。本专题主要通过讨论实务中常见的公司型和契约型两类 REITs 模式来分析不动产投资信托法律关系的具体内容。

一、标准公募型 REITs(公司型)的组织结构与对应的法律关系

(一)标准公募型 REITs(公司型)的基本组织结构

美国目前的公募型 REITs 中，主流的结构为公司型 REITs。1976 年的《税收改革法案》对该结构加以明确，REITs 在公司制度上设立，投资方向为持有不动产项目的公司，即对不动产开发企业进行股权投资，该结构使其在法律上享有与一般公司相同的独立法人的地位。

“在公司型 REITs 的结构下，发起人向社会公开发行股票募集资金，投资者认购股份，投入资金，成立具有法人资格的基金公司；所募集的资金，由投资公司委托基金管理公司进行管理，专门进行不动产行业的投资。”[①]在实际运行过程

① 潘甜：《房地产投资信托法律研究——以“中信启航”为考察对象》，载《中国不动产法研究》2015 年第 11 期。

中,公司型 REITs 的管理方式通常参考一般的公司管理制度,由董事会作为权力机关来运作管理基金,对于投资收益则根据法律法规的规定和内部管理制度的程序向投资者进行分配。因此,公司型 REITs 是属于内部管理模式,图 1－5－1 是公司型 REITs 组织结构:

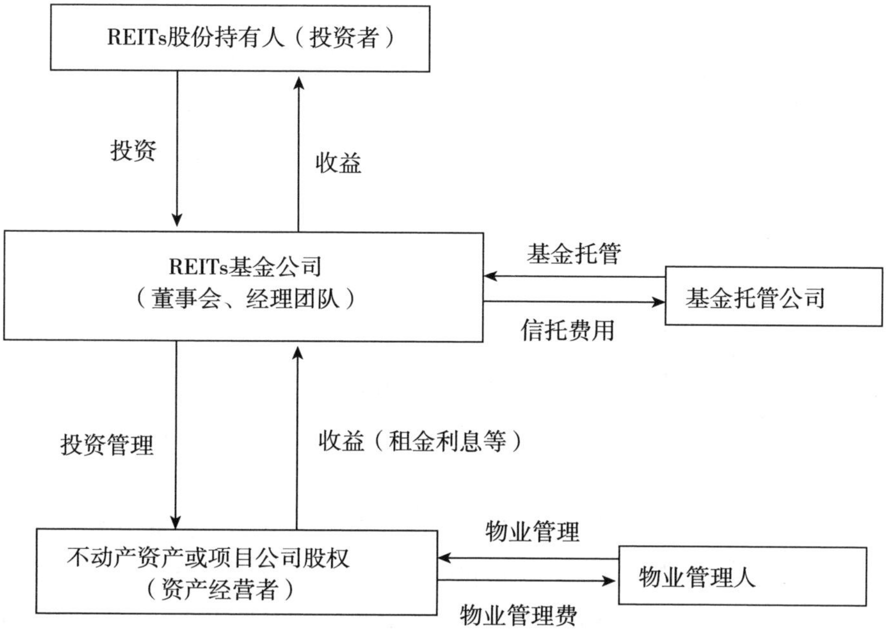

图 1－5－1　公司型 REITs 组织结构

(二)标准公募型 REITs(公司型)的法律关系

在法律关系上,投资者通过受让发起人公开发行的股票从而获得基金公司的股东身份,二者之间可被看作股东与被投资公司,受到《公司法》的规制及保护。REITs 由具有合法资质的托管机构对其资产进行管理和运用,REITs 基金公司系委托人而托管机构为受托人,各自履行支付托管费用和谨慎管理财产的义务,而投资者作为公司股东为最终受益人,三者之间形成信托法律关系,受到信托法的规制。

采用公司型 REITs 模式设立公募型 REITs,相较其他结构,依靠内部权力机构即董事会对基金资产进行管理,享有独立的法人地位,管理方式和投资决策上效率较高、方式灵活;而且,公司型 REITs 同时也会根据《公司法》相关规定,内部形成有效的监督机制，通过董事会、监事会、总经理及下属管理团队的设置，有效平衡权力，监督公司运行和投资运作，从而维护投资者利益。

（三）标准公募型 REITs（公司型）法律关系理论观点剖析

除了美国以外，日本 SPC 架构的 J-REITs 也是公司型结构。[①] 对于公司型 REITs 所包含的法律关系，学界尚未形成统一意见，仍存有两元论及一元论之争。

1. 两元论

该观点提出公司型 REITs 应包含两种法律关系。第一种是投资者通过购买公司股票获取股东身份后与公司之间形成的投资者与被投资者的关系，按照《公司法》的规定履行各自的义务、享有各自的权利。第二种则是公司聘请专业机构管理募集的资金并委托专门的托管机构保管资产，这期间形成了信托法律关系，受信托法规制。

2. 一元论

一元论的观点则认为，在公司型 REITs 中，只存在一种法律关系，即信托法律关系。投资者购买公司股票的行为被认为是信托关系中的委托行为，而被投资的公司则成为受托人；公司管理层成为资产管理的受托人。这种学说的实质是将投资者、基金管理人、董事会、保管机构放在同一个法律关系中考量，以此确定各方职责，但是笔者认为这个观点没有考虑到投资者和被投资公司之间的实质关系，也会忽略公司型 REITs 中公司组织结构的基本作用。

笔者认为，从我国现有的公司法和信托法原理和具体成文法的内容来看，投资者通过购买公司股票从而获得股东身份，享有参加公司股东大会乃至行使投票权的权利。因此，如果采用公司型 REITs，两元论更符合我国法理基础。

二、标准公募型 REITs（契约型）的组织结构及对应的法律关系

（一）标准公募型 REITs（契约型）的基本组织结构

除了公司型 REITs 以外，还有一种较为普遍的公募型 REITs 组织结构是契约型 REITs。其基本组织结构如图 1 – 5 – 2 所示：

---

① 程海群：《房地产投资信托的法律架构及选择》，中国政法大学硕士学位论文，第 15 页。

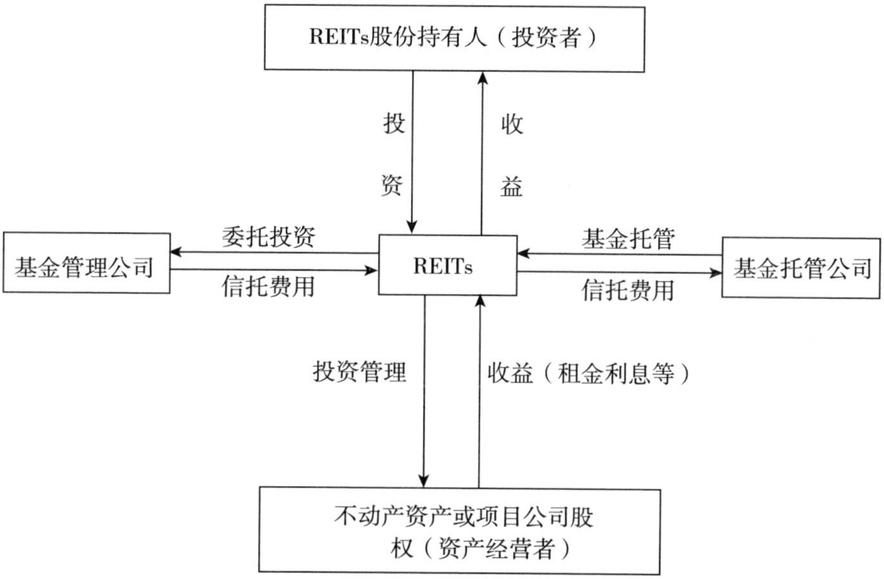

图 1-5-2　契约型 REITs 组织结构

包括我国香港地区在内的亚洲多个地区上市的公募型 REITs 均以契约型为主，在契约型 REITs 的组织架构下不成立独立法人，但这样的架构在一定程度上保证了运作透明、防止权力滥用，在契约关系中通常都会设置明确的分工管理。我国香港地区为公募型 REITs 制定专门的《房地产投资信托基金守则》（以下简称《投资守则》），《投资守则》要求房地产投资信托基金必须委托专门的管理公司管理资产，并且受托人和管理人身份不能竞合，必须是符合资格且独立的第三方。在我国香港地区上市的契约型 REITs 产品，其采取分权式的方法，任何一个机构都不能集中权力，这种体系在一定程度上也体现了香港证监会在基金组织形式上严格谨慎的态度。

（二）标准公募型 REITs（契约型）的法律关系

根据图 1-5-2，契约型 REITs 的自身属性为金融产品而非具有独立法律地位的法人实体。这种模式依托两层信托法律关系而建立：第一层法律关系建立在投资者与投资公司（或基金管理公司）之间，二者根据所订立的信托合同，投资公司（或基金管理公司）扮演受托人的角色，负责资金的日常管理和运营并按约向投资者发放受益凭证，投资者则同时获得了委托人和受益人的身份。[①] 第二层信托关系是基金托管公司与投资人之间，前者受托保管信托财产并享有名义上的财产所有人的身份。

如上所述，契约型 REITs 的显著特点是其作为基金产品不具有法人资格，这也是其与公司型 REITs 最大的不同点。契约型关系主体之间成立的是信托关系，围绕的是信托财产展开交易，且信托财产的独立性使其可在法律层面一定程度上维护投资者的利益不受基金管理人或者托管人的侵吞。

（三）标准公募型 REITs（契约型）法律关系理论观点剖析

根据契约型 REITs 具体架构不同，对于其中所包含的法律关系，各国家和地区也存在不同理论：

1. 双重信托论

该理论认为，契约型 REITs 模式中，存在两个“双元化”。一方面，存在“双元法律关系”，一为投资者与基金管理人所建立在信托契约之上的信托法律关系，二为在基金管理人通过向托管机构托管资产从而在基金管理人与托管机构之间成立的信托法律关系；另一方面，投资者就此兼具信托委托人和受益人的“双元地位”。但是，该种观点也存在明显缺陷：按照该理论的逻辑，保管机构是最终的受托人，[②]但投资者、基金管理人、托管人，三者之间的法律关系并无直接关联，投资者与托管人之间不具有直接的合同关系，投资者无法向托管人主张权利，而只能向基金管理人主张权利，这就导致投资者行使权利的难度加大且自身利益得不到有效保护。

2. 单一信托论

在有些国家或地区，如日本，则认可“一元模式”的单一信托论。[③] 此观点的持有者认为一层信托法律关系即可将投资者、基金管理人和基金托管人三方囊括在内。在该种法律关系下，基金管理人担任委托人的角色，将从投资者处募得的资金交给基金托管人，由基金托管人履行受托人的职责并以自己的名义保管

① 林张荫：《中国房地产投资信托（REITs）发展的法律壁垒——以“鹏华前海万科”REITs 为视角》，载《黑龙江省政法管理干部学院学报》2016 年第 4 期。

② 李智：《房地产投资信托（REITs）法律制度研究》，中国政法大学 2005 年博士学位论文，第 12 页。

③ 龚志国：《论我国契约型投资基金当事人之间的法律关系》，中国政法大学 2003 年硕士学位论文，第 28 页。

信托资金及按照管理人的指示运作信托财产，而投资者成为受益人享有受益权。该观点的固有缺陷在于，投资者在基金管理人和托管人签订信托契约前，并不享有任何信托法律关系项下的权利，导致投资者存在信托法保护的空白期。如信托关系没有成立，则投资者只能以与基金管理人之间的财产移转行为关系向管理人主张侵权损害赔偿，还负有证明基金管理人存在侵权行为、构成侵权责任要件的举证责任，对投资人合法权益的保护力度较弱。

3. 三位一体论

该观点应属于一元论的变种，其主张信托合同的当事人应当包括投资者、基金管理人和托管人三方，投资者为信托关系中的委托人，而基金管理人和托管人则为共同受托人，分别担任管理受托人和保管受托人的角色，从而构建起三位一体的一元信托结构。该观点既改良了双重信托论中的复杂法律关系，还有效地避免了如出现问题投资者只能向基金管理人主张侵权损害赔偿的情况，委托人兼受益人的双重法律身份全面而有效地保护了投资人的合法权益，而基金管理人和托管人的明确分工也促使了信托业务的健康发展。我国现行有效的《证券投资基金法》采用了与上述三位一体论较为相近的"一元论"作为规范证券投资基金行为的法律模式。

三、鹏华前海万科 REITs 的组织结构及对应的法律关系

全球范围内最常见的公募型 REITs 有两大类——公司型 REITs、契约型 REITs。从我国已发的鹏华前海万科 REITs 的组织结构及对应的法律关系来看，我国目前选择的模式偏向于契约型 REITs。

（一）鹏华前海万科 REITs 的参与方

鹏华前海万科 REITs 诞生于 2015 年，系我国第一个公募型 REITs 产品，由多方发起并参与，各参与方通过一系列协议建立起 REITs 管理、托管、销售等法律关系，进而形成一个完整的交易架构。具体参与方如表 1－5－1 所示：①

① 《鹏华前海万科 REITs 封闭式混合型招募说明书》，载"天天基金网"，http://fund.eastmoney.com/gonggao/184801,AN201506230009991361.html。

表 1 -5 -1　鹏华前海万科 REITs 交易参与方

交易参与方	参与主体
基金管理人	鹏华基金管理有限公司
基金托管人	上海浦东发展银行股份有限公司
投资人	个人投资者、机构投资者和合格境外投资者以及法律法规或中国证监会允许购买证券投资基金的投资人
基石投资人	深圳市前海金融控股有限公司
目标公司	深圳市万科前海公馆建设管理有限公司
目标公司服务机构	深圳市万科房地产有限公司(承担业绩补偿义务,分享业绩激励收益)
销售机构	鹏华基金管理有限公司
不动产评估机构	深圳市戴德梁行土地房地产评估有限公司
登记结算机构	中国证券登记结算有限公司

(二)鹏华前海万科 REITs 的投资标的

鹏华前海万科 REITs 的投资标的为深圳前海区万科企业公馆的租金收益权,深圳市前海金融控股有限公司牵头设计了具体交易模式,主要内容为:投资者通过与基金管理人订立的基金合同将持有份额委托给鹏华基金管理公司(基金管理人)进行投资取得受益凭证并获得受益人身份。

(三)鹏华前海万科 REITs 的交易结构

深圳市前海深港现代服务业合作区管理局(以下简称前海管理局)与深圳市前海开发投资控股有限公司(以下简称前海投控)针对目标项目的土地使用订立了《土地租赁合同书》及其《补充合同书》,约定前海投控向前海管理局承租位于前海的目标项目地块用于开发建设前海企业公馆项目,租赁期限为 120 个月,自 2013 年 7 月 25 日起至 2023 年 7 月 24 日止。

前海投控又与万科企业股份有限公司(以下简称万科)签署了《关于前海企业公馆项目之 BOT 协议》(以下简称 BOT 协议)。基于该 BOT 协议的约定,万科以 1000 万元的注册资本于 2013 年 9 月专项成立了深圳市万科前海公馆建设管理有限公司(目标公司)作为运作实体。

基金管理人将在募集成立后 6 个月内将部分基金资产以增资入股的方式换取目标公司 50% 的股权从而享有目标公司名下商业物业的稳定的租金收益权,

基于上述租赁期限的限制，鹏华前海万科 REITs 的前述收益权的期限至 2023 年 7 月 24 日止。按照基金合同约定，鹏华前海万科 REITs 将除投资于目标公司 50% 股权以外的剩余资金用于投资固定收益类产品。鹏华前海万科 REITs 最终模式将在深交所上市转换为上市开放式基金（LOF），基金合同生效后至上市期间的 10 年为基金封闭运作期。

鹏华前海万科 REITs 的交易结构如图 1－5－3 所示：

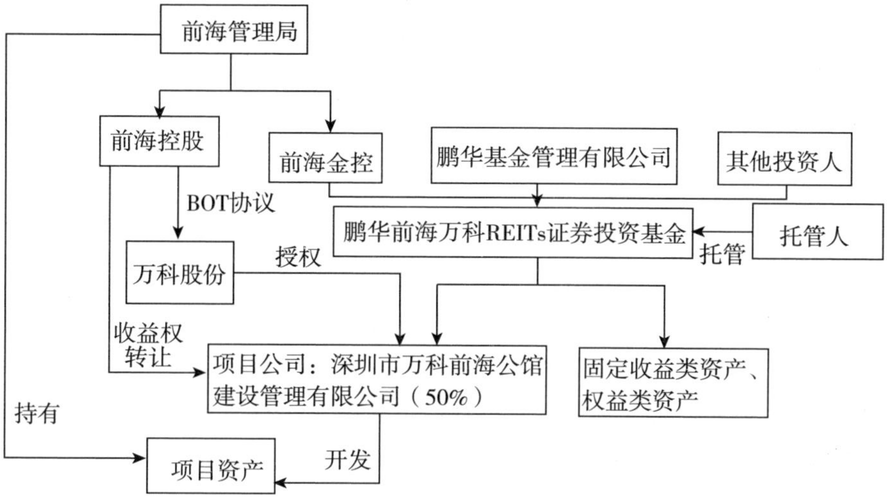

图 1－5－3　鹏华前海万科 REITs 结构

现将上述交易结构中各参与方之间法律关系及各自的权利义务简述如下：

1. 公开市场上的资金持有者通过向 REITs 基金投资获得目标公司的股份。上述股份仅可转让换取现金但不得在 2025 年之前撤回。

2. 万科通过基金将针对目标项目的开发建设及收益权转让给目标公司，前海投控通过协议约定将对信托产业的收益权转让给目标公司。

3. 根据前述第 2 点，目标公司在运行期内可独家享有前海企业公馆项目的运营管理权，并获取全部收入。

4. 目标公司按照 2000 万元初始值存入万科设立的透支账户（信用账户）作为运营期间内的现金流保证，如运营期内 REITs 营收不足标准值且无法通过透支账户内的资金补足，不足部分由万科补足。

四、鹏华前海万科 REITs 与标准公募型 REITs 的差异

从上文对公司型 REITs、契约型 REITs 以及鹏华前海万科 REITs 的法律关系剖析可以看出，我国唯一的公募型 REITs 在内部结构的各方法律关系上，还是和国际主流的 REITs 有一定差异。

在基本组织架构方面，鹏华前海万科 REITs 更接近于契约型 REITs，其并非以独立法人的形式建立，而是通过一系列交易安排搭建起了 REITs 结构。投资者通过与基金管理人订立的基金合同将持有份额委托给鹏华基金管理公司（基金管理人）进行投资取得受益凭证并获得受益人身份。鹏华前海万科 REITs 之所以没有选择公司型结构，一方面是出于税收的考虑，另一方面也是因为现行的《证券法》《公司法》对于公司型 REITs 在公开平台交易募集资金仍然存在一定障碍。

从基础资产所涉及的法律关系方面来看，鹏华前海万科 REITs 所投资的项目公司通过契约的方式，获得转让后的收益权，且该收益权设定了 8 年的期限。而国际标准的公募型 REITs 一般不设定持有期限，[①]因此这一点与国际标准公募型 REITs 所持资产有根本性区别，也意味着，我国首个公募型 REITs 与国际标准公募型 REITs 相比还有很大差异。首先，无论是公司型 REITs 还是契约型 REITs，基金所投资的公司一般都通过股权投资进而持有不动产项目，其稳定的收益是基于对不动产直接享有的所有权而获得，而非协议约定的经转让的收益权。其次，基于对所持资产享有所有权，因此不存在特定期限内的收益，也就是说只要 REITs 所投资的公司仍然持有该不动产项目，投资者就可以持续获得稳定收益，而不用担心在若干年后，REITs 所投资产是否仍然存续的问题，这对于有长期投资规划的投资者来说是非常重要的。

五、我国公募型 REITs 组织结构的选择：契约型

美国的公募型 REITs 主要采用公司型，准据法体系一般以其《公司法》作为载体再构建其他的法律，而亚洲地区则主要采用契约型 REITs，主要以信托合同（契约）为载体，信托合同就是契约型 REITs 的基础，总体来看，契约型与公司型

---

① 余凯：《我国房地产信托投资基金发展模式探析》，载《商业时代》2008 年第 17 期。

模式各有优势,我国采用任何一种组织结构均存在需克服的制度设计上的难点。①

如选择契约型 REITs 模式,则优点是可直接借鉴我国现有已相对较为成熟的契约型证券投资基金的组织结构及运作模式,市场投资者已较为熟悉其基金产品品种,主管机关的监管范围亦明确清晰,有较强的市场基础和监管力度。②但该模式的缺点在于无法完全适应 REITs 所需的治理结构、发行制度及发行环节等,制度层面仍须进一步融合。如采用公司型 REITs 模式,虽然能够解决上述制度难点,但其缺陷也是显而易见的。一方面,公司型 REITs 模式的经济成本偏高,无形中拉高了市场投资主体参与的门槛;另一方面,公司型 REITs 必须要出台相应的专项法与其配套,这不利于我国在现有法治环境下操作实施。

总的来看,选择契约式组织形式能够最大限度地保障投资者的权益。故现行法律框架下,我国公募型 REITs 市场选择契约型 REITs 结构,无论是法律障碍还是管理难度,都可以降到最低。首先,我国目前的信托法律法规足以支撑契约型 REITs 的合法合规运行。我国自 2001 年以来相继颁布的《信托法》、《信托公司管理办法》、《信托公司集合资金信托计划管理办法》、《信托投资公司信息披露管理暂行办法》及《信托业务会计核算办法》已构成了较为完备的信托法律框架体系,可以形成对 REITs 各主体的有效制约和保护。③ 其次,依托现有《信托法》,集合资金信托计划以其被广泛熟知的特性被信托投资公司作为打开中国不动产投资信托基金市场的敲门砖,例如,2003 年 12 月北京国投推出的投资者出资购买商铺后通过管理人的运作获取商铺的租金收益作为回报,该计划的运作原理与国际通行的不动产投资信托基金高度相似。实务中,集合资金信托计划作为不动产的常见工具已为不动产企业、投资者和监管部门所熟悉,市场基础雄厚。最后,境外的成功经验也可为我国推行契约型 REITs 所借鉴。如美国有一部分的现有不动产投资信托基金即为信托形式,新加坡及我国香港地区上市的不动产投资信托基金亦采用信托形式,上述形式实际上即为不动产 REITs 信托,我国台湾地区将这种模式称为"不动产投资信托",并将其项下的信托财产称为

---

① 周代希:《房地产信托投资基金法律形式及立法路径探讨》,载《证券市场导报》2009 年第 12 期。

② 许南、董洁、宋林峰:《中国内地房地产投资信托基金的定位、模式及基本框架》,载《中国房地产》2006 年第 8 期。

③ 周欣欣:《房地产投资信托基金法律问题研究》,吉林大学 2010 年博士学位论文,第 89 页。

“基金”。

因此,结合国际市场REITs产品的发展,我们建议先采取契约型REITs的组织形式和操作模式,企业可采取该种形式订立契约从而分工合作,降低风险,提升收益回报。今年证监会发布的《证券投资基金指引》,也是走“契约型”这一条路,通过设立契约型的公募基金和发行契约型的资产支持证券的方式来迈出公募REITS的探寻之路。

后期,待相关法律体系建立健全等条件成熟时,我们亦可择时推动我国REITs从契约型向公司型转变,形成契约型和公司型齐头并进的局面。

专题六　我国发展 REITs 面临的具体法律问题与应对建议

契约型 REITs 中存在的信托关系是 REITs 建立的核心，在信托关系中，受托人的谨慎义务关系信托财产和投资者利益的安全，如果发生信托财产损失，受托人是否需承担相应责任，其是否尽到谨慎义务是判断的核心。我国目前的法律法规中对于受托人的谨慎义务仍然规定得较为模糊，如果在 REITs 运行过程中，受托人的行为存在争议，按照现行的法律法规无法对其行为合法性进行有效衡量。因此，谨慎义务的标准仍有待细化，本专题就此问题试作分析，以供参考。

一、受托人谨慎义务之内涵

一般而言，信托作为一种财产管理方式，具体表现为受托人以委托人的信任为基础，对委托人的财产进行管理以及处分，从而实现受益人的利益或其他特定目的。[①] 因此，在信托关系中，受托人对信托财产的管理和处分有自主权，除非法律另有规定或合同另有约定，受托人的管理权和处分权不受他人干涉，包括委托人和受益人。

不动产投资信托中，受托人一般为投资机构，具有专业的投资知识和投资经验。鉴于不动产投资信托的复杂和专业性，受托人应具有远高于一般信托法律关系中对于受托人在管理和处分信托财产方面的能力。

为确保受托人是以受益人的最大利益为出发点对信托财产进行运作和处分，两大法系国家和地区的信托法律在给予受托人较大的管理、处分权力以外，对受托人也做出了义务性的限制。下面笔者首先从两大法系的角度，对受托人

---

① 根据《信托法》第 2 条规定，信托是指委托人基于对受托人的信任，将其财产权委托给受托人，由受托人按委托人的意愿以自己的名义，为受益人的利益或者特定目的，进行管理或者处分的行为。

谨慎义务作进一步分析。

二、两大法系对受托人谨慎义务的规定

(一)普通法系对受托人谨慎义务的规定

英国早在1886年的判例[Re Whiteley(1886)案]中就已对受托人谨慎责任作出描述,Lord Lindley MR指出受托人在运作信托基金时应以理智而谨慎的人在处理其在道德上(而不仅是在法律上)负有义务的人的事务时进行考量的考虑标准之上,而非其仅针对自身的利益进行考量时的考虑。[①] 时隔一年后,Learoyd v. Whiteley(1887)案再一次强调了处理信托业务时应当遵循的谨慎义务的标准。当受托人是以一般谨慎的商人为了一个他对其负有道德上义务的其他人的利益所应作的考虑为标准行事的,其所可以承担的风险程度更低。也就是说,受托人在投资时,需限制进行冒险性或危险性的投资活动,出于对他人利益的考虑,只能承担适当的风险。例如,英国通说认为受托人至多可选择具有谨慎程度风险(a prudent degree of risk),而非危险性(hazardous)的投资。[②]

直到2000年,英国制定了《受托人法》,以成文法的形式进一步明确和细化了谨慎义务的标准,该法第1条明确,“不管什么情况下,只要本条规定的谨慎义务适用于一位受托人,他就必须行使在当时的情况下合理的谨慎和技能,特别要考虑到——(a)他拥有或者声称拥有的特殊知识和经验;(b)如果他是在经营活动中或者作为职业而担任受托人的,人们应当合理地期望一个从事那种经营活动或者职业的人所应当具有的特殊知识和经验”。[③] 可以说,英国是在参考了美国《信托法重述》和《统一谨慎投资人规则》中的相关规定从而制定《受托人法》中关于谨慎义务的规定的。

美国法中,受托人谨慎义务的标准是这样的:在美国,受托人的谨慎义务称为“谨慎人规则”,该规则通过Harvard College v. Amory一案建立起来,美国在该案后发布的《信托法重述》中采纳了上述规则。该规则的具体含义为受托人应

① [英]理查德·爱德华兹、奈杰尔·斯托克威尔:《信托法与衡平法》(第5版),法律出版社2003年版,第375页。

② 尹乃春:《我国推行REITs法律问题研究》,载《中国不动产金融》2005年第1期。

③ 李志伟:《国外企业年金制度的发展及其对我国的启示》,载《中共贵州省委党校学报》2012年第1期。

按照谨慎而理智的人投资自己的财产的谨慎标准行事，在投资时应充分关注如何降低信托财产风险，增强投资周期和数量的稳定性，乃至选择确保盈利的投资方式。①

另外，美国通过制定《统一谨慎投资人规则》，对受托人行为进行重点规制，该规则第2条主要对谨慎义务的标准、范围、程度等都提出了明确要求，至少包括：(1)受托人应具有合理的注意、技能和谨慎来考虑信托文件规定的目的、条款、投资分配要求和其他情形，从而按照谨慎投资人的标准管理信托财产。(2)即便是受托人对于单独某个信托财产的运作决定，该决定亦应被看作全部的信托投资策略的组成部分，从而对信托的整体做出评估，而不应被孤立评价。(3)受托人在运作信托财产时应至少将以下要素考虑在内：客观经济形势；通货膨胀或紧缩情况；与投资决定相关的税收政策；单个的投资决定之间的关系及在整体信托投资策略中的地位；预期收益和增值情况等。(4)受托人应当在处理信托事务时运用委托人所信赖的必要特殊技能或专业能力。(5)对于与运作信托财产有关的事项，受托人均应予以必要且合理的调查求证。

不难总结出，美国在受托人的责任方面制定了较为具体的规定，其特点在于首先，该规则明确受托人的谨慎责任需覆盖到其整个投资行为，而不仅仅针对单一的某项投资。其次，该规则要求受托人应把握多元投资方向从而降低投资风险。最后，该规则还重点提出受托人在投资活动中需关注并权衡投资风险与回报。

通过以上分析可以看出，英美法通过具体判例阐述并建立受托人谨慎义务标准，然后进一步以成文法的形式进行系统化和法典化。英美法都要求受托人应至少达到一位相当谨慎的投资人对待自己的资产的谨慎程度来投资和管理委托人的财产，而且受托人还应当在业务活动过程中始终以最高能力水平标准来履行职责。总而言之，履行谨慎义务的重要一点就是在受托人进行信托活动时，需充分考虑和维护受益人的利益并应始终高度关注和权衡投资的收益和风险。

(二)大陆法系对受托人谨慎义务的规定

相比英美法系(普通法系)，大陆法系(罗马法系)的国家和地区信托法中则不使用“受托人的谨慎义务”，通常引用民法概念里的“善良管理人注意义务”；

---

① 陈斌彬：《美国信托受托人的谨慎投资义务论析》，载《福建金融管理干部学院学报》2011年第1期。

后者标准下,管理人的谨慎程度应不低于其所在专业或阶层均能注意到的程度。可以看出,该注意义务标准较为接近英美法系中的受托人谨慎义务标准,也称“专家的注意义务”。[①]

日本在2006年修订《日本信托法》时规定,受托人必须根据信托目的处理信托事务。受托人应以善良管理人为标准处理信托事务,如信托法另有规定,依照其规定。[②] 随着全球经济的发展和市场经济日益变化,谨慎义务规则不断变化,受托人的善良管理人注意义务标准呈放宽趋势,信托文件可根据当事人的约定对受托人的注意义务进行增减,事实上,受托人被给予了更大的自主性并使投资灵活性更高。但这样的趋势导致受托人权利被滥用的可能性增大。

三、我国现有信托法律框架下对受托人谨慎义务的规制

从我国现有法律法规来看,有关受托人谨慎义务的规定多为原则性规定。我国的信托法律体系通常被简称为“一法三规”。其中的“一法”指的是《信托法》,《信托公司管理办法》、《信托公司集合资金信托计划管理办法》和《信托公司净资本管理办法》则构成了所谓的“三规”。

从“一法三规”的具体内容来看,《信托法》第25条原则性地规定了受托人的谨慎义务,明确提出了最大利益、诚实信用以及谨慎有效原则。《信托公司管理办法》第26条和《信托公司集合资金信托计划管理办法》第25条则对信托资金的运用原则和方式提出了较为详细而具体的规定。

不管是英美法系规定的“受托人的谨慎义务”还是与大陆法系其他国家或地区规定的“专家的注意义务”,均提出了对于受托人相对明确且易操作的行为准则要求。但我国信托法的相关规定都是比较模糊且无法在发生争议时进行衡量,且具体规范中对受托行为的规制也多为指导性和原则性,实务中较难依据上述规定具体合理判断受托人是否已尽到谨慎义务。由于具体标准的缺失,现有法律法规在谨慎义务方面的实操可能性非常小。而在公募型REITs中,由于REITs产品的专业性,作为该产品结构中专门从事不动产投资信托的投资公司,

---

① 强力、徐瑞阳:《论受托人注意义务与亲自管理义务之完善——以家族信托为视角》,载《山东警察学院学报》2016年第1期。

② 董新忠:《试论信托受托人谨慎义务的标准》,载《中北大学学报(社会科学版)》2007年第1期。

势必需要承担更高的谨慎义务，这样的标准目前法律法规中更是缺乏。

我国银行业监督管理委员会（现中国银行保险监督管理委员会）在2009年推出的《房地产集合投资信托业务试点管理办法（草案）》规定了类房地产REITs的运作方式，亦初步涉及了REITs的成立标准、投资及收益分配要求等内容，但该草案至今尚未正式发布。同年，人民银行起草的《银行间债券市场房地产信托受益券发行管理办法》为我国REITs的顶层设计提供了可行的初步框架，但该《办法》也仅仅是份草案。中国证监会和住建部在2018年发布的《关于推进住房租赁资产证券化相关工作的通知》（证监发［2018］30号）中特别提出"重点支持住房租赁企业发行以其持有不动产物业作为底层资产的权益类资产证券化产品，试点发行房地产投资信托基金（REITs）"。中国证监会在2020年8月6日发布的《证券投资基金指引》亦是聚焦基础设施领域公募REITs的试点，由此可以看出国家现在试点支持和鼓励的是以基础设施为主的不动产项目REITs，对于住宅、商业地产REITs项目暂未放开。

因此，虽然近年来我国不断对公募型REITs的推出发出利好的政策消息，但具体办法和配套法规却迟迟没有出台。而现行法规中，金融领域法律法规的监管仍然不足。笔者认为本次《证券投资基金指引》的发布，虽然仍是聚焦于基础设施类不动产领域公募REITs，但为后续推动我国REITs立法积累了实务经验。

四、REITs管理人自有资金和募集资金的隔离不明确

首先，《信托法》回避了信托财产权属的转移问题。《信托法》第2条指出，信托关系中，委托人将其财产"委托给"受托人管理或处分，这样的用词并没有明确信托财产的权属从委托人处转移到了受托人处。也就是说，信托关系建立后，信托财产转移与否并不明确，这就导致基础资产在REITs的交易结构中的移转不明。从法理上来说，管理人和基础资产之间只是一种资产管理关系或者信托关系，这也就是说基础资产和管理人之间存在风险隔离的问题。[①] 传统的信托理论说明信托因具有财产独立性故也可谓为一种风险规避之选择，因信托财产在信托法律关系成立之时则不再属于当事人委托人的专有权属范围。英美法体系建

---

① 孟创奇：《资产证券化实务中风险隔离机制的完善》，载腾讯网，https://new.qq.com/omn/20181127/20181127G12294.html。

立了双重所有权制度，使信托财产的权利能够由受托人和受益人同时享有。但是我国目前的法学理论并不承认双重所有权，因此对于信托财产的所有权归属问题始终存在疑问。

在信托财产登记制度方面，现有规定并不完善。《证券公司集合客户资金资产登记结算办法》仅对证券登记进行了规定，而扩展到 REITs 产品时，通过证券化形式出现的不动产权的登记规程则处于"无法可依"的尴尬境地。上述资产登记方面的制度缺失反过来弱化了资产证券化的风险隔离特性（因 REITs 产品无法直接持有基础资产），但是风险隔离制度恰恰是基础财产和信托公司之间的隔离，比如投资者用股权投资 REITs，管理人用发行募集的资金购买了公司的股权，那么目标公司现在的股权持有人到底是谁？由此可以看出，基础资产与管理人之间的风险隔离的立法规范仍处于空白状态，如果管理人实际挪用了 REITs 的募集资金，而抗辩这原属于自有资金，那么对其的规制和处罚将会处于无法可依的状态。

在本次证监会发布的《证券投资基金指引》中，对管理人的自有资金与基金财产的风险隔离做了明确规制，包括：（1）因基础设施基金的管理、运用或者其他情形而取得的财产和收益，归入基础设施基金财产。基础设施基金财产的债务由基础设施基金财产承担。（2）基础设施基金财产独立于原始权益人、基金管理人、基金托管人及其他参与机构的固有财产。（3）原始权益人、基金管理人、基金托管人及其他参与机构因依法解散、被依法撤销或者被依法宣告破产等原因进行清算的，基础设施基金财产不属于其清算财产。（4）基础设施基金财产的债权，不得与原始权益人、基金管理人、基金托管人及其他参与机构的固有财产产生的债务相抵销。不同基础设施基金财产的债权债务，不得相互抵销。

五、公募基金法律框架下存在投资范围和投资比例的壁垒

在现有《证券投资基金法》下，公募基金投资范围和投资比例受到严格限定，该法第 72 条将投资范围限于上市交易的股票、债券、其他证券及其衍生品种。本次《证券投资基金指引》同样明确，基础设施基金 80% 以上基金资产应投资于基础设施资产支持证券，并持有其全部份额；基金通过基础设施资产支持证券持有基础设施项目公司全部股权。而国际较为成熟的标准型公募 REITs 结构中，

基金通常直接投资于持有不动产的项目公司。目前对公募基金的投资方向的规定,直接导致我国公募型 REITs 如国际的标准型公募 REITs 对公司直接进行股权投资。

另外,《公开募集证券投资基金运作管理办法》第 32 条规定,除了中国证监会另行规定的其他特殊基金产品外,基金管理人在进行证券投资时,仅就某一公司发行证券进行投资的规模应不高于基金资产净值的 10%,受公募基金投资比例的影响,我国发展标准的公募 REITs 存在法律上的壁垒。

因此可以说我国的《证券投资基金法》是一部不太完备的"契约型证券投资基金法",没有为证券投资基金下明确的定义,也没有对基金持有人、基金管理人和基金托管人三方的权利义务做出公允的法律安排。现有的基金都是契约型,但是关于权责规定的问题需要细致的法律法规予以填充。现在 REITs 因为定义和比例问题无法与《证券投资基金法》对接,也没有其他的可加以监管的法律法规,也就是说在现有法规框架下,我国的公募型 REITs 从本质上就与域外公募型 REITs 不同,如要发展国际标准型公募 REITs 仍然存在制度壁垒。

六、投资方向无特别的约束性规定

对于开展公募型 REITs 后,不动产领域因此募集所得大量资金进而可能产生的不动产市场波动,我国尚未制定合理的监管方案。

参考我国香港地区《房地产投资信托基金守则》第三章第 3.1 条规定,"房地产投资信托基金是以信托方式组成而主要投资于房地产项目的集体投资计划"。[①] 该条进一步明确了基金份额持有人所获得的收益来源于不动产的租金收益。该守则第三章则进一步明确了房地产投资信托基金的必要组成要件,第一项要件即为投资项目应当是享有持续、稳定的租金收益的不动产物业项目,但同时也限制了 REITs 的不动产物业项目的转让或受让之交易活动,这些规定都减少了可能因房地产泡沫而造成市场波动从而损害投资者利益的可能性。

因此,我国如要大力发展公募型 REITs,需要对其所投资的房地产项目进行

---

① 2014 年 8 月证券及期货事务监察委员会《房地产投资信托基金守则》第 3.1 条规定:房地产投资信托基金是以信托方式组成而主要投资于房地产项目的集体投资计划。有关基金旨在向持有人提供来自房地产的租金收入的回报。房地产投资信托基金透过出售基金单位获得的资金,会根据组成文件加以运用,以在其投资组合内维持、管理及购入房地产。

限定，如是否可为在建项目、是否需强制投资方向专注于在商业性质的房地产项目，投资后是否可以在短时间内买入卖出等，这些方面如没有合理的约束，将导致 REITs 在募集大量资金后，利用房地产投资政策，进行资本运作，违背了对房地产项目本身进行发展的初衷。

本次《证券投资基金指引》为了可以有效盘活基础设施存量资产，在扩宽基础设施项目接受社会投资的渠道的同时，有效保障委托人风险，因此对于基础设施领域公募 REITs 所持有的底层基础设施项目要求严控项目质量，基础设施基金拟持有的底层基础设施项目需要满足以下条件：(1)原始权益人享有完全所有权或经营权利，不存在重大经济或法律纠纷，且不存在他项权利设定，基础设施基金成立后能够解除他项权利的除外；(2)主要原始权益人企业信用稳健、内部控制健全，最近 3 年无重大违法违规行为；(3)原则上运营 3 年以上，已产生持续、稳定的现金流，投资回报良好，并具有持续经营能力、较好增长潜力；(4)现金流来源合理分散，且主要由市场化运营产生，不依赖第三方补贴等非经常性收入；(5)中国证监会规定的其他要求。

七、不动产领域的土地制度限制了 REITs 的财产权属的移转

我国不动产领域的基础法律为：《物权法》《土地管理法》《城市房地产管理法》《土地管理法实施条例》《城镇国有土地使用权出让和转让暂行条例》等。

1995 年，我国就开始以《城市房地产管理法》对房地产开发、交易等事项进行法律规制，该法律详细规定了房地产开发和交易所涉事项，包括权属登记等具体手续。在该法后，我国陆续颁布的其他法律文件共同构建起我国不动产业务的基本法律框架，为不动产行业的稳健发展提供了有力的法律支持。但不得不指出的是，目前的不动产业务相关法律制度客观上阻碍了 REITs 的基础财产所有权的流动，就这一主题还存在许多未解决的问题。

目前我国对不动产的权利仍围绕着传统所有权的“占有、使用、收益、处分”权能设置了所有权、使用权、租赁收益权和抵押权等权利类型，但如今金融创新产业发展迅猛，传统的权利版图已大幅扩张，如今已出现了以分割证券为表现形式的权利类型。但囿于法律固有的滞后性，我国法律并未对此作出规定且无合理、明确且具有可操作性的解释，不得不承认这将在一定程度上限制 REITs 在我国的发展。

与境外 REITs 基础资产所有人拥有 100% 产权不同。以鹏华前海万科公募 REITs 为例，其标的资产主要是万科前海企业公馆未来 8 年的租金收益权。[①] 该 REITs 产品结构下，基金投资标的虽然是项目股权，但根据收益安排，REITs 没有获得底层资产的产权，而仅仅是特许经营权收益权的证券化。

由于现行法律法规中，信托财产转让的规定过于模糊，无法有效界定。在现有法律框架下，不动产产权转移需通过产权登记实现，仅仅通过抵押或者证券化手段，并不实际发生产权转移，这也导致无法在争议发生时切实保障实际产权人的权益，从而影响了业主方将不动产物业进行资产证券化的积极性和信心。

现行全球范围内通用的公募型 REITs 产品持有的不动产物业还涉及产权分割的问题，这样的结构如果移植到我国现有 REITs 市场中，REITs 所拥有的土地权益到底是使用权还是所有权便存在疑问。这个问题在土地产权交易与分割时就会凸显出来，现行制度中土地所有权不可改变，那么土地使用权的转让问题也会受到制约。

另外，土地使用权是按期限持有，在较长的时间内对 REITs 而言不具备稳定性。依据《土地管理法》的相关规定，我国土地属于国家和集体所有，且根据土地性质不同，使用期限有限制。而我国《民法典》对于土地使用权续期的补地价或提前收回的补偿标准仅作了原则规定，从该条内容可看出土地使用权人如需在土地使用权到期后续期的，需依法履行补交土地出让金以及重新签订合同办理登记之程序。如果国家出于公众利益的需要，提前收回土地使用权，则须补偿，并退还相应的土地出让金。在我国土地市场中，企业和个人仅拥有土地使用权，且使用期最长的居住用地也仅仅为 70 年。当发生公募型 REITs 所持资产的土地使用期限届满情况的，届满后所持资产的使用权是否可继续享有、因此可能增加的投入成本是多少、对于公募型 REITs 的收益又会产生多大的影响，现有法律法规中针对土地续用的原则性规定显然无法向投资者回答这些问题，进而投资者的投资动力也会受到打击。因此，从长远考虑，如我国公募型 REITs 要像美国的公募型 REITs 那样稳定持续发展的，土地续用使用的价格补偿标准、补偿方式

① 陈徽：《REITs 实证演进及法律问题全解析》，载新浪网，http://finance.sina.com.cn/trust/xtplyj/2018-05-09/doc-ihaichqy5162820.shtml。

等都有待进一步明确,否则土地使用期限将可能会是REITs运行中一个巨大的不确定风险。

因为我国目前规定了较多类型的不动产权利,彼此法律属性的差异导致了流通性和登记手续均不相同,从而增加了REITs产品的登记成本。此外,我国不动产的操作细则规定存在地区间不统一且透明性不高的实际情况亦同样成为不动产投资信托将不同区域的不动产纳入同一资产池的屏障。

另外,我国实行不动产权利登记生效制度,通过执行统一登记的公示手段为不动产的安全交易有效提供法律保障,不动产信托权利作为不动产权利的一种,亦应被纳入统一登记范围,但《不动产登记暂行条例》中并未见对该问题的明确规定。虽然从法律解释的角度似乎可从该条例第5条"法律规定需要登记的其他不动产权利"之表述可捕捉到一丝掠影,但由于其他法律并未明确将不动产信托权利规定为一种"需登记的权利",故可见不动产信托权利的登记制度在我国仍显缺位。其实我国学界普遍赞成简化不动产登记程序,认为应当出台登记管理细则和资产证券化的房产交易面积单位分割、交易登记细则。

八、相关建议

(一)建立具体的谨慎义务判断标准

与其他大陆法系地区不同,我国《信托法》对于受托人的谨慎义务定义("诚实、信用、谨慎、有效"),实际上沿用了英美法系的"谨慎投资人规则"表述,而非"善良管理人的注意义务"。但是具体条文中,仍然参考的是大陆法系的立法方式,进行较为抽象的原则性规定。面对现在纷繁复杂的经济形势,当发生纠纷时,这样原则性的规定显然无法作为衡量标准。谨慎义务原则能够明确受托人投资行为的基本规范,遏制受托人背离委托人利益管理、处分信托财产,在要求受托人防范投资风险的同时又给予其投资行为一定自由发挥的空间,而原则下的具体衡量标准则可以给予受托人投资行为规范,在发生纠纷时也能够有效作为法律依据。因此,笔者认为,应当借鉴英美法系和大陆法系的优秀立法,既要明确原则,也要进一步以原则为纲制定具体的明细和规则。

在《信托法》所提出的受托人的谨慎义务原则的基础上,如何衡量受托人行为是否达到该原则要求,笔者建议,可以对受托人在处理受托事务前以及处理过程中的行为进行评价。美国信托市场在不断发展的过程中,逐步制定了成熟的信托制度规制受托人投资行为，笔者认为，可参考美国相关受托人谨慎义务的规定，引入先进法律法规助力我国信托以及公募型 REITs 的发展。

借鉴《美国信托法重述》（第三版）第 227 条之规定，“受托人应当考虑到信托目的，信托期限、分配要求和信托的其他情况，像一个谨慎投资者那样投资和管理信托财产”。因此，应当要求，在投资前，投资者从整体策略出发规划投资行为，整体评估投资资产。

而在投资过程中，则应当结合市场情况谨慎运营资产，并注意多元化投资，减少投资风险。如《美国谨慎投资人法》对投资行为提出如下要求：首先就是分散信托投资。其次，受托人在制定收益时，也应当指出对应的投资风险。用对于具体的信托风险容忍度的要求来替代过去占据主导的避免投机的极端规制；同时，该法规也要求，受托人应当开拓视野，广泛运用集合投资工具。

除此以外，笔者认为还应当完善损害赔偿责任的规定。我国《信托法》对受托人违反谨慎投资义务没有具体责任条款，较难对受托人投资行为起到约束作用，笔者认为可适当明确受托人的相关责任如在违反谨慎义务时应将信托财产恢复原状，或在无法恢复原状况时进行补偿等。

同时，笔者关注到本次证监会发布的《证券投资基金指引》对受托人的专业胜任要求以及具体职责作了细化的规定与明确，对于未来我国建立具体的谨慎义务判断标准也具有重要的参考价值。具体如表 1－6－1 所示：

表 1－6－1　《证券投资基金指引》中对受托人的专业胜任要求和具体职责的规定

项目	内容
专业胜任能力	1. 公司成立满 3 年，资产管理经验丰富，公司治理健全，内控制度完善； 2. 设置独立的基础设施基金投资管理部门，配备不少于 3 名具有 5 年以上基础设施项目运营或基础设施项目投资管理经验的主要负责人员，其中至少 2 名具备 5 年以上基础设施项目运营经验； 3. 财务状况良好，能满足公司持续运营、业务发展和风险防范的需要； 4. 具有良好的社会声誉，在金融监管、工商、税务等方面不存在重大不良记录； 5. 具备健全有效的基础设施基金投资管理、项目运营、内部控制与风险管理制度和流程； 6. 中国证监会规定的其他要求。 拟任基金管理人或其同一控制下的关联方应当具有不动产研究经验，配备充足的专业研究人员；具有同类产品或业务投资管理或运营专业经验，且同类产品或业务不存在重大未决风险事项

续表

项目	内容
基金管理人开展尽职调查	基金管理人应当对基础设施项目出具尽职调查报告,内容应当包括: 1. 基础设施项目原始权益人及其控股股东、实际控制人,项目管理机构等主要参与机构情况; 2. 基础设施项目财务情况; 3. 基础设施项目对外借款情况,及基础设施基金成立后保留对外借款相关情况(如适用); 4. 基础设施项目现金流的稳定性和历史记录,及未来现金流的合理测算和分析; 5. 已签署正在履行期内及拟签署的全部重要协议; 6. 安全生产及环境保护情况,及是否符合城市规划要求; 7. 基础设施项目法律权属,及是否存在抵押、查封、扣押、冻结等他项权利限制和应付未付义务; 8. 是否已购买基础设施项目保险,及承保范围和保险金额; 9. 同业竞争、关联关系及关联交易等潜在利益冲突情况; 10. 基础设施基金是否可合法取得基础设施项目的所有权或经营权利; 11. 可能影响基础设施项目运营的其他重要事项。 基金管理人可以与资产支持证券管理人联合开展尽职调查,必要时还可以聘请财务顾问开展尽职调查。基金管理人或其关联方与原始权益人存在关联关系,或享有基础设施项目权益时,应当聘请第三方财务顾问独立开展尽职调查,并出具财务顾问报告
对拟持有的基础设施项目评估	申请注册基础设施基金前,基金管理人应当聘请独立的评估机构对拟持有的基础设施项目进行评估,并出具评估报告。 评估机构为同一只基础设施基金提供评估服务不得连续超过3年。评估机构在评估过程中应当客观、独立、公正,遵守一致性、一贯性及公开、透明、可校验原则,不得随意调整评估方法和评估结果
基础设施项目运营管理	基础设施基金运作过程中,基金管理人应当按照法律法规规定和基金合同约定主动履行基础设施项目运营管理职责,包括: 1. 及时办理基础设施项目、印章证照、账册合同、账户管理权限交割等; 2. 建立账户和现金流管理机制,有效管理基础设施项目租赁、运营等产生的现金流,防止现金流流失、挪用等; 3. 建立印章管理、使用机制,妥善管理基础设施项目各种印章; 4. 为基础设施项目购买足够的财产保险和公众责任保险; 5. 制定及落实基础设施项目运营策略; 6. 签署并执行基础设施项目运营的相关协议; 7. 收取基础设施项目租赁、运营等产生的收益,追收欠缴款项等; 8. 执行日常运营服务,如安保、消防、通讯及紧急事故管理等; 9. 实施基础设施项目维修、改造等; 10. 基础设施项目档案归集管理等;

续表

项目	内容
	11. 聘请评估机构、审计机构进行评估与审计； 12. 依法披露基础设施项目运营情况； 13. 提供公共产品和服务的基础设施资产的运营管理，应符合国家有关监管要求，严格履行运营管理义务，保障公共利益； 14. 建立相关机制防范外部管理机构的履约风险、基础设施项目经营风险、关联交易及利益冲突风险、利益输送和内部人控制风险等基础设施项目运营过程中的风险； 15. 按照基金合同约定和持有人利益优先的原则，专业审慎处置资产； 16. 中国证监会规定的其他职责

（二）信托登记时审定受托人资质并明确其权利义务

第一，在信托登记时对应当审核评定受托方的相关资质。由于受托方在不动产投资信托关系中居于特殊理财地位，对其是否具备相应资质以确保信托登记的真实有效就显得尤为重要。

第二，在受托人的职责方面，受托人应当聘用合格的具有不动产行业经验的专业人员，通过内部管理的方式运营不动产投资信托基金。而相关不动产信托投资法律也可明确各方当事人的信息披露义务，特别是受托人的信息披露义务，加强对受托人的监督，如要求对项目全过程信息披露（立项、实施、资金募集、投向、退出等阶段）。同时，还应当明确违反信息披露义务的法律责任，对违反信息披露义务的行为进行处罚，以投资人利益为中心，维护投资人利益。

由于我国目前没有建立公募型 REITs 相关的法律体系，《证券投资基金法》也只涉及证券投资活动。如何确立公募型 REITs 下受托人的职责，是专项立法还是修订现有法律法规，值得进一步探讨。

（三）建立 REITs 行业自律协会并加强行政部门监管

实际上，对一特定领域进行专项立法是个耗时耗力的过程，我国目前并未有针对不动产信托投资基金专项立法计划。目前我国信托领域的“一法三规”以及证券、不动产、基金等领域的相关法律法规，已伴随 REITs 在我国的发展历程不断修订完善，构成了现有 REITs 发展的基本法律框架。

在规范 REITs 的专项立法工作完成前，虽然 REITs 与资产证券化二者存在法律交易结构上的差异，但由于监管理念趋于同质，为借鉴后者在经营、治理及风控方面的已有经验,法律技术上可采用类推适用的方式,充分利用《信托法》《证券投资基金法》乃至主管部门制定的零星规范性文件对 REITs 产品进行规制,以弥补立法上的不足。[①]

同时,在设计符合我国国情的 REITs 风控路径时还应更加完善才能更好地维护投资群体的权益。REITs 的投资方式本质上应当是获取现存的收益稳定的不动产并进行经营管理,[②]如目前,美国 REITs 投资的物业涉及商业地产、旅游地产;而日本的 REITs 产品的基础资产除了有出租型物业以外,还包括收费公路、机场建设等基础设施项目。[③] 因此,对于 REITs 投资方向应当予以规制。比如,限制 REITs 的投资领域,并对 REITs 借贷比例予以规定,在可投资的不动产项目中,也应当严格筛选项目类型,应当鼓励投资已竣工并稳定产生收益的不动产项目,而不得盲目涉猎尚未成型的初期项目。[④]

(四)降低 REITs 投资门槛

就"代客理财"的抽象含义而言,REITs 交易结构下的基本法律关系为信托法律关系。笔者认为,可以从信托角度降低 REITs 的投资门槛。

1. 降低信托投资的门槛限制。不动产业的资金密集特性要求不断降低乃至取消信托投资金额的规模要求以分散投资风险,[⑤]使更多的中小投资者能够通过不动产信托投资基金,间接地参与到不动产开发项目中,扩大不动产信托投资基金融资的规模。

2. 降低信托机构的设立要求,使更多的中小资本能够参与进来。发展公募型 REITs 的基本目的是使不动产行业能够充分吸引中小投资者的闲置资金,保持行业的市场活力。我国现行《信托公司管理办法》第 10 条第 1 款要求的高达 3 亿元的实缴货币资本这一设立条件已将绝大部分的个人及中小机构投资者隔绝在 REITs 市场的之外。笔者认为,适当降低信托机构设立要求,方可提高市场经济的竞争性和自由度,乃至进一步扭转目前不动产行业高比例由资本财团控制

---

① 张盼、李冬:《房地产投资信托基金制度构建的法律问题研究》,载《金融理论与实践》2019 年第 7 期。

② 朱东海:《简析我国房地产投资信托制度(REITs)》,载《企业导报》2012 年第 6 期。

③ 彭宇文、陆镱文:《我国房地产 REITs 发展历程、困境及对策探究》,载《基建管理优化》2018 年第 1 期。

④ 冯晓明:《我国发展房地产投资信托基金的风险防范探究》,载《南方金融》2009 年第 7 期。

⑤ 李燕、李雁函:《关于完善我国房地产投资信托相关法律的探讨》,载《新金融》2010 年第 6 期。

的局面。

（五）完善不动产领域的相关法律规定

借鉴国外的发展经验，公募型 REITs 的主要投资范围是享有持续租金收益的不动产物业，如写字楼、公寓、商场等，物业的前提条件是物权清晰，即不存在模糊的物权界定。但我们国家在物权与债权的界定上不够清晰也限制了不动产权人将资产权利变现的可能，因此应进一步完善不动产权属变动、登记等问题的相关规定，避免产权纠纷。尽管我国不动产方面的法律日趋完善，但不动产法的完善，关键是完善我国不动产信托登记的法律制度体系。

一方面，关于登记主体，应明确涵盖委托人、受托人及受益人三方的基本信息。[①] 在登记信息方面，房屋所有权证书和土地使用权证书均应进行信托登记，并根据现有不动产登记管理的要求，对涉及产权转移的不动产办理过户手续。另一方面，从保护善意第三方的角度，应当明确不动产投资信托登记的期限，如超期的应当办理相应手续续期或终结。

笔者认为，公募型 REITs 作为一种创新性的金融产品在我国的稳健发展与我国金融安全及不动产市场稳定息息相关，而 REITs 的全面有效监管又离不开全面且完备的法律环境的支持。在具体规定设置上，可以参考美国或者我国香港地区的立法形式和监管内容，对公募型 REITs 进行规制。

---

① 陈华东：《论我国房地产信托登记制度的建立和完善》，载《城市开发》2003 年第 1 期。

专题七　融资租赁合同纠纷相关法律问题

法院受理的融资租赁纠纷日益增多，且呈现出类型多样、案件复杂等特点。其中，以不动产和基础设施为租赁标的物的融资租赁纠纷因相关法律法规尚不完善，案涉标的较大等，成为融资租赁合同纠纷中的业务新兴点及疑难点。

为此，笔者结合实务，以相关司法裁判实务为分析样本，对融资租赁合同纠纷涉及的法律问题进行梳理与分析，亦结合于2021年1月1日施行的《民法典》中针对融资租赁合同较《合同法》的相关条款变动进行分析，以供参考。

一、不动产是否可以作为融资租赁标的物？

鉴于我国法律、行政法规并未禁止不动产作为融资租赁物，同时相关部门规章和规范性文件已经承认不动产融资租赁交易。例如：《金融租赁公司管理办法》已经明确了不动产可以作为融资租赁物；财政部、国家税务总局也已发布相应的不动产融资租赁交易征税规则。所以从理论上来说，不动产是可以作为融资租赁标的物的。

案例1-7-1　某供电局与某租赁有限公司融资租赁合同纠纷案，上海市高级人民法院(2003)沪高民二(商)终字第53号民事判决书。

【法院裁判】从合同的性质看，租赁公司与供电公司签订的9106号合同和物件转让合约规定了"租赁公司向供电公司购买十一万电站全部房屋建筑、设备设施，以回租的方式出租给供电公司使用，租赁期间租赁物的所有权归属租赁公司；租赁期届满，供电公司续租或者选择购买租赁物"等内容。由此不难看出，合同当事人双方所建立的是融资租赁法律关系。三上诉人和清算小组认为合同名为融资租赁实为借贷，是曲解了回租租赁合同性质而得出的错误结论。

案例1－7－2　**无锡某太阳能电力有限公司与无锡某工业园区开发股份有限公司合同纠纷案，江苏省高级人民法院（2017）苏民终1770号二审民事判决书。**

【法院裁判】某工业园公司与某电力公司之间构成融资租赁法律关系。最高人民法院《关于审理融资租赁合同纠纷案件适用法律问题的解释》第1条第1款规定，人民法院应当根据《合同法》第237条的规定，结合标的物性质、价值、租金的构成以及当事人的合同权利和义务，对是否构成融资租赁关系作出认定。案涉合同载明“某工业园公司已取得不动产融资租赁资格”，这表明某电力公司不仅对于案涉融资租赁的租赁物是不动产有明确的认识，且对于某工业园公司的相关经营范围也进行了充分的了解。本案中融资租赁的租赁物是厂房，属于固定资产，体现出融资与融物相结合的融资租赁特征，据此，案涉融资租赁的租赁物是不动产并不影响案涉融资租赁法律关系的认定。

案例1－7－3　**天津某办公大楼售后回租案**①。

中央电视台2010年6月18日《新闻联播》播出的《天津：金融创新推动地方经济发展》报道：天津某租赁公司向某投资公司（天津某国资公司）购买天津某服务中心大楼，出租给天津某管理委员会及某投资公司（第二承租方），项目金额为8亿元，起租日为2009年4月27日，租赁期限为20年。

案例1－7－4　**舟山在建码头融资租赁案**②。

某租赁公司向舟山某船业有限公司购买其在建船坞码头构筑物及设备，回租给舟山某船业有限公司使用，项目金额为10亿元，起租日为2009年11月4日。

二、不动产租赁物未办理所有权变动登记，是否成立售后回租的融资租赁法律关系？

关于不动产融资租赁未过户租赁物所有权，是否构成融资租赁法律关系这

---

① 《关于中国不动产融资租赁分析》，载微信公众号“融资租赁行业发展共同体”2018年11月6日，https://mp.weixin.qq.com/s/bvmzqKEks4pLF722W3Rpjg。

② 《关于中国不动产融资租赁分析》，载微信公众号“融资租赁行业发展共同体”2018年11月6日，https://mp.weixin.qq.com/s/bvmzqKEks4pLF722W3Rpjg。

一问题,实务中主要通过考察双方是否有实际转让租赁物的意愿,来判断双方签订的融资租赁合同是否有融物的属性,不能仅以未办理过户登记就认定不构成融资租赁关系。

考察双方是否有实际转让租赁物的意愿,可以从租赁物所有权转移的可行性及可预期性、租金标准等方面进行考察。此外,如出租方和承租方明知或应知租赁物所有权无法转移仍签署名为“融资租赁”的合同,也应认定为双方之间不具有实际转让租赁物的意愿。

案例1-7-5 某农产品交易市场(眉县)有限公司等与某金融租赁有限公司融资租赁合同纠纷案,北京市高级人民法院(2018)京民终276号二审民事判决书。

【法院裁判】本案争点问题是某金融租赁公司与某公司、某交易市场公司围绕《融资租赁合同》的签订及履行是否构成融资租赁法律关系。售后回租作为融资租赁交易的一种特殊形式,在本质上仍应当符合融资租赁的本质特征:一是融资与融物相结合;二是涉及买卖和融资租赁两个合同;三是出租方对租赁物享有所有权。出租方对租赁物是否享有所有权是判断合同性质的重要因素,也是售后回租合同与抵押借款合同的最主要区别。本案中,租赁物包括房屋建筑物与机器设备两部分,虽然某金融租赁公司与某公司、某交易市场公司对房屋建筑物范围的认识存在分歧,但双方均未能提供证据证明上述租赁物所涉不动产已经办理了产权登记。对此,某金融租赁公司在签订《融资租赁合同》时是明知的。

本案中,某金融租赁公司并未取得相关不动产的权利证明,权利并未发生转让。虽然部分租赁物为机器设备等动产,但不动产价值占据近68%的份额,且签约双方是将不动产与动产作为租赁物整体进行转让,二者密不可分。此外,某金融租赁公司未能进一步提交证据证明其按照《融资租赁合同》的约定在受让租赁物过程中从某交易市场公司取得了包括所有权凭证原件、租赁物买卖合同、销售发票原件、租赁物保险凭证原件等能够证明某交易市场公司拥有租赁物完整所有权的必要文件,该事实说明交易双方未有实际转让租赁物所有权的意愿。

综上,某金融租赁公司与某公司、某交易市场公司在《融资租赁合同》履行中仅有融资,没有租赁,不符合融资租赁合同的法律特征,其法律关系性质名为售后回租式的融资租赁合同,实为企业借贷合同。

案例1-7-6　某金融租赁有限公司诉被告北京某房地产开发有限公司融资租赁合同纠纷案，河北省石家庄市中级人民法院(2014)石民三初字第00107号一审民事判决书。

【法院裁判】原、被告采用的交易方式为回租式融资租赁，即原、被告签订商品房买卖合同，被告(承租人)将其自有物出卖给原告(出租方)，再通过融资租赁合同将租赁物从原告处租回。原、被告双方签订的《融资租赁合同》及《商品房买卖合同》系双方真实意思的表示，不违反相关法律法规的规定，合法有效。合同签订后，原告于2014年2月21日向被告支付了租赁物转让价款5.2亿元，履行了合同义务。按照合同的约定，被告应当在2014年8月14日之前为原告办理完毕租赁物的产权(包括房屋所有权和土地使用权)转移登记手续。但被告在2014年6月18日原告起诉之前，未能就房屋所有权和土地使用权的转移登记事宜按照《北京市房屋登记工作规范》进行转移登记的准备工作。被告在合同约定的租赁物产权转移登记履行期限届满之前以自己的行为表明不履行合同义务。现在已超过2014年8月14日双方约定的办证期限，被告仍未能履行租赁物产权转移登记义务。因此，被告的行为已经构成违约，原告有权依照合同的约定要求被告继续履行合同义务。

除房产外，实务中还存在以道路、桥梁等不动产作为租赁物的业务，出租方较难通过登记转让的方式获得此类不动产租赁物的所有权。这是因为尽管《不动产登记暂行条例》第5条规定房屋等建筑物、构筑物所有权依照本条例的规定办理登记，但现有的法律法规并未明确构筑物的具体含义，而且道路、桥梁的不动产登记还处于探索阶段，大部分省市还没有为此类不动产办理产权登记的实务。

因此，融资租赁公司在开展不动产融资租赁业务时，首先应当结合当地不动产登记政策审查租赁物是否属于有相应权属登记机关的租赁物。如果属于可以登记产权的不动产，应审查其是否存在应登记而未登记的情况；如果属于无法登记产权的不动产，可审查是否存在其他可以证明承租人拥有所有权的文件。其次需注意对可以办理所有权转让登记的租赁物尽快办理所有权转让登记，获得所有权。

三、融资租赁合同法律关系与其他类似法律关系的辨析

(一)什么情况下会被法院认定为“名为融资租赁、实为借贷”关系?

案例1-7-7 山东某投资有限公司等诉某租赁有限公司等企业间借贷合同纠纷案,最高人民法院(2014)民二终字第109号二审民事判决书。

【法院裁判】关于案涉《融资租赁合同》的性质及效力问题,根据《合同法》第237条的规定,融资租赁合同与其他类似合同相比具有以下特征:一是通常涉及三方合同主体(出租方、承租人、出卖人)并由两个合同构成(出租方与承租人之间的融资租赁合同以及出租方与出卖人就租赁物签订的买卖合同);二是出租方根据承租人对出卖人和租赁物的选择购买租赁物;三是租赁物的所有权在租赁期间归出租方享有,租赁物起物权担保作用;四是租金的构成不仅包括租赁物的购买价格,还包括出租方的资金成本、必要费用和合理利润;五是租赁期满后租赁物的所有权从当事人约定。

从以上特征可以看出,融资租赁交易具有融资和融物的双重属性,缺一不可。如无实际租赁物或者租赁物所有权未从出卖人处转移至出租方或者租赁物的价值明显偏低无法起到对租赁债权的担保作用,应认定该类融资租赁合同没有融物属性,仅是资金空转,系以融资租赁之名行借贷之实,应属借款合同。

本案所涉《融资租赁合同》系房地产售后回租业务,出卖人和承租人均为某置业公司,租赁物系某置业公司在建137套商品房。在合同订立前,该租赁物已被有关行政主管部门认定为超规划建设的违章建筑;在租赁期间,该项目亦未取得商品房预售许可,故案涉商品房(租赁物)所有权无法从出卖人某置业公司移转至出租方某租赁公司。由此产生的实际法律关系是:某租赁公司作为名义上的商品房买受方和出租方,并不享有租赁物的所有权,作为专业的融资租赁公司,其对案涉租赁物所有权无法过户亦应明知,故其真实意思表示并非融资租赁,而是出借款项;某置业公司作为租赁物的所有权人,虽名为“承租人”,但实际上不可能与自己所有的房产发生租赁关系,其仅是以出卖人之名从某租赁公司获得1亿元款项,并按合同约定支付利息,其真实意思表示也并非售后回租,而是借款。由此可以看出,案涉融资租赁交易只有融资,没有融物,双方之间的真实意思表示名为融资租赁实为借款。依照最高人民法院《关于审理融资租赁合

同纠纷案件适用法律问题的解释》第 1 条之规定,案涉合同应认定为借款合同。一审法院将案涉《融资租赁合同》性质认定为名为融资租赁实为企业间借款合同,定性准确,本院依法予以维持。

值得注意的是,《民法典》第二编第十五章“融资租赁合同”第 737 条规定,“当事人以虚构租赁物方式订立的融资租赁合同无效”。该条实际上变更了最高人民法院《关于审理融资租赁合同纠纷案件适用法律问题的解释》第 1 条第 2 款“对名为融资租赁合同,但实际不构成融资租赁法律关系的,人民法院应按照其实际构成的法律关系处理”的规定,即《民法典》施行后,对于上述类似案件,法院可能会直接认定为无效合同,而非借贷合同,并按照无效合同的相关处理原则进行后续审理。

(二)什么情况下会被法院认定为分期付款的买卖合同关系?

案例 1-7-8　江苏某资产经营管理有限公司与深圳市某工程机械有限公司、深圳市某吊装运输有限公司融资租赁合同纠纷案,江苏省高级人民法院(2016)苏民终 563 号二审民事判决书。

【法院裁判】根据本案现有证据,可以认定深圳某工程机械公司与某租赁公司之间存在融资租赁合同关系。《合同法》第 237 条规定:融资租赁合同是出租方根据承租人对出卖人、租赁物的选择,向出卖人购买租赁物,提供给承租人使用,承租人支付租金的合同。本案中,深圳市某工程机械公司于 2011 年 1 月 18 日与某租赁公司签订的融资租赁合同、出具的设备及出卖人选定通知单、客户接车交接表均表明深圳某工程机械公司作为承租人选择的租赁物为徐州重型公司生产的型号为 QAY240 起重机,案涉融资租赁合同明确约定某租赁公司购买的深圳某工程机械公司选定的 QAY240 号起重机并出租给深圳某工程机械公司使用,双方还约定了租赁期限、租赁设备的交付验收、履约保证金、首付租金、租金支付及迟延利息等事项。实际履行过程中,某租赁公司向深圳某工程机械公司交付了融资租赁合同约定的租赁设备,深圳某工程机械公司也依据合同约定向某租赁公司支付履约保证金 50 万元,并支付了部分租金。故可以认定某租赁公司与深圳某工程机械公司签订的合同为融资租赁合同,且合法有效。案涉设备先融资租赁给了某公司,某公司与某租赁公司解除融资租赁合同后,就案涉设备,深圳某工程机械公司与某租赁公司签订融资租赁合同,将案涉设备租赁给深圳某工程机械公司,某租赁公司亦确认案涉租赁设备是从山野公司直接转移、交付给某工程机械公司的二手设备,但上述过程不影响深圳某工程机械公司与某租赁公司之间成立融资租赁合同关系的认定。深圳某工程机械公司关于其与某租赁公司系分期付款买卖合同关系的上诉理由与案涉融资租赁合同的约定及双方履行事实不符,本院不予采信。

基于上述案例,可从如下方面区分分期付款买卖合同与融资租赁合同[①]:

1. 分期付款买卖合同属于买卖合同,出卖人让渡所有权,买受方支付价款,本质上是所有权的交易。融资租赁合同中,出租方对租赁物的所有权是名义上的所有权,出租方从始至终可能都无须占有、使用、支配租赁物,租赁物对出租方而言主要承担担保租金债权实现的功能。

2. 分期付款买卖合同中,买方支付的是价款、标的物的成本和利润。而融资租赁合同中,承租人支付的租金形式上是租赁物使用的对价,实质上不仅包括租赁物本身的购买价格,还包括出租方提供资金融通作用所支出的必要费用及其正常利润。

3. 分期付款的买卖合同到期后,买受方取得所有权。而在融资租赁合同中,租赁物的归属因对承租人的选择权的约定而有所不同,有直接归承租人、出租方收回租赁物或者承租人以象征性价款留购三种形式。

四、融资租赁合同加速到期的相关法律问题

(一)如何认定融资租赁合同加速到期的构成要件?

合同加速到期,是指当债务人触发合同约定的违约条件时,金融债权人有权在约定的履行期限届满之前要求债务人提前履行部分或者全部债务,法律上的依据为《民法典》第752条规定:“承租人应当按照约定支付租金。承租人经催告后在合理期限内仍不支付租金的,出租人可以要求支付全部租金;也可以解除合同,收回租赁物。”根据该条,实现加速到期须满足以下三个要件:(1)承租方须违反了合同的约定;(2)出租方须催告;(3)承租方在合理期限内不支付租金。构成该三个要件时,法院一般认为加速到期日为通知到达承租人的日期,通知书中有

---

① 《融资租赁合同与类似合同的区别》,载微信公众号“中银律师事务所”2015年7月22日,https://mp.weixin.qq.com/s/md3vneSXfv4YAKocodKKfQ。

约定具体日期的，以其约定为准。

案例1－7－9 某国际融资租赁有限公司与重庆某齿轮有限责任公司、重庆某机械有限责任公司等融资租赁合同纠纷案，上海市浦东新区人民法院(2015)浦民六(商)初字第5919号一审民事判决书。

【法院裁判】根据涉案《融资租赁合同》第10.1条和第11.1.2条的约定，被告某齿轮公司未按时足额支付原告任一期租金或其他应付款项的，原告有权宣布加速到期，要求被告某齿轮公司立即付清包括但不限于全部加速到期款，逾期未付清的，被告某齿轮公司除立即付清该等加速到期款外，还应就逾期支付加速到期款另行偿付相应的违约金。

案例1－7－10 某人民医院诉某融资租赁有限公司融资租赁合同纠纷案，上海市第一中级人民法院(2016)沪01民终5711号二审民事判决书。

【法院裁判】本院注意到，根据查明的事实，上诉人未能依约支付租金后，被上诉人通过《逾期租金催收函》《律师函》等方式催讨，直至被上诉人发出《加速到期通知书》时已历时数月，应当符合《合同法》就催告和合理期限的相关规定，上诉人也未提供充分证据予以反驳，故本院对上诉人的该项事实主张不予采纳。

(二)融资租赁合同加速到期后，能否主张未到期租金的违约金?

最高人民法院《关于审理融资租赁合同纠纷案件适用法律问题的解释》(法释〔2014〕3号)第9条规定，“承租人逾期履行支付租金义务或者迟延履行其他付款义务，出租人按照融资租赁合同的约定要求承租人支付逾期利息、相应违约金的，人民法院应予支持”。

那么，对于尚未到期但因承租人违约而加速到期的租金，出租方可否自加速到期日起主张逾期利息或违约金？对此，部分地方法院的观点存在分歧。

1. 部分法院判决倾向于不应支持未到期部分租金计收利息或违约金，如：

案例1－7－11 某门诊部诉某融资租赁(中国)有限公司融资租赁合同纠纷案，上海市第一中级人民法院(2018)沪01民终403号二审民事判决书。

【法院裁判】至于加速到期日后的逾期利息，根据我国《合同法》第114条的规定,违约金以补偿为主、惩罚为辅。针对某门诊部的违约行为,某融资租赁公司已经主张租赁期限内所有剩余未付租金全部立即到期应付,即就未到期租金部分某融资租赁公司实际已经获得了期限利益,某融资租赁公司订立合同的目的已经提前全部实现,某门诊部则丧失了对未到期租金的期限利益,对其违约行为已兼具补偿和惩罚性质,现某融资租赁公司亦未举证证明存在超出上述范围的损失,某融资租赁公司再就未到期租金要求支付逾期利息,本院不予支持。

2. 有法院认为,在融资租赁合同已经明确约定加速到期租金可以计收逾期利息或违约金的情况下,出租方就加速到期租金主张逾期利息或违约金具有合同依据,应予支持,如:

案例 1 - 7 - 12 **上海某能源科技有限公司与上海某融资租赁有限公司等融资租赁合同纠纷案,上海金融法院(2019)沪74民终246号二审民事判决书。**

【法院裁判】关于违约金计算基数。《融资租赁合同》第10条约定,承租人未按时、足额支付出租方任一期租金和/或本合同项下其他应付款项,出租方有权采取加速到期,要求承租人或连带保证人立即付清全部到期和未到期应付未付租金及其他应付款项,并要求承租人支付违约金。《融资租赁合同补充协议》第4条约定,当承租人未按本合同约定支付到期应付租金及其他款项时,延迟期间就迟付部分承租人向出租方支付延迟付款违约金。本案中,因某能源科技公司延迟支付租金,某融资租赁公司向某能源科技公司发函宣布加速到期,要求某能源科技公司于2017年7月7日前支付到期未付租金、违约金以及全部未到期租金。某能源科技公司回函表示已收到该函件,但未在规定期限内支付,故某融资租赁公司主张以全部欠付金额为基数计收违约金,依约有据且于法不悖,本院予以支持。

3. 有法院采取折中的处理方式,即以出租方获取了期限利益为由对逾期违约金进行相应的调整,如:

案例 1 - 7 - 13 **安徽某环保(集团)股份有限公司等与某融资租赁有限公司融资租赁合同纠纷案,北京市高级人民法院审理的(2019)京民终185号二审民事判决书。**

【法院裁判】本案中,提前收回未到期租金已经对某融资租赁公司的损失进行了补偿,提前支付未到期租金亦是济宁某公司对其欠租行为承担的违约责任。

在此情况下，某融资租赁公司再要求济宁某公司以全部未付租金为基数，支付自2018年4月3日起至实际支付之日止的逾期利息，事实和法律依据不足。一审法院依照案涉《融资租赁合同》的约定，自各期租金应支付日次日计算至实际支付日，以各期未付租金为基数，确定逾期利息。

（三）融资租赁出租方主张租金加速到期的，能否同时要求确认承租方付清全部款项前租赁物所有权仍归出租方享有？

最高人民法院《关于审理融资租赁合同纠纷案件适用法律问题的解释》第10条规定，"出租人既请求承租人支付合同约定的全部未付租金又请求解除融资租赁合同的，人民法院应告知其依照合同法第二百四十八条的规定作出选择。出租人请求承租人支付合同约定的全部未付租金，人民法院判决后承租人未予履行，出租人再行起诉请求解除融资租赁合同、收回租赁物的，人民法院应予受理"。

1. 部分法院认为，出租方只能在加速到期与解除合同并返还租赁物中二选一，如：

案例1－7－14　某企业年金理事会与江苏某融资租赁有限公司、某智造股份有限公司、某集团有限公司融资租赁合同纠纷案，江阴市人民法院（2018）苏0281民初13527号执行裁定书。

【法院裁判】关于某融资租赁公司要求确认案涉融资租赁标的物所有权及优先受偿权的主张。……主张租金加速到期，即是对其租金债权的实现，如该诉请得以实现则其权益得以保障，如未能实现则可通过解除合同、收回租赁物方式实现救济。本案某融资租赁公司已经明确主张租金加速到期，又要求确认案涉融资租赁标的物所有权及优先受偿权，该诉讼请求无法律依据，本院依法不予支持。

2. 有法院持相反观点，认为出租方主张合同加速到期的，应当根据合同约定确定租赁物的归属。如合同约定融资租赁合同到期后，租赁物归承租方或承租方支付名义购买价后租赁物归承租方的，出租方要求确认承租方支付全部应付未付款项前租赁物所有权由出租方享有的，应予支持，如：

案例1－7－15　某租赁有限公司与江苏某动力科技股份有限公司、张某等融资租赁合同纠纷案，上海市浦东新区人民法院（2019）沪0115民初10943号一审民事判决书。

【法院裁判】涉案《售后回租赁合同》、《所有权转让协议》、《补充协议》、《保证函》及《确认函》均系各方当事人的真实意思表示，且于法无悖，故依法成立有效，双方当事人均应恪守。被告江苏某动力科技公司未依约按期履行给付租金的义务，已构成违约，原告有权根据《售后回租赁合同》的约定宣布全部租金加速到期，并要求被告江苏某动力科技公司支付全部未付租金、逾期付款违约金和留购价款。根据合同约定，在被告付清租金、逾期付款违约金和留购价款以前，租赁物件的所有权归原告所有。

（四）疫情期间，能否主张融资租赁合同加速到期？

2020 年 2 月 8 日，上海市高级人民法院出台《关于充分发挥审判职能作用为依法防控疫情提供司法保障的指导意见》，对上海地区在疫情期间的司法工作提出 10 条意见 26 项具体举措，如："对因疫情影响，当事人不能履约或履约对当事人权益造成重大影响的，应依照公平、诚实信用等原则，综合考量当事人之间的约定、疫情的发展阶段、疫情与履约不能或履约困难之间的因果关系以及疫情影响的程度等因素，根据不可抗力或情势变更等相关规定，并结合案件具体情况，妥善处理。"并就金融借款类纠纷特别指出："对企业受疫情影响较大引发的金融借款纠纷，依法审慎审查金融机构提出的借款提前到期、单方解除合同等主张，促进金融机构以展期续贷、分期还款协议等方式协商解决纠纷，努力降低企业融资、解纷成本。"

因此，司法实务对疫情期间承租人违约的融资租赁合同纠纷的审理将更加谨慎，如出租方仅是以承租方在疫情期间的短期违约行为便主张加速到期或解除合同，有不被法院支持的风险，租金支付期间及违约责任的分担的处理也将发生一定变化。

五、融资租赁合同解除后的保证人责任

最高人民法院《关于审理融资租赁合同纠纷案件适用法律问题的解释》第 11 条规定，"出租人依照本解释第五条的规定请求解除融资租赁合同，同时请求收回租赁物并赔偿损失的，人民法院应予支持。前款规定的损失赔偿范围为承租人全部未付租金及其他费用与收回租赁物价值的差额。合同约定租赁期间届满后租赁物归出租人所有的，损失赔偿范围还应包括融资租赁合同到期后租赁物的残值"。

在融资租赁业务中，保证担保是最常见的担保方式，其中连带责任保证较为

常见。那么连带责任保证人的责任范围如何确认？司法实务中对此存在不同的裁判方式。

1. 部分法院认为，保证责任为承租方应向出租方支付的全部未付租金，以及相应的违约金，未扣除承租人应当返还的租赁物的价值部分：

案例1－7－16 某租赁有限公司与某特殊钢有限责任公司融资租赁合同纠纷案，上海市第一中级人民法院（2016）沪01民初632号一审民事判决书。

【法院裁判】由于被告某特钢公司的欠租行为已构成违约，其与原告某租赁公司所签订的《售后回租赁合同》当依约予以解除，上述《售后回租赁合同》项下的租赁物当由被告某特钢公司按约定返还给原告。原告按全部未付租金数额计算的经济损失计56,570,090元（已将保证金7,500,000元予以冲抵），以及截至2016年3月10日的逾期付款违约金111,585.10元和自2016年3月11日起计算至实际清偿日止的违约金（以到期应付未付租金为基数，按每日万分之五、以实际欠款天数计算），均无不当。原告与被告某特钢公司可就涉案《售后回租赁合同》项下的租赁物件协商折价或以拍卖、变卖上述租赁物件的所得价款用于清偿被告某特钢公司的付款义务，并未违反法律规定。被告大连某特钢公司、被告东北某特钢集团公司对被告某特钢公司的上述付款义务，共同承担连带清偿责任。

被告特殊钢公司支付原告按全部未付租金数额计算的损失人民币56,570,090元，以及截至2016年3月10日的逾期付款违约金人民币111,585.10元，以及自2016年3月11日起计算至实际清偿日止的违约金（以到期应付未付租金为基数，按每日万分之五利率、以实际欠款天数计算）；被告大连公司、被告东北公司对被告特殊钢公司上述付款义务承担连带清偿责任，被告大连公司、被告东北公司履行保证责任后，有权向被告特殊钢公司追偿。

2. 部分法院认为，保证责任为承租方应向出租方支付的全部未付租金，以及相应的违约金，并扣除承租方应当返还的租赁物的价值部分：

案例1－7－17 沈阳某通用钛业有限公司与上海某融资租赁有限公司融资租赁合同纠纷案，上海市第一中级人民法院（2016）沪01民终5650号二审民事判决书。

【法院裁判】关于原审判决是否导致某融资租赁公司双重受偿的问题，本院认为,最高人民法院《关于审理融资租赁合同纠纷案件适用法律问题的解释》第11条规定,融资租赁合同承租人违约时,出租方有权解除合同,收回租赁物并要求承租人赔偿损失,该损失赔偿范围应为承租人全部未付租金及其他费用与收回租赁物价值的差额。根据上述规定,本案中某融资租赁公司在主张解除双方融资租赁合同,请求某实业公司返还租赁物的同时,可主张的损失赔偿范围应为某实业公司到期未付租金、未到期租金以及其他费用之总和与收回租赁物价值的差额,故原审法院在判决某实业公司支付逾期未付租金、剩余租金、迟延违约金、律师费的同时,判决以收回租赁物价值抵偿上述债务,于法有据,不存在某融资租赁公司双重受偿之情形。某钛业公司未考虑原审判决中关于抵偿之内容,所提出的相关上诉理由缺乏法律依据,本院不予采信。根据前述分析,承租人的债务范围为全部未付租金及其他费用与收回租赁物价值的差额,故某钛业公司、林某、曹某作为担保人所承担保证责任的范围亦应当以上述范围为限,原审判决第7项要求三担保人对承租人全部未付租金、迟延违约金以及律师费承担担保责任,未考虑收回租赁物价值之抵偿,系不当扩大了担保人的保证范围,本院依法予以纠正。

上诉人某通用钛业有限公司、原审被告林某、原审被告曹某对原审被告某实业有限公司的债务承担连带清偿责任,具体范围为逾期未付租金人民币5,287,954元、第13期租金的迟延违约金人民币1092元、按照每日万分之五的标准计算的第14期至第24期租金的迟延违约金(每期均以人民币755,422元为基数,按月计期,自2015年1月至2015年11月的每月6日起算,计算至判决生效之日止)、剩余租金人民币9,065,064元、律师费人民币450,000元与设备返还时价值的差额。上诉人某通用钛业有限公司、原审被告林某、原审被告曹某履行保证责任后,有权向原审被告某实业有限公司追偿。

但上述2的判决方式对出租方可能存在租赁物较难收回、担保范围不明确至主张连带保证责任困难等不利影响。因此,笔者建议出租方在签订保证合同时相应完善保证条款,如:明确无论何种情况,保证人均应就全部未付租金及违约金、其他费用等承担保证责任。以及在提起诉讼时,出租方直接提起要求合同加速到期、保证人就全部未付租金及违约金承担保证责任等诉请。

第二章

房地产项目销售法律问题

专题一　房地产广告的法律风险与防范

一、问题的提出

在当前的房地产市场中，作为对商品房这一特殊商品的重要推广工具，房地产广告在商品房销售过程中扮演着重要角色，因房地产广告引发的争议较为常见，房地产广告也因此成为相关监管的焦点。

为此，笔者结合实务，以相关司法裁判实务为分析样本，对房地产广告的法律风险进行梳理与分析，以供参考。

二、房地产广告的法律风险分析

（一）行政责任风险

1. 被认定为虚假广告的风险

《广告法》第 28 条①对于虚假广告的认定规定，如被认定为虚假广告，将面临《广告法》第 55 条规定的行政处罚，即由市场监督管理部门责令停止发布广告，责令广告主在相应范围内消除影响，处广告费用三倍以上五倍以下的罚款，广告费用无法计算或者明显偏低的，处二十万元以上一百万元以下的罚款；两年内有三次以上违法行为或者有其他严重情节的，处广告费用五倍以上十倍以下的罚款，广告费用无法计算或者明显偏低的，处一百万元以上二百万元以下的罚款，可以吊销营业执照，并由广告审查机关撤销广告审查批准文件、一年内不受理其广告审查申请。

---

① 《广告法》第 28 条规定："广告以虚假或者引人误解的内容欺骗、误导消费者的，构成虚假广告。广告有下列情形之一的，为虚假广告：……（二）商品的性能、功能、产地、用途、质量、规格、成分、价格、生产者、有效期限、销售状况、曾获荣誉等信息，或者服务的内容、提供者、形式、质量、价格、销售状况、曾获荣誉等信息，以及与商品或者服务有关的允诺等信息与实际情况不符，对购买行为有实质性影响的……"

案例 2-1-1　珠海市某区工商行政管理局〔2018〕2 号行政处罚决定书。[①]

【事实情况】珠海市某房产开发有限公司所属楼盘某小区道路侧悬挂分别印有“15 万 m^2 私家森林公园”和“全城最低建筑密度”内容的两种条幅广告。后香港及澳门的该小区业主投诉某房产公司宣传该楼盘拥有“15 万 m^2 的私家森林公园”等配套设施及服务,但在楼房交付时发现现状与宣传内容严重不符,认为某房产公司虚假宣传,侵犯了其合法权益。

【认定与处罚】在某区工商局调查期间,某房产公司未能提供证据证明其拥有 15 万 m^2 林地的所有权,其提交的《林权证》只能证明其对坐落在某山的面积为 6 公顷(1 公顷 =1 万 m^2)的林地拥有所有权,而 6 公顷的林地面积与 15 万 m^2 的林地面积相差甚远;并且经珠海市住房和城乡规划建设局某规划分局证实,某房产公司的某楼盘项目用地红线范围内并无“私家森林公园”的审批内容;同时,珠海市某区林业局的文件证实,某楼盘旁边的某山公园为某房产公司认建,而某房产公司不享有该公园林地的所有权,且该文件里明确指出“某公园要对公众开放”,说明该公园具有公共性质,并非“私家”专享。某楼盘并不拥有“15 万 m^2 的私家森林公园”,某房产公司允诺的商品信息与实际不符。因此,认定某房产公司发布该广告属于发布虚假广告的违法行为,结合其他广告违法行为,共处罚 450,000 元。

2. 被认定违反禁止性内容的风险

《广告法》第 26 条[②]和《房地产广告发布规定》第 4 条[③]对房地产广告的禁止性内容作出了规定,如被认定违反上述禁止性内容,将面临《广告法》第 58 条规定的行政处罚,即由市场监督管理部门责令停止发布广告,责令广告主在相应范围内消除影响,处广告费用一倍以上三倍以下的罚款,广告费用无法计算或者明显偏低的,处十万元以上二十万元以下的罚款;情节严重的,处广告费用三倍以上五倍以下的罚款,广告费用无法计算或者明显偏低的,处二十万元以上一百万

---

① 广东省珠海市中级人民法院行政判决书,(2018)粤 04 行终 248 号。

② 《广告法》第 26 条规定:“房地产广告,房源信息应当真实,面积应当表明为建筑面积或者套内建筑面积,并不得含有下列内容:(一)升值或者投资回报的承诺;(二)以项目到达某一具体参照物的所需时间表示项目位置;(三)违反国家有关价格管理的规定;(四)对规划或者建设中的交通、商业、文化教育设施以及其他市政条件作误导宣传。”

③ 内容同《广告法》第 26 条。

元以下的罚款,可以吊销营业执照,并由广告审查机关撤销广告审查批准文件、一年内不受理其广告审查申请。

案例 2-1-2　金华市市场监督管理局金市监开稽罚〔2017〕117 号行政处罚决定①。

【事实情况】某商业管理有限公司与"某商业广场"项目的房地产开发企业某发展有限公司签有房产代理销售合同,负责该项目部分商铺的代理销售,并引进了"海洋世界"项目,负责"某海洋世界"的招商、策划和运营。某商业管理公司印制了内容为"海洋世界来了——首届海洋灯光节……预计 10% ~18% 年收益,6 ~8 年即可回本!""璀璨绽放光影盛宴……预计 10% ~18% 年收益,6 ~8 年即可回本!"的宣传单页 6 万份;并印制内容为"十年托管! 预计 10% ~14% 年收益,6 ~8 年即可回本! 满十年后,更可 100% 回购,投资无忧!"的宣传单页 14 万份,均用于在其项目的销售展示中心陈列及发放。

【认定及处罚】金华市市场监督管理局认定,某商业管理有限公司为助推销售业绩,吸引消费者购买商铺,发布具有升值或投资回报承诺的宣传单页的行为已违反《广告法》第 26 条第(1)项的规定,属发布含有升值或投资回报承诺房地产广告的行为。依据《广告法》第 58 条第 1 款第(8)项规定,作出如下行政处罚:(1)责令停止发布违法广告,并在相应范围内消除影响;(2)没收销毁已被扣押的 37,500 份宣传单页,并处罚款 4 万元,上缴国库。限于收到本决定书之日起 15 日内缴纳罚款,逾期每日按罚款数额的 3% 加处罚款。

(二)民事责任风险

1. 违约/赔偿风险

《民法典》第 473 条规定:"商业广告和宣传的内容符合要约条件的,构成要约。"第 472 条规定:"要约是希望与他人订立合同的意思表示,该意思表示应当符合下列条件:(一)内容具体确定;(二)表明经受要约人承诺,要约人即受该意思表示约束。"

最高人民法院《关于审理商品房买卖合同纠纷案件适用法律若干问题的解释》(以下简称《商品房买卖合同司法解释》)第 3 条规定:"商品房的销售广告和

---

① 浙江省金华市婺城区人民法院行政裁定书,(2018)浙 0702 行审 189 号。

宣传资料为要约邀请,但是出卖人就商品房开发规划范围内的房屋及相关设施所作的说明和允诺具体确定,并对商品房买卖合同的订立以及房屋价格的确定有重大影响的,构成要约。该说明和允诺即使未载入商品房买卖合同,亦应当为合同内容,当事人违反的,应当承担违约责任。"

因此,一般来讲未载入合同的房地产广告宣传资料是一种要约邀请,不能视为合同内容,但当商品房广告宣传内容具体确定,且对合同订立、房屋价格确定、购房人购买房屋等有重大影响时,将被视为合同条款。

对于房地产广告内容被认定为合同内容的,如出卖方未按广告和宣传资料中的约定交付房屋,则构成违约。按照《民法典》第 577 条的规定:"当事人一方不履行合同义务或者履行合同义务不符合约定的,应当承担继续履行、采取补救措施或者赔偿损失等违约责任。"

对于房地产广告未被认定为合同内容的,如因广告内容给购房人造成损失,依据《民法典》第 500 条①规定,房地产开发企业可能会被购房人要求承担缔约过失责任等损害赔偿责任。

案例 2-1-3　上海某房地产开发经营有限公司诉郝某商品房预售合同纠纷案,上海市第一中级人民法院(2016)沪 01 民终 6645 号二审民事判决书。

【法院裁判】本案焦点在于,(1)上海某房地产开发经营有限公司关于其涉案房屋教育配套资源方面的宣传是否构成要约。《商品房买卖合同司法解释》第 3 条规定,商品房的销售广告和宣传资料为要约邀请,但是出卖人就商品房开发规划范围内的房屋及相关设施所作的说明和允诺具体确定,并对商品房买卖合同的订立以及房屋价格的确定有重大影响的,构成要约。该说明和允诺即使未载入商品房买卖合同,亦应当为合同内容,当事人违反的,应当承担违约责任。本案中,某房地产公司在其投放的广告中,含有涉案房屋的配套幼儿园、小学均为附属幼儿园、小学等内容,该宣传内容对购房人的购房决策存在重大影响,故某房地产公司在其广告宣传中关于教育配套资源的宣传已构成要约。(2)如果

---

① 《民法典》第 500 条规定:"当事人在订立合同过程中有下列情形之一,造成对方损失的,应当承担赔偿责任:(一)假借订立合同,恶意进行磋商;(二)故意隐瞒与订立合同有关的重要事实或者提供虚假情况;(三)有其他违背诚信原则的行为。"

构成要约,某房地产公司在宣传过程中是否存在违约行为。某房地产公司在进行广告宣传时,涉案房屋的教育配套资源当时并未确定,且事后亦证实涉案房屋的配套幼儿园、小学亦与某房地产公司对外宣传的内容不符,某房地产公司在房屋销售过程中的对外宣传不实,其行为已构成违约,理应承担相应的违约责任。

案例2-1-4 宿州市某房地产开发有限公司与任某、方某商品房预售合同纠纷案,安徽省宿州市中级人民法院(2013)宿中民一终字第00769号二审民事判决书。

【法院裁判】某房地产公司在宿州市规划管理部门对任某、方某所购买房屋西南部分的规划设计方案并未批准的情况下,其虚构该部分为草坪、花园、小区路、小高层住宅建筑等,并在展示的沙盘模型及宣传彩页上予以明确标注、广泛宣传,使任某、方某认为其所购买的房屋以西的外部环境与某房地产公司展示的沙盘模型及宣传彩页一样,致使任某、方某与某房地产公司签订了商品房买卖合同,某房地产公司的行为符合《合同法》第42条的规定,构成缔约过失。任某、方某在上述房屋交付使用后,发现该房屋以西南部分为正在建设的31层高的公寓大楼,且该大楼距离任某、方某的房屋数十米,并非任某、方某购买房屋时期待的草坪、花园小区景观,使任某、方某的居住环境遭受到房屋采光时间明显缩短、绿地资源减少等损失。某房地产公司应依法承担缔约过失责任。

2. 侵权风险

此外,由于广告设计过程中涉及大量以图片、文案作为素材的情形,如没有对相关素材进行严格审查,房地产开发企业还可能面临侵犯人身权(主要涉及肖像权)、著作权等侵权责任的风险。

(三)刑事责任风险

《刑法》第222条规定:"广告主、广告经营者、广告发布者违反国家规定,利用广告对商品或者服务作虚假宣传,情节严重的,处二年以下有期徒刑或者拘役,并处或者单处罚金。"

《刑法》第231条对单位犯扰乱市场秩序罪的处罚规定:"单位犯本节第二百二十一条至第二百三十条规定之罪的,对单位判处罚金,并对其直接负责的主管人员和其他直接责任人员,依照本节各该条的规定处罚。"

案例2-1-5 **广元市某实业有限公司、毛某、梁某、杨某虚假广告案，广元市中级人民法院(2016)川08刑终40号二审刑事裁定书。**

【法院裁判】广元市某实业有限公司和毛某、梁某某作为广告主、杨某某作为广告发布者，无视社会主义市场经济条件下商品正当的交易活动和竞争活动，为使房屋尽快销售和高价销售，虚构某数码公司要在所销售的房屋内设立某数码广场的事实，向购房人进行虚假宣传，诱使购房人购房后无法实现销售房屋前所宣传的商业目的，给购房人造成了重大经济损失，出现了购房人上访等社会不良后果，影响了正常的社会秩序，造成恶劣社会影响，情节严重，其行为均构成虚假广告罪。

三、小结

综上所述，笔者对房地产开发企业就房地产广告方面提出的风险防范建议如下：

(一)加强对房地产广告发布的相关资质及证明文件等的审查

房地产开发企业在策划相关宣传广告之前，应对照《广告法》及《房地产广告发布规定》等规定，对广告发布所需的相关资质及证明文件等进行梳理，具体为：

1. 依据《房地产广告发布规定》第5条排除不得发布房地产广告的情形，如房地产开发企业在发布预售商品房的宣传广告之前，需确认已取得了预售许可证。

2. 依据《房地产广告发布规定》第6条的规定准备相应的证明文件，如发布房地产广告，房地产开发企业、房地产权利人、房地产中介服务机构应提供营业执照，房地产开发企业资质证书，土地使用权证明等文件；中介机构发布所代理的房地产项目广告，应当提供业主委托证明等。

(二)加强对房地产广告设计及发布内容的审查

广告设计环节，需加强审查广告的图文素材有无权利瑕疵，并同时与广告设计方明确约定责任承担，避免引发侵权和违约纠纷。广告发布环节，由企业法务人员或外聘的律师顾问对广告内容进行严格把关，以符合《广告法》及《房地产广告发布规定》等基本要求。

在此，笔者将实务中比较常见的、在工作中会重点审查的部分整理罗列如下：

1.《广告法》第8条第2款规定:“广告中表明推销的商品或者服务附带赠送的,应当明示所附带赠送商品或者服务的品种、规格、数量、期限和方式。”因此,“购房送××”类的广告,所附赠商品或服务的内容应具体明确。如“购房送花园”,就需要明确所送花园的面积大小、期限,是送使用权还是所有权等。

2.《广告法》第9条规定:“广告不得有下列情形:……使用‘国家级’、‘最高级’、‘最佳’等用语……”因此,如国家级、世界级、最高级、最佳、第一品牌、首选、独家、顶级、极品、唯一、最低、第一、销冠、楼王等的表述均是被禁止的。

3.《广告法》第11条第2款规定:“广告使用数据、统计资料、调查结果、文摘、引用语等引证内容的,应当真实、准确,并表明出处。引证内容有适用范围和有效期限的,应当明确表示。”因此,“劲销××亿”“销冠”“售罄”,是如何得出的数据、结论,都必须明确表明,并且要真实、准确,否则是被禁止的。

4.依据《广告法》第25条规定,“买到就赚到”“买房稳赚”“××年包租,年××%回报”“购房×年回本”“月赚××,即买即回××%”等关于升值或投资回报率的房地产广告是被禁止的。

5.依据《广告法》第26条规定,房地产广告涉及面积的,应当表明为“建筑面积”还是“套内建筑面积”,而且只能在“建筑面积”或“套内建筑面积”之间作出选择,不能使用其他面积概念进行表述。

6.依据《广告法》第26条第2款的规定,禁止“以项目到达某一具体参照物的所需时间表示项目位置”,如“××分钟直抵市中心”“距CBD仅××分钟路程”等利用众所周知的公共建筑、道路、商场、地铁站、学校等重要的交通枢纽、娱乐中心等作为参照物,表示楼盘距离优势。因此,如房地产广告需要以某一具体参照物来定位方位进行宣传,应采用“距××仅××公里”等类似的距离表述方法。

7.依据《广告法》第26条第4款规定,禁止“对规划或者建设中的交通、商业、文化教育设施以及其他市政条件作误导宣传”。因此,“地铁上盖”“学区房”“毗邻未来××中心”等广告内容均应慎用。比如,除非当地教育局明文确认该在建楼盘为学区,才可使用“学区房”的广告宣传。同样地,“地铁房”也只有在国务院明确公布地铁线路规划后才能使用。

8.《房地产广告发布规定》第8条规定:“房地产广告不得含有风水、占卜等封建迷信内容,对项目情况进行的说明、渲染,不得有悖社会良好风尚。”因此,如“豪门”“豪宅”“有别于一般老百姓的小区”的用语均应慎用。

9.《房地产广告发布规定》第15条规定:“房地产广告中使用建筑设计效果图或者模型照片的,应当在广告中注明。”因此,在房地产广告中以虚拟或者实际的项目照片作为宣传图片的,应予注明。

(三)重视事后相应问题的正确、有效应对

就笔者的处理经验来讲,针对本专题罗列的行政责任、民事责任及刑事责任,都是存在正确、有效的应对方式的,但需具体问题具体分析。

另外,如上海市司法局、上海市市场监管局和上海市应急管理局于2019年3月出台的《关于印发〈市场轻微违法违规经营行为免罚清单〉的通知》(沪司规〔2019〕1号)规定,对一些轻微违法行为,及时纠正,没有造成危害后果的,不予行政处罚。如“违反《广告法》第九条第(三)项,广告中使用‘国家级’、‘最高级’、‘最佳’等用语,但广告是在广告主自有经营场所或者互联网自媒体发布,且属于首次被发现的”情形。因此,对该类体现相关部门的态度和智慧的文件,也需要密切、持续关注。

专题二 “全民经纪人”的性质与相关法律问题

一、问题的提出

“全民经纪人”是近几年来在新盘销售领域流行的全民营销模式。简单来讲，就是任一自然人都可以在房地产开发企业处登记注册成中介人，并向房地产开发企业推介潜在购房客户，如果推介客户成功购房，那么该中介人就可获得房地产开发企业发放的报酬。

然而，该模式在为房地产开发企业带来显著的营销推广效果的同时，也引发了一些司法争议。为此，笔者结合实务，以相关司法裁判实务为分析样本，对“全民经纪人”这一模式涉及的相关法律问题进行梳理和分析，以供参考。

二、全民经纪人的法律性质

住房和城乡建设部、国家发展和改革委员会、人力资源和社会保障部于2011年联合发布的《房地产经纪管理办法》第8条规定：“房地产经纪机构和分支机构与其招用的房地产经纪人员，应当按照《中华人民共和国劳动合同法》的规定签订劳动合同。”第9条规定：“国家对房地产经纪人员实行职业资格制度，纳入全国专业技术人员职业资格制度统一规划和管理。”

《民法典》合同编第961条规定：“中介合同[①]是中介人向委托人报告订立合同的机会或者提供订立合同的媒介服务，委托人支付报酬的合同。”该条理解与适用指出：“接受委托并报告订立合同机会或者提供交易媒介的一方为中介人，支付报酬的一方为委托人。……委托人可以是任何公民、法人等，但从事中介活

---

① 《民法典》合同编第二十六章“中介合同”，即为原《合同法》第二十三章规定的“居间合同”。可参考最高人民法院民法典贯彻实施工作领导小组主编《中华人民共和国民法典合同编理解与适用（四）》第2706页：“下文中的‘居间合同’与‘中介合同’同义。”

动的公民或者法人,则需要依法经国家机关登记核准。”[①]

从上述规定可看出,提供推荐房地产交易机会的中介人作为房地产经纪人员,依据《房地产经纪管理办法》应具备专业经纪资格,严格来讲,还应与房地产经纪机构签订合法劳动合同,不得以个人名义执业。从这一点来看,全民经纪人系不特定的公众群体,显然不符合上述规定之要求,那么,全民经纪人与房地产开发企业订立的中介合同(居间合同)是否合法有效?

笔者认为,《房地产经纪管理办法》属于部门规章,系对房地产经纪行业作出的行业管理规范性要求,根据《民法典》第153条的规定,其不属于法律、行政法规,因此未取得专业经纪资格的自然人订立的中介合同,并不影响合同效力。

案例2-2-1　范某、黎某与海南某旅业有限公司居间合同纠纷案,海南省海口市中级人民法院(2020)琼01民终4749号二审民事判决书。

【法院裁判】关于涉案居间合同是否合法有效。黎某、某旅业公司与莫某签订的《居间合同》是双方当事人的真实意思表示,不违反法律、行政法规的效力性强制性规定,一审法院认定该合同合法有效正确,本院予以确认。《城市房地产中介服务管理规定》及《房地产经纪管理办法》均系部门规章,黎某以涉案《居间合同》违反了上述规章为由主张合同无效,没有法律依据,本院不予采纳。

三、全民经纪人与各相关主体之间的法律关系

1. 和房地产开发企业之间的法律关系

司法实务中认为,房地产开发企业发布的“全民经纪人营销规则”具有悬赏广告的法律性质,属于合同法中的要约。全民经纪人的注册行为构成承诺,二者成立中介合同关系。该中介合同内容即为房地产开发企业预先拟定的相关规则,性质上属于格式条款,因此,加重自然人责任的条款属于无效;当条款存在冲突或多种解释时,则以不利于房地产开发企业的方式解释。

---

① 最高人民法院民法典贯彻实施工作领导小组主编:《中华人民共和国民法典合同编理解与适用(四)》,人民法院出版社2020年版,第2707页。

案例 2-2-2　**文某与卢某居间合同纠纷案，湖南省长沙市中级人民法院(2020)湘01民终3641号二审民事判决书。**

【法院裁判】首先，某房产集团微信公众号上发布的《某园经纪人推荐须知》具有对外公信力和普遍适用性，故本院认为应按照该须知中规定的政策计算佣金。其次，《某园经纪人推荐须知》中规定“某园广场所有商铺奖励成交价格×1%元/套”，且该须知并未提及应按照客户实际交付的楼款分批结算佣金，故陈某是否向某房产公司交付完毕所有款项及双方是否解除了商铺购买合同不影响文某佣金的计算。

案例 2-2-3　**王某与杭州某开发有限公司居间合同纠纷案，浙江省杭州市萧山区人民法院(2020)浙0109民初5274号一审民事判决书。**

【法院裁判】被告提供的房地产公众号全民营销经纪人注册页面截图，证明被告明确告知全民营销的成交判定条件和金融条件，原告在注册时完全知晓并同意。本院认为，对此证据，被告未提供证据证明原告对该协议予以签字确认，且该协议中的相关条款系格式条款，为全民营销经纪人设定了一系列的内部管理流程加重了原告的责任，应属无效，故本院对其证明效力不予认定。

案例 2-2-4　**姜某与沈阳某置业公司居间合同纠纷案，辽宁省沈阳市苏家屯区人民法院(2020)辽0111民初376号一审民事判决书。**

【法院裁判】被告通过微信公众号“某园云客”设立销售渠道，招募经纪人，活动规则内容具体确定，且内容表明被告受该内容约束，故可以认定这是被告向不特定的人发出的要约。原告在该公众号注册经纪人，并实际履行了介绍客户促成房屋交易的合同内容，应视为对被告发出要约的承诺。至此原被告双方形成居间合同的法律关系，双方均应按合同约定履行各自的权利义务。居间人促成合同成立后，委托人应当按照约定支付报酬。至于活动规则第四部分和第六部分内容冲突问题，本院认为活动规定系被告单方制定的合同，在对合同条款理解存在争议的情况下，应做出不利于提供格式条款一方的解释。

2. 和被推荐客户之间的法律关系

在传统新房销售中介模式中，常见模式为中介人员向房地产开发企业有效报备后，中介人员带领潜在客户现场看房，如成交，则认定推介成功，房地产开发企业按中介合同约定向中介公司结算佣金。

上述模式中,尽管中介方未与购房客户订立合同,但可认定中介方与购房人之间存在购房人同意并接受了中介方提供售房推介服务的合意,且中介方付出了中介劳动,这是其向房地产开发企业主张报酬的实质性要件。

然而在全民经纪人模式下,除非中介人与被推荐购房人之间签订了书面合同,否则似乎较难认定二者之间存在何种法律关系,也较难认为购房人与中介方就售房推介服务存在合意,在某些情形中会引发争议。

四、全民经纪人可主张中介报酬的司法认定要素

1. 应在推介客户前注册登记为全民经纪人,与房地产开发企业订立中介合同关系

案例2-2-5 **刘某与广安市某开发有限公司合同纠纷案,四川省广安市中级人民法院(2020)川16民终1745号二审民事判决书。**

【法院裁判】刘某在刘某某夫妇到访某开发公司之后,发现了案涉广告,进而向开发公司工作人员报备,拟完成该广告中的特定行为。但刘某未在刘某某夫妇初次到访开发公司之前完成报备,且刘某某夫妇已经不满足广告中对新客户的认定标准,即使签订了正式的购房合同,亦不能认定刘某按照要约的内容完成广告中所指定的行为。刘某的行为不构成对开发公司的有效承诺,故刘某要求开发公司支付报酬的请求,本院不予支持。

2. 全民经纪人确实为房地产开发企业提供了推介潜在购房客户的中介服务的,实务中多以"陪同带看"作为认定事实之一

从公开的裁判文书中,可看出法院在认定"已提供推介服务"这一核心要件时,基本上将全民经纪人在报备有效后陪同购房客户进行现场带看,且获得了房地产开发企业的认定作为认定事实之一。

笔者现摘录下述几个案件的事实查明部分:

案例2-2-6 **胡某与云南某置业公司居间合同纠纷案,云南省昆明市官渡区人民法院(2020)云0111民初6338号一审民事判决书。**

【法院裁判】原告基于被告置业顾问陈某所发上述信息,于2019年10月23日18:14陪同朋友朱某到某项目观云海楼盘看样板房,于2019年10月23日22:02原告在被告工作台完成注册推荐。

案例 2－2－7　陈某与北京某开发有限公司居间合同纠纷案，北京市密云区人民法院（原北京市密云县人民法院）（2018）京 0118 民初 1876 号一审民事判决书。

【法院裁判】2017 年 3 月 7 日，原告陪推荐的客户秦先生到达某项目，由被告案场销售人员王某负责接待并当场签署了“推荐客户”信息确认单，王某在“经办人”处签名，原告在“经纪人或渠道公司负责人”下签名为“姜某”。

前述【案例 2－2－2】所述（2020）湘 01 民终 3641 号民事判决书中，法院查明下述事实：“……文某通过卢某发送的链接注册成为某园全民经纪人，并于 2018 年 12 月 14 日在系统中录入了客户陈某的信息，系统显示报备成功。后文某带着陈某到某园房产公司看房，由卢某担任陈某的置业顾问，陈某在看房后于 2018 年 12 月 21 日向某园房产公司订购了 7 个商铺……”

前述【案例 2－2－3】所述（2020）浙 0109 民初 5274 号民事判决书中，法院查明下述事实：“原告为支持其主张的事实，在举证期限内向本院提供了下列证据材料：1. 某微信公众号页面、与李某的聊天截图打印件，证明原告推介的客户徐某经原告带看后在某首府购入 22 号楼 301 号房源，且原告的佣金已经生成的事实；……经审查，证据 1 中某微信公众号相关页面经当庭验证，本院对其真实性予以确认，能够证明徐某系原告带看，且原告经微信进行了登记报备……”

前述【案例 2－2－4】所述（2020）辽 0111 民初 376 号民事判决书中，法院查明下述事实：“……原告系在该平台注册的全民经纪人，2019 年 11 月 25 日，原告带客户赵某、林某到达沈阳某置业公司，由该公司置业顾问刘某接待讲解项目后，二人认购沈阳某园新城项目商铺两套……”

然而，从法院裁判文书中摘录的房地产开发企业指定的全民经纪人相关规则来看，规则中并未明确要求全民经纪人必须带看，一般仅规定“报备＋成交”即可发放佣金。在这种情况下，对于仅作了报备手续、但未实际带看的全民经纪人而言，如其报备的客户确实成交的，则该全民经纪人能否向房地产开发企业主张中介报酬？笔者将通过司法实务案例进一步分析。

3. 如全民经纪人仅主张自己在房地产开发企业的系统上进行了客户报备信息，但无法证明实际上向购房人提供了楼盘说明、推销等服务，可能因未满足中介合同的请佣实质要件，而无法就要求给付报酬得到法院的支持

笔者曾处理过一个类似案例，某房地产开发企业发布全民经纪人规则：经注

册的全民经纪人报备了潜在客户的手机号码后，如该客户前来看房、登记经报备的手机号码并成功购房，则认定推介成功，向全民经纪人发放报酬。某执业中介人员报备了某客户的手机号码，由于该客户有两个号码，在得知第一个号码被报备后，故让客户用第二个手机号码报备，并用该第二个号码购房。该执业中介人员认为其最先报备该客户，且该客户确实已成功购房，故房地产开发企业应向其发放报酬。笔者代理房地产开发企业应诉，紧扣该中介人员并未实际推荐销售房屋、系滥用客户信息、规则是以手机号码锁定客户、保护购房人选择推荐人的权利等方面抗辩，最终使该中介人员撤回起诉。

从上述规则可以看出，仅凭房地产开发企业制定的规则是较难认定存在购房人信任并选择全民经纪人推介房屋的合意，更难认定全民经纪人实际提供了中介服务，易引发争议。

笔者认为，如机械地适用上述规则，则对于本身拥有大量手机号码资源的专业中介人而言，其可在注册成为全民经纪人后，直接利用已有手机号码资源进行报备（甚至不需要告知机主），只要该机主去看房且成功购房，该中介人就可直接获得房地产开发企业的报酬，这无异于将个人手机号码明码标价，有违保护个人隐私的公序良俗，也有违诚实信用之原则。

在上述情况下，仍应从中介合同关系的客体出发，以中介人确实提供了中介服务为核心要件，如中介人不能证明该点，则其无权主张报酬。可参考下述案例：

案例2-2-8　黄某与佛山市某置业公司居间合同纠纷案，广东省佛山市禅城区人民法院（原广东省佛山市城区人民法院）（2020）粤0604民初27432号民事一审判决书。

【法院裁判】首先，居间合同以促成委托人与第三人订立合同为目的，其客体是居间人依照合同的约定实施中介服务的行为。根据本院查明的事实，从关注案涉楼盘的销售开始到参与“全民推介可得2万佣金”活动，（案外人）阮某一直以买受人的身份直接与被告的销售人员进行沟通联系，原告并未作为中介进行相关居间活动。其次，原告提供的证据也不足以证明是其促成了案外人阮某与被告达成交易。原告提供的案涉房屋《认购卡》上“客户签名”处为阮某签名，“置业顾问”处为曾某（被告）签名，并无原告的任何信息。原告提供的某微信公众号客户报备返佣系统截图也仅能证明其在形式上履行了相关返佣报备程序，不能证明是其实际促成了相关交易。

但该案还引发了笔者的下述思考，仍以上述经办案例为例：如果中介人（原告）确实向购房客户推荐了房屋并介绍了全民经纪人模式（如存在微信聊天记录、抑或全民经纪人陪同客户现场带看）。但该客户在接受了推介服务后，利用自己的第二个手机号码让别人报备、并登记购房的，在这种情况下，中介人是否还能向房地产开发企业主张报酬？依据房地产开发企业制定的规则，似乎无法主张。如中介人无法向房地产开发企业主张，那么，中介人能否向推介客户主张报酬？有无请求权基础？主张违约之诉还是侵权之诉？如果是违约之诉，但二者之间并不存在任何合同关系；如果是侵权之诉，能否以购房客户侵害民事利益（中介可能获得的纯粹经济利益）为由主张赔偿？

4. 在认定全民经纪人确定为房地产开发企业提供了客户推介服务时，不宜将推介过程中的微小瑕疵认定为发放报酬的实质性障碍

前述【案例2－2－3】（2020）浙0109民初5274号民事判决书中，法院进一步指出："原告作为居间人，为被告与案外人提供了订立合同的媒介服务，且实际促成了合同的成立，被告应当按照约定的佣金计算标准支付报酬。故原告的诉讼请求，合法有据，本院予以支持。即便原告在被告处的手续存在瑕疵，但被告以管理为目的的内部流程，不能排除原告获取报酬的合法权利，故对被告的相关抗辩，本院不予采纳。"

前述【案例2－2－6】（2020）云0111民初6338号民事判决书中，法院进一步指出："本案中，原告作为居间人，为买卖双方提供了订立买卖合同的机会，促成其朋友与被告签订了房屋买卖合同。虽然原告促成合同过程中存在程序瑕疵（未在被告平台规则'客户首次到访意向项目前30分钟进行注册'），但其实际促成了其朋友朱某与被告合同的签订，成功推荐朱某购房，合同的成立与居间介绍人原告存在因果关系，原告已履行了其居间义务，被告应按约定支付报酬，原告有权请求被告支付报酬。"

五、小结

在实务中，由于全民经纪人与购房人间，甚至与房地产开发企业间往往并未订立合同，因此较难认定各方之间的关系，在实务中法院通常会将是否"陪同看

房”作为认定全民经纪人提供中介服务的主要认定事实。

在该模式中，建议全民经纪人在推介客户前应先注册登记，与房地产开发企业形成中介合同关系。在推介过程中，应注意留存陪同看房的相关证据，否则存在无法满足请佣实质条件的风险。

专题三 委托合同与中介合同的区分与相关法律问题

一、问题的提出

某房地产开发企业与某平台公司签订合同,由平台公司向房地产开发企业推介购房客户,后平台公司又和第三方签订合同,由第三方依据资源推介购房客户。现该平台公司结欠第三方款项,第三方起诉要求房地产开发企业和平台公司共同承担还款责任。

在此情形下,各方之间的法律关系到底是委托合同法律关系还是中介合同法律关系就是一个重要的问题。尽管委托合同与中介合同具有较为相似的外观,但该类纠纷中对二者的区分及认定却存在完全不同的裁判。

为此,笔者结合实务,以相关法律规定和司法裁判实务为分析样本,对委托合同与中介合同所涉及的相关法律问题进行梳理和分析,以供参考。

二、法律分析

我国法律对于委托合同及中介合同的相关界定如下:

委托合同规定于《民法典》合同编第二十三章,共 18 条。其中,《民法典》第 919 条将委托合同定义为"委托合同是委托人和受托人约定,由受托人处理委托人事务的合同"。

中介合同规定于《民法典》合同编第二十六章,共 6 条。其中,《民法典》第 961 条将中介合同定义为"中介合同是中介人向委托人报告订立合同的机会或者提供订立合同的媒介服务,委托人支付报酬的合同"。

三、委托合同与中介合同之区分

结合《民法典》对二者的定义以及其他相关条款的规定内容来看,一般认为,委托合同与中介合同在以下几个方面存在显著区别：

(一)主体不同

1. 委托人。尽管在两类合同中,合同的一方当事人均称为“委托人”,但两者委托人并非同一含义。委托合同中的委托人,系将具体的事务交由受托人处理的主体,根据委托规则,原则上其对受托人的行为承担法律后果。中介合同中的委托人,则仅要求中介人报告订立合同的机会、提供订立合同的媒介服务,委托人并不对中介人的行为承担法律后果。

2. 受托人/中介人。委托合同关系中,受托人常常以委托人的名义实际地介入到委托人与相对方的合同中,处理并参与委托人与相对方的具体事务。中介合同中,中介人仅向委托人报告订约机会、提供订约媒介服务,并不实际地介入委托人与相对方的合同关系中去。

案例2-3-1　袁某、李某、喻某委托合同纠纷案,什邡市人民法院(2019)川0682民初277号民事判决书。

【法院裁判】从本案查明的事实来看,袁某、李某接受喻某的委托后,收取喻某费用,以自己或者自己另行委托的代理人的名义向相关单位支付费用,以围标的方式以期达到让喻某承包项目工程的目的,喻某从始至终未参与进去。如果袁某、李某是向喻某提供订立合同的机会,或者提供订立合同的服务,那么就应当让喻某自己参与进去并自行判断是否签订合同。综上,本案的法律关系应当是委托合同关系。

(二)合同内容不同

尽管两类合同中的一方当事人均称为“委托人”,但委托给受托人/中介人的内容是完全不同的。

《民法典》第920条并未明确定义所委托“事务”的范围,但一般认为,除法律规定或性质上不得委托的事务(如违法犯罪事务、或婚姻登记、遗嘱等)外,所委托的事务可包括任何产生、变更、消灭民事权利义务关系的事务,如签订买卖合同、租赁合同,代理诉讼活动,代为办理行政审批、行政登记等事项。

中介合同中,所委托的内容仅限于中介人利用自身的信息资源优势为委托人报告订立合同的机会乃至提供订立合同的媒介服务,并不涉及委托人将来与相对方签订合同、履行合同等具体的法律事务。

案例2-3-2　玉某与龙某委托合同纠纷案，北京市第三中级人民法院(2019)京03民终10717号二审民事判决书。

【法院裁判】根据我国相关的法律规定，委托关系与居间关系的区分可以从委托内容的不同上予以考虑。委托合同中的受托人接受委托的内容是办理委托事务。但在居间合同①中，居间人受托的内容则只限于为委托人报告订约机会或介绍委托人与第三人订约。综合本案来看，玉某受龙某的委托，使得龙某与产权公司签订购房合同、办理产权登记至龙某实际购得房屋。上诉人玉某主张其与龙某之间为居间关系，本院认为，玉某受托之事虽有居间的性质，但其不仅仅限于介绍龙某与产权公司认识，而且协议中有关于房屋的单价、楼层、户型等的具体约定，双方之间的法律关系应当认定为委托关系更符合本案实际。

案例2-3-3　四川省某商务咨询有限公司与成都某教育咨询有限公司、成都市锦江区某艺术培训学校委托合同纠纷案，成都市成华区人民法院(2018)川0108民初2221号一审民事判决书。

【法院裁判】根据《协议》内容，某商务咨询有限公司不仅负责向某教育咨询公司报告与某艺术培训学校订约机会、为其缔约居中斡旋，同时还直接参与双方通过股权转让方式完成指点学校收购的具体事宜，故双方《协议》的性质应为委托合同关系，而非居间合同关系。

(三)合同性质不同

就合同性质而言，委托合同属于双务合同，委托人可向受托人提出按照指示处理具体事务的请求，受托人则可向委托人提出支付报酬(有偿委托)及费用的请求。

然而，中介合同是否属于双务合同则存在争议。有观点认为中介合同“不是双务合同，而是单务却有偿的合同”。从《民法典》第961条、第963条及第964条的规定，可看出中介人只有在“促成合同成立”的情况下，方可要求委托人支付报酬，但委托人并无要求中介人报告订立合同的机会或提供订立合同的媒介服务的请求权，这是由于订立合同的机会并非必然存在，只有满足中介人抓住了订立合同的机会、并向委托人报告最终促成了交易的成立之条件，中介人才获得了

① 《合同法》中将中介合同称为“居间合同”，为保持裁判文书及引用文献等的完整性，对此不作更改，保留原裁判文书中“居间合同”的措辞，下同。

请求委托人支付报酬的权利。也即"居间人是否促成主合同成立,与委托人的佣金(此之报酬)支付义务,彼此之间并不构成互为交换的关系,不属于双务契约所要求的对价关系;毋宁说'居间人促成主合同的成立'不过是居间人向委托人主张佣金请求权的前提条件"。[①] 相应地,中介人向委托人报告订立合同的机会或提供订立合同的媒介服务具有一定的或然性,除合同另有约定外,委托人不得就中介人未提供订约机会或媒介服务认定中介人构成违约,追究相应的违约责任。

案例2-3-4　上诉人洪某与被上诉人南京某房地产经纪有限公司居间合同纠纷案,江苏省南京市中级人民法院(2019)苏01民终6564号二审民事判决书。

【法院裁判】双方签订钥匙托管协议后,被上诉人多次带客户查看了涉案房屋,尽到了协议约定的居间服务义务,对未能再次促成租赁合同的订立并不存在过错,并且从协议的内容来看,并无任何条款约定,被上诉人具有将涉案房屋成功出租的义务,故上诉人以此为由主张被上诉人单方违约,要求其赔偿包括可得利益在内的损失,无合同依据,本院不予支持。

(四)受托人的义务不同

由上述合同内容可看出,委托合同中,受托人受委托人的委托及要求处理实务,具体可细化为以下几项主要合同义务:(1)办理受托事务。(2)向委托人报告处理情况、结果的义务。(3)交付财物和转移权利的义务。

由于中介人仅向委托人提供报告服务、媒介服务,并不深入地介入委托人与相对方的合同内容,主要合同义务为如实向委托人报告订立合同相关事项。在商事交易领域,从事中介业务的往往是大型、专业中介服务机构,对于其的注意义务要求更高,包括如实报告义务、勤勉义务、谨慎审核义务等。

案例2-3-5　李某诉上海某房地产顾问有限公司居间合同纠纷案,《最高人民法院公报》2015年第2期。

【法院裁判】伪造的公证书中载明的蔡某出生日期与其身份证号码记载不一致,该事项无须专业知识即可判断。在公证机构无法提供电话核实真伪的情况

① 张谷:《民法典合同编若干问题漫谈之典型的居间合同的构造:双务式? 条件式?》,载微信公众号"浙大民商法"2019年1月16日,https://mp.weixin.qq.com/s/9VqD0AansBeKoQfpOZ7S9Q。

下，某房地产公司理应赴公证机构进行现场核实，但某房地产公司未采取前述措施。而根据上诉人李某在二审时的陈述，其在付款前已注意到公证书存在的问题并提出异议，李某完全有机会主动核实公证书真伪后再行付款。李某、某房地产公司均未尽到前述审慎义务。

（五）委托人的介入权不同（中介合同中的委托人不享有该权利）

《民法典》第925条规定："受托人以自己的名义，在委托人的授权范围内与第三人订立的合同，第三人在订立合同时知道受托人与委托人之间的代理关系的，该合同直接约束委托人和第三人；但是，有确切证据证明该合同只约束受托人和第三人的除外。"

如上所述，由于中介人并不实际介入委托人与第三人的具体事务中，故在中介人促成交易后，系由委托人直接与第三人开展具体交易；在委托合同中，由于受托人实际上代替了委托人的角色代委托人与第三人进行具体事务，根据委托规则，委托人应直接受受托人与第三人的合同的约束。

案例2-3-6　辽宁某房地产开发有限公司与北京市某学校房地产开发经营合同纠纷案，最高人民法院（2018）最高法民终1329号民事判决书。

【法院裁判】本案中，某房地产公司对于某基金会及某学校系受某局委托而签订《某项目合作书》是明知的，原裁定认为某公司应当直接以委托方某局为被告主张权利并无不当，某公司以某学校为被告，被告主体不适格。某公司申请直接将原第三人某局变更为被告，将某学校变更为第三人不符合法律规定。某公司与某学校、某基金会、某局合资、合作开发房地产合同纠纷，某公司可以在重新选择适格被告后另行起诉。原审裁定在认定某学校作为被告不适格的前提下，又明确告知某公司可以选择适格被告另行起诉，同时也保障了某公司的诉讼权利。因此，原审法院驳回某公司起诉的裁定并无不当，应予维持。

（六）报酬请求权不同

委托合同中，受托人在完成委托事务后，或因不可归责于受托人的事由导致委托合同解除或者委托事务不能完成时，受托人可向委托人主张支付报酬（但当事人另有约定除外）。对于报酬标准，如委托合同未约定报酬或约定不明确，可依据《民法典》第511条确定受托人的报酬，总之，受托人处理事务的报酬应由委托人负担。

在中介合同中,如上所述,中介人只有在报告订约机会、提供订约媒介服务并且促成了合同订立后方有权主张报酬。在居间活动未达到促成交易的效果时,中介人至多可主张支付必要费用,但并不享有要求委托人支付报酬的请求权。

案例2-3-7 曾某与谢某中介合同纠纷案,贵州省高级人民法院(2014)黔高民申字第567号民事裁定书。

【法院裁判】从案涉《收条》的内容看,曾某不仅应促成甲公司和乙公司达成股权转让协议,还应确保股权转让成功,据此才能获取100万元的居间费用,但因受让方资金不到位致使股权没有成功转让,曾某的居间义务并未全面履行,二审不予认定其已履行完毕居间义务并无不当。曾某所提其已完成居间义务的申请理由不能成立。根据本案具体情况,二审法院依据《合同法》第427条"居间人未促成合同成立的,不得要求支付报酬,但可以要求委托人支付从事居间活动支出的必要费用",以及《民法通则》第4条"民事活动应当遵循自愿、公平、等价有偿、诚实信用的原则"的规定,酌情判决由谢某支付曾某居间费用人民币30万元符合本案实际,二审判决适用法律并无不当。

此外,对于未约定报酬或约定不明确的,依据《民法典》第511条仍无法确认的,对于提供媒介居间服务的中介人,可要求订立合同的当事人平均负担中介人的报酬,在委托合同中,受托人系为委托人的利益处理事务,当然不得要求合同的另一方当事人支付报酬。然而,经笔者检索实务案例,暂未见到由合同当事人平均负担中介人报酬的案例。

(七)合同解除权不同

《民法典》第933条规定:"委托人或者受托人可以随时解除委托合同。因解除合同造成对方损失的,除不可归责于该当事人的事由外,无偿委托合同的解除方应当赔偿因解除时间不当造成的直接损失,有偿委托合同的解除方应当赔偿对方的直接损失和合同履行后可以获得的利益。"

中介合同并未明确规定中介合同的任何一方当事人有权解除中介合同,然而从上述对中介合同的分析来看,由于委托人仅负有在中介人报告订立合同的机会或提供订立合同的媒介服务并促成委托人与相对方合同成立时支付报酬的义务，理论上委托人是可以委托多个中介人，且委托人在获得了订立合同的机会后，也可根据实际需要解除中介合同，中介人的地位较为不利。实务中，中介人常常会在合同中约定与委托人构成"独家中介委托""固定中介委托"来规避上述风险。

案例2-3-8　金华市某房地产中介有限公司与许某中介合同纠纷案，浙江省金华市婺城区人民法院（2019）浙0702民初4997号一审民事判决书。

【法院裁判】本案的居间合同，性质上仍属于特殊的委托合同，根据法律规定，委托人享有任意解除权。许某于2019年3月15日已明确表示解除涉案协议，并愿为此支付3000元，其后某公司工作人员洪某亦予认可，但提出许某应当支付5000元。故从双方微信聊天记录来看，对于解除协议双方均已有明确的意思表示，此后双方再未就看房事宜进行联系，某公司方也再未对此房进行推荐，亦可作印证。故即使案涉合同违约金条款有效，基于双方已合意解除合同，许某亦无须基于该条款承担对应的违约责任。本案中，某公司并未促成房屋买卖合同成立，不得要求支付报酬，但可以要求委托人支付从事居间活动支出的必要费用。

如上所述，在委托人与中介人无特别约定时，委托人基于实际事务的需要，在中介人未提供报告居间或媒介居间服务时，应有权随时解除与中介人的中介合同。这是由中介合同的本质决定的，上述案例中，尽管一审法院正确支持了委托人解除合同的请求，采取的理由却是"居间合同本质上属于特殊的委托合同，委托人应享有任意解除权"，有观点认为这一理由系对合同性质的错误认识。上述案件中，二审维持了一审判决，但并未对合同解除的路径进行纠正，此处摘录的是一审法院的说理部分。

（八）违约责任形式不同

依据《民法典》第929条规定，"有偿的委托合同，因受托人的过错造成委托人损失的，委托人可以请求赔偿损失。无偿的委托合同，因受托人的故意或者重大过失造成委托人损失的，委托人可以请求赔偿损失"。也即受托人向委托人承担赔偿责任时，区分有偿委托或无偿委托的情形。有偿委托情况下，受托人向委托人赔偿因过错造成的损失，在无偿委托情况下，受托人向委托人赔偿因故意或重大过失造成的损失。对于赔偿范围,按照《民法典》第584条规定,“当事人一方不履行合同义务或者履行合同义务不符合约定,造成对方损失的,损失赔偿额应当相当于因违约所造成的损失,包括合同履行后可以获得的利益;但是,不得超过违约一方订立合同时预见到或者应当预见到的因违约可能造成的损失”。

依据《民法典》第962条第2款规定,“中介人故意隐瞒与订立合同有关的重要事实或者提供虚假情况,损害委托人利益的,不得请求支付报酬并应当承担赔偿责任”。对于中介人应承担的赔偿责任的范围,有观点认为属于补充性的赔偿责任。尽管中介人负有如实告知义务及勤勉义务(在商事交易中负有的注意义务更高),然而在实务中,与委托人订立合同的是第三方,往往第三方才是真正的加害主体,应就委托人的损害承担责任,而中介人并非真正的直接加害方,即并非终局意义上的责任人,故要求中介人对委托人受到的全部损失承担责任,对中介人来说并不公平,故中介人就其过错的程度,承担一定的赔偿责任即可。

案例2-3-9　李某与上海某房地产顾问有限公司中介合同纠纷案,《最高人民法院公报》2015年第2期。

【法院裁判】本案二审主要争议在于某房地产公司承担补充赔偿责任的范围,对此应综合本案案情予以判定。根据二审查明的事实,伪造的公证书中载明的蔡某出生日期与其身份证号码记载不一致,该事项无须专业知识即可判断。在公证机构无法提供电话核实真伪的情况下,某房地产公司理应赴公证机构进行现场核实,但某房地产公司未采取前述措施。根据上诉人李某在二审时的陈述,其在付款前已注意到公证书存在的问题并提出异议,李某完全有机会主动核实公证书真伪后再行付款。由于李某、某房地产公司均未尽到前述审慎义务,致使李某本人成为周某合同诈骗的被害人。某房地产公司作为专门从事居间活动的单位,开展经营业务理应尽职尽力维护好委托人的利益。根据查明的事实,某房地产公司经办本案居间业务的工作人员不具备经纪人资格,未认真核查系争房屋已被出卖的情况,未严格按照合同约定履行定金保管义务,使案外人周某得以实施诈骗,继而造成李某损失。综合前述情况,李某提出某房地产公司在10万元范围内承担补充赔偿责任,尚属合理,可予支持,本院对一审判决作相应调整。

上述案例中,对于原告起诉要求赔偿的全部被骗定金20万元,一审法院支持了中介人在3万元的范围内进行赔偿，二审法院经审查认为中介人并未尽到严格的审慎义务，过错程度较高，将赔偿范围从3万元扩大至10万元。

案例2-3-10　盖某与何某居间合同纠纷案，山东省东营市中级人民法院(2019)鲁05民终1062号二审民事判决书。

【法院裁判】关于何某应否承担责任的问题。何某虽未故意提供虚假信息，但其作为专门从事提供货运信息配载的人员，应就所提供的货运信息负有较高的谨慎审查义务。但何某在接受委托后，并未找自己熟悉、了解的司机，对自己不熟悉的司机"张某"仅记录了其部分身份信息，对机动车驾驶证、机动车行驶证等重要信息未予审查登记，对虚假情况未能尽到认真审查义务。而且，何某已经向盖某介绍过十几次承运人，双方已经建立了良好的信任关系。本次何某从网络上发布运输信息，和"张某"系第一次合作。何某并没有告知盖某是第一次找"张某"承运货物，导致盖某基于对何某的信任，忽视了对"张某"身份的审查。虽然《货物运输协议》标明信息部只起证人作用，不负任何经济赔偿和法律责任，但该协议属于何某提供的格式合同，上述约定免除了合同提供者的责任，该约定无效。因此，何某对盖某造成的损失存在过错，应承担相应的赔偿责任。民事活动、商业交易中潜藏着各种风险，为防范商业风险，民事主体应加强自我保护意识，在选择交易对象时应更加谨慎。盖某在何某向其介绍承运人后，仍然有进一步审查承运人身份的机会，仍然有选择是否继续进行交易的权利。但盖某未对承运人"张某"的信息进一步审查，也未采取安排人员押运货物或要求承运人提供担保等有效措施防止货物丢失。盖某对损失的发生承担主要责任。根据盖某、何某在本案中的过错程度，本院确定由何某承担30%的责任。

四、小结

综上，虽然委托合同与中介合同在外观上存在一定的相似性，但二者在主体、合同内容、合同性质、受托人的义务、委托人的介入权、报酬请求权、合同解除权、违约责任形式等方面均存在不同。

从《民法典》对中介合同的条文修改来看，一方面强调了中介合同相对委托合同在中介人义务、报酬请求权和必要费用请求权方面的特殊性，另一方面又在《民法典》第966条首次明确中介合同可以"参照适用"委托合同规定，似乎承认中介合同是委托合同的特殊类型。

因此在实务中,房地产开发企业与房地产中介企业应当注意对二者进行区分,从各自对义务约束强度、报酬支付或请求支付保障、违约责任大小等角度进行通盘考量,从而在发生纠纷时有助于厘清合同解除、违约责任等方面产生的争议。

专题四 《民法典》对格式条款的修改与相关法律问题

一、问题的提出

在房地产销售或售后阶段产生争议时,存在购房人以商品房买卖合同中的某条款为免除房地产开发企业责任、加重购房人责任、排除购房人主要权利的格式条款而主张其无效的情形。那么,在司法实务中,法院认定格式条款的标准究竟是什么?《民法典》颁布后对格式条款作出了哪些修改?这些修改又会对房地产开发企业产生哪些影响?

为此,笔者结合实务,以相关法律规定和司法裁判实务为分析样本,对《民法典》对格式条款的修改、影响及司法认定所涉及的相关法律问题进行梳理和分析,以供参考。

二、法律分析

格式条款过去适用的法律规定主要是《合同法》,《民法典》颁布后,对于格式条款进行了修改。其修改及影响主要体现在以下两个方面:

（一）对格式条款订入规则方面的修改与影响如表2－4－1所示：

表2－4－1 《合同法》与《民法典》格式条款订入规则对比

《合同法》及其司法解释的规定	《民法典》的规定
《合同法》第39条第1款	《民法典》第496条第2款
第39条第1款　采用格式条款订立合同的，提供格式条款的一方应当遵循公平原则确定当事人之间的权利和义务，并采取合理的方式提请对方注意免除或者限制其责任的条款，按照对方的要求，对该条款予以说明。	第496条第2款　采用格式条款订立合同的，提供格式条款的一方应当遵循公平原则确定当事人之间的权利和义务，并采取合理的方式提示对方注意免除或者减轻其责任等与对方有重大利害关系的条款，按照对方的要求，对该条款予以说明。提供格式条款的一方未履行提示或者说明义务，致使对方没有注意或者理解与其有重大利害关系的条款的，对方可以主张该条款不成为合同的内容。
《合同法解释（二）》第9条	
第9条　提供格式条款的一方当事人违反合同法第三十九条第一款关于提示和说明义务的规定，导致对方没有注意免除或者限制其责任的条款，对方当事人申请撤销该格式条款的，人民法院应当支持。	

1.“未履行提示说明义务”方面，格式条款从“可撤销”变为“不成为合同内容”

对于提供格式条款一方未履行提示和说明义务，《合同法解释（二）》规定对方当事人可以申请撤销该条款，《民法典》则规定对方可以主张该条款不成为合同的内容。

“可撤销”意味着以合同成立为前提且在被撤销前有效，撤销前相对人仍受到该未尽提示说明义务的格式条款的约束，如不撤销但又不履行，相对人可能承担违约责任及其他不利后果；而“不成为合同内容”意味着该条款直接被排除在合同范围之外，对当事人不产生法律上的拘束力，更无须去评价其效力，（该条款自始不可能发生效力）故而相对人可以不履行该条款而无须承担任何责任。

由此可见，《民法典》对格式条款相对方的利益有了更进一步的保护。

2.“格式条款提供方的提示说明义务范围”从“免除或限制其责任的条款”扩大至“免除或者减轻其责任等与对方有重大利害关系的条款”

《民法典》对于格式条款提供方的提示说明义务范围在原有法律规定的基础上增加了“与对方有重大利害关系的条款”这一规定，由此需要进行提示或说明的格式条款的范围更广泛了，且该规定未明确什么是“有重大利害关系”，对此法院在审判时有一定的自由裁量权。

《民法典》的这一变化也是为了加强对格式条款相对方的保护，对实操中一些“曲线减责”条款（在格式合同中约定不属于“免除或限制提供方责任”而依据法律无须进行提示说明的条款，如合同相对人需要承担天价违约金等诸多违约责任形式的条款）进行了充分的规制，如格式条款提供方在合同中设置了此类与相对方有重大利害关系的“曲线减责”条款但未尽提示说明义务，该条款很可能会面临未订入合同而无法约束相对方的法律风险。

（二）对格式条款效力规则方面的修改及影响如表2－4－2所示：

表2－4－2 《合同法》和《民法典》格式条款效力规则对比

<table>
<tr><th>《合同法》及其司法解释的规定</th><th>《民法典》的规定</th></tr>
<tr><td>《合同法》第40条</td><td>《民法典》第497条</td></tr>
<tr><td>第40条　格式条款具有本法第五十二条和第五十三条规定情形的，或者提供格式条款一方免除其责任、加重对方责任、排除对方主要权利的，该条款无效。</td><td rowspan="3">第497条　有下列情形之一的，该格式条款无效：
（一）具有本法第一编第六章第三节①和本法第五百零六条②规定的无效情形；
（二）提供格式条款一方不合理地免除或者减轻其责任、加重对方责任、限制对方主要权利；
（三）提供格式条款一方排除对方主要权利。</td></tr>
<tr><td>《合同法解释（二）》第10条</td></tr>
<tr><td>第10条　提供格式条款的一方当事人违反合同法第三十九条第一款的规定。并具有合同法第四十条规定的情形之一的，人民法院应当认定该格式条款无效。</td></tr>
</table>

注：①《民法典》第一编第六章第三节为有关民事法律行为效力的相关规定，主要包括无民事行为能力人实施、违反法律法规强制性规定、违背公序良俗、恶意串通损害他人合法权益、以虚假意思表示实施的民事法律行为无效。

②《民法典》第506条规定：“合同中的下列免责条款无效：（一）造成对方人身损害的；（二）因故意或者重大过失造成对方财产损失的。”

1. 以《民法典》总则关于民事法律行为无效的规定作为格式条款的无效事由

如前所述，格式条款的订立经过要约（提供方向相对人提供格式条款并进行提示说明）—承诺（相对方知悉了解该条款后表示接受）这一过程，属于民事法律行为，所以总则中关于法律行为效力的相关规定同样适用于判断格式条款的效力。根据总则的规定，格式条款存在以下无效事由：（1）相对方为无民事行为能力人的，格式条款无效；[1]（2）双方以虚假意思表示订立的格式条款无效；[2]（3）违

① 《民法典》第144条规定：“无民事行为能力人实施的民事法律行为无效。”

② 《民法典》第146条规定：“行为人与相对人以虚假的意思表示实施的民事法律行为无效。”

反法律法规强制性规定、违背公序良俗的格式条款无效;[①](4)双方恶意串通损害他人合法权益的格式条款无效。[②]

2. 格式条款的无效条件变缓,"不合理地"免除或减轻提供方责任、加重相对方责任的格式条款才无效

《合同法》对"免除其责任、加重对方责任"的格式条款一律认定为无效,《民法典》则规定"不合理地"减免自己责任、加重对方责任时,格式条款方为无效。换言之,如是合理地减免格式条款提供方责任、加重相对方责任的格式条款是合法有效的,相较于此前"一刀切"的规定,《民法典》增加了"不合理地"这一条件在一定程度上缓和了对无效格式条款的认定,赋予了法院根据个案自由裁量的权力。

三、司法裁判实务梳理

通过查阅和总结上海地区法院(主要一中院和二中院)的相关判例:在司法实务中,鉴于笔者撰文时《民法典》施行未久,相关判例中的法院主要还是依据《合同法》第39条第2款[③]来认定格式条款,总结下来主要有以下三个认定标准:(1)该条款是否为房地产开发企业预先拟定的。(2)该条款是否为房地产开发企业在商品房买卖合同中重复使用的。(3)该条款是否为房地产开发企业单方提出且在订立合同时未与购房人协商的。其中,第3个标准即是否"协商"是法院认定格式条款最核心的标准,但在审判实务中,对于是否"协商"的认定并没有统一的裁判尺度,主要包含以下三种情况:

1. 如在合同中有诸如"出卖人已对本补充协议每条内容逐一进行解释,本人(购房人)已完全知晓并理解本补充协议全部条款内容,自愿签订本协议"等内容,法院倾向于认为双方已进行协商,该条款不属于格式条款。

案例2-4-1 **某业主诉上海某置业有限公司商品房预售合同纠纷案,上海市第一中级人民法院(2018)沪01民终13960号二审民事判决书。**

【法院裁判】虽然《补充条款一》系某置业公司预先拟定,但《补充条款一》所

---

① 《民法典》第153条规定:"违反法律、行政法规的强制性规定的民事法律行为无效。但是,该强制性规定不导致该民事法律行为无效的除外。违背公序良俗的民事法律行为无效。"

② 《民法典》第154条规定:"行为人与相对人恶意串通,损害他人合法权益的民事法律行为无效。"

③ 现为《民法典》第496条第1款。

涉条款多达14页，某业主作为买受人对占《预售合同》总页数1/3强的《补充条款一》的内容没有注意到，显然不符合常理。《补充条款一》首部明确“请买受人在购买前务必了解《商品房预售合同》及有关的补充协议等文件”，且《补充条款一》每一条均注明补充、变更或修改的内容所对应的正文条款，再结合《补充条款一》第18条、第31条等内容，本院有理由相信《补充条款一》是某业主与某置业公司协商一致的结果，某业主对《补充条款一》的内容是明知且接受的，故《补充条款一》应属合法有效，对双方均有约束力。

2. 如购房人主张房地产开发企业未就合同条款与其协商但又无法提供证据时，根据“谁主张，谁举证”的原则，法院倾向于认为双方已就该条款协商一致，该条款不属于格式条款。

案例2-4-2　**倪某诉上海某置业有限公司商品房预售合同纠纷一案，上海市第一中级人民法院(2018)沪01民终1388号二审民事判决书。**

【法院裁判】首先，上诉人作为消费者，在作出选购商品房等重大事项的决定之前，理应对所购房屋的基本情况进行合理审查，并认真、慎重地审阅房地产开发企业提供的购房合同文本，确认无异议后再作出是否购买之决定。一旦签署了合同，就应受合同的约束。上诉人在本案审理中并没有提交证据证明被上诉人存在事先不让上诉人审阅合同文本以及未就合同文本作告知说明等情形，故可以采信被上诉人陈述的该份合同是在双方协商一致以及上诉人在审阅合同文本前提下签署的。上诉人上诉主张涉案免除责任条款为格式条款，以及上诉要求认定该条款无效，因缺乏依据，故本院不予采信。

3. 法院认为只要是房地产开发企业预先拟定并提供给购房人签署的合同条款，就默认双方未经过协商，该条款属于格式条款。

案例2-4-3　**上海某置业有限公司与沈某商品房预售合同纠纷上诉案，上海市第二中级人民法院(2016)沪02民终10058号二审民事判决书。**

【法院裁判】关于合同约定的违约金标准应否调整的争议焦点，本院认为，预售合同的相关具体条款是由某置业公司制作并向业主提供，具有格式条款的属性，其作为房地产企业，在制定违约金具体标准时，可视为对违约后果及责任承担上已有充分预期。

四、小结

通过上述分析,对于房地产企业在商品房销售合同中预先设置合同条款的风险防范,笔者提出如下建议:

1. 鉴于司法实务中对于格式条款的认定标准没有完全统一的意见,笔者建议在制定合同文本或遇到纠纷处理等具体问题时,对相应管辖法院甚至是主管法官的相关判例进行检索,了解该法院或法官对于格式条款的认定标准、裁判尺度。

2. 在拟定格式条款时,仍应遵循公平原则确定双方的权利义务,从源头上防范该条款被认定无效的风险;同时注意准确表达意思,避免使用似是而非、模棱两可的语句而引发歧义。

3. 对于未进行提示说明的免责、减责条款,在《民法典》施行后,购房人排除其适用将更为容易,故笔者建议在购房合同中采取加粗、下画线等方式对相关条款予以重点标注。在签订商品房销售合同时,对于合同中免除或者减轻公司责任等与购房人有重大利害关系的条款,应特别提示购房人注意并按照对方的要求予以说明,并注意留存向购房人解释说明该条款的相关证据。

专题五　人脸识别司法解释出台后对房地产领域的影响与应对建议

一、问题的提出

2021 年“3 · 15”晚会曝光了部分商家违法使用人脸识别技术对消费者信息进行采集的行为，引发了公众对于商家使用人脸识别技术侵犯个人信息的讨论。

此前，对于个人信息的保护规定主要集中在《民法典》《消费者权益保护法》等法律中，要求经营者应合法、正当、必要使用消费者个人信息，包括公开收集的目的、方式范围、获得同意、严格保密等。最高人民法院于 2021 年 7 月 27 日发布《关于审理使用人脸识别技术处理个人信息相关民事案件适用法律若干问题的规定》（法释〔2021〕15 号）（以下简称《人脸识别个人信息司法解释》），则特别从利用人脸识别技术获取个人信息的合法边界作出了进一步规定，该解释于 2021 年 8 月 1 日起实施。

为此，笔者结合《人脸识别个人信息司法解释》及目前房地产领域对人脸识别技术的使用情况，对《人脸识别个人信息司法解释》给房地产开发企业带来的影响进行分析，以供参考。

二、人脸识别技术在房地产领域的使用与相关处罚情况

在房地产领域，人脸识别技术一般主要使用在以下两个情形：

（一）房地产企业在售楼处安装人脸识别系统，采集客户信息后向分销商、推荐人结算佣金

在“全民经纪人”的销售模式下，一些房地产企业会在楼盘售楼处的入口安装带有人脸识别功能的摄像和人证一体机，通过使用这些摄像头来抓拍到访售楼处的客户，并识别、获取、收集他们的人脸信息。之后，如客户最终正式签订购

房合同,再将这些客户的身份证刷证信息与当时进入售楼处时抓拍获取到的信息相比对,确定是哪一位分销商、推荐人的客户,再据此向他们结算佣金。

然而,部分房地产企业在使用人脸识别技术获取这些客户的人脸信息时,由于没有告知、或仅在入口处通过设立告示等方式告知客户本售楼处采用此类摄像头收集信息,并没有取得这些客户的同意。而且在获取了人脸信息之后,并没有对这些应该严格保密的信息进行加密储存,而是随意地存储在公司的电脑中,极易泄露。这些都是涉嫌违法违规使用人脸信息的行为。

在《人脸识别个人信息司法解释》发布之前,已有多家房地产开发企业因使用人脸识别手段采集客户信息而受到行政处罚。笔者在威科先行·法律信息库[①]中,经输入“行政处罚”进行公开信息检索,涉及“人脸识别”的行政处罚有四百多条,其中涉及侵犯“个人信息”的有四十多条,相对人基本为房地产开发企业,因其在售楼处违法违规使用人脸识别技术而被处罚。处罚的依据一般为《消费者权益保护法》第56条第1款第9项,[②]即房地产开发企业因侵害消费者个人信息依法得到保护的权利而被处罚。

案例2-5-1 **余姚某房地产开发有限公司侵害消费者依法得到保护的个人信息权利案,余姚市市场监督管理局,余市监处〔2021〕542号行政处罚决定书。**

【事实情况】当事人为了鉴别客户渠道,规范佣金结算,向某科技有限公司购买电子商务平台服务,又在售楼处安装具有人脸识别功能的网络摄像机和人证一体机等硬件设备。后当事人在该售楼处一楼设置了一块“温馨提示”牌,提示“本项目有人脸采集系统,用于客户渠道鉴别,无用作其他方面用途,感谢你的配合”。当事人在未征得到访人员同意的情况下,通过摄像机抓拍到访该售楼处人员的人脸照片,并同步上传平台,侵害了消费者依法得到保护的个人信息权利。

---

① “威科先行·法律信息库”数据库,载 https://law.wkinfo.com.cn/administrative-punishment/list?tip=,2021年8月18日访问。

② 《消费者权益保护法》第56条第1款规定:“经营者有下列情形之一,除承担相应的民事责任外,其他有关法律、法规对处罚机关和处罚方式有规定的,依照法律、法规的规定执行;法律、法规未作规定的,由工商行政管理部门或者其他有关行政部门责令改正,可以根据情节单处或者并处警告、没收违法所得、处以违法所得一倍以上十倍以下的罚款,没有违法所得的,处以五十万元以下的罚款;情节严重的,责令停业整顿、吊销营业执照:……(九)侵害消费者人格尊严、侵犯消费者人身自由或者侵害消费者个人信息依法得到保护的权利的;……”

【认定与处罚】责令改正，并罚款一万元。

案例2-5-2　宁波杭州湾新区某置业有限公司侵害消费者依法得到保护的个人信息权利案，宁波市市场监督管理局，甬市监处〔2021〕18号行政处罚决定书。

【事实情况】当事人为了确认客户是否是分销商介绍而来，安装和使用人脸抓拍系统。虽然在其售楼处入口贴了标识信息"您已进入视频监控区域""本售楼处安装有人脸识别系统，用于进行分销带客识别，我们承诺保护您的人脸等信息安全"，但该告知仅明示收集、使用信息的目的和方式，并未明示收集、使用信息的范围，且该告知并非征求同意的过程，并未实际获得消费者的同意，实际侵害了消费者依法得到保护的个人信息权利。

【认定与处罚】责令改正，并罚款25万元。

（二）物业服务企业在物业服务区域入口处设置人脸识别门禁系统

目前，很多写字楼、小区等的入口处都设置了面部识别门禁系统，通过"刷脸"的方式取代传统的钥匙、芯片、密码、扫码等方式进出单位。有一些小区甚至配备了智能面部识别系统，通过提取进出小区业主的信息，如果识别到一些老年住户长时间没有进出记录，该系统还会自动发出警报，相关工作人员会上门查看。同时，新的"刷脸进门"的方式也可以同步测温，达到疫情防控的目的。

然而，部分物业服务企业在设置门禁时将人脸识别方式设置为唯一的进入方式，并且仅口头告知业主人脸信息等个人信息将用于安保门禁，并未获得业主对人脸信息使用的同意，也没有明示这些信息的存储、传输等处理情况，涉嫌侵害不特定多数人的个人信息安全。

案例2-5-3　最高人民检察院发布公益诉讼检察听证典型案例：广东省江门市江海区人民检察院（以下简称江海区检察院）督促整治保护个人信息安全行政公益诉讼案。

【事实情况】江海区检察院在对辖区所有封闭式管理的小区使用"人脸信息识别系统"的情况进行排查中发现了公益损害线索，以"人脸信息识别系统安全监管"为主题进行公开听证，重点围绕住宅小区使用"人脸信息识别"门禁系统的必要性、个人信息如何管理、是否存在泄露风险以及相关行政部门如何监管等问题进行讨论并充分发表意见。各方达成共识，辖区内住宅小区违规设置"人脸信息识别"门禁系统,涉嫌侵害自然人合法权益,相关行政部门应采取有效措施加强对个人生物识别信息的保护。后江海区公安分局联合相关职能部门对辖区住宅小区、商场学校、楼盘销售部等进行全面检查,共发现已安装投入人脸识别系统的场所45处。

【认定与处罚】其中对依法依规安装的12处场所要求签订承诺书,对存在风险隐患的23处场所责令限时整改并接入公安网管系统,对违法安装的10处场所作出拆除并清空所有数据的处理。

三、《人脸识别个人信息司法解释》与房地产领域相关的要点解读

在房地产领域,人脸识别技术的使用是比较普遍的,《人脸识别个人信息司法解释》的出台必然会对房地产企业、物业管理范围使用和处理获取的个人信息产生较大的影响。在此,笔者对《人脸识别个人信息司法解释》的本次出台与房地产领域相关的要点进行解读。

(一)首次明确"单独同意"和"强迫同意无效"规则

《民法典》第1035条第1款第1项规定"处理个人信息的,应当遵循合法、正当、必要原则,不得过度处理,并符合下列条件:(一)征得该自然人或者其监护人同意,但是法律、行政法规另有规定的除外;……"明确了处理、使用个人信息应当征得该自然人的同意。

由于人脸信息难以变更、一旦泄露将终身泄露的特殊性与重要性,《人脸识别个人信息司法解释》第2条第3项①首次明确了在获取自然人对于个人信息使用的同意的基础上,还需要单独就人脸信息处理获得该自然人的同意。同时,该解释第4条②还规定了以要求自然人同意处理人脸信息才提供产品或服务等授权捆绑的方式强迫或变相强迫地获取自然人同意的情形无效。

---

① 最高人民法院《关于审理使用人脸识别技术处理个人信息相关民事案件适用法律若干问题的规定》第2条规定:"信息处理者处理人脸信息有下列情形之一的,人民法院应当认定属于侵害自然人人格权益的行为:……(三)基于个人同意处理人脸信息的,未征得自然人或者其监护人的单独同意,或者未按照法律、行政法规的规定征得自然人或者其监护人的书面同意;……"

② 最高人民法院《关于审理使用人脸识别技术处理个人信息相关民事案件适用法律若干问题的规定》第4条规定:"有下列情形之一,信息处理者以已征得自然人或者其监护人同意为由抗辩的,人民法院不予支持:(一)信息处理者要求自然人同意处理其人脸信息才提供产品或者服务的,但是处理人脸信息属于提供产品或者服务所必需的除外;(二)信息处理者以与其他授权捆绑等方式要求自然人同意处理其人脸信息的;(三)强迫或者变相强迫自然人同意处理其人脸信息的其他情形。"

因此，一些房地产企业在售楼处未经客户的单独同意，或仅通过树立标牌提示该售楼处有人脸识别系统用于识别客户的行为明显属于侵害人格权益的行为。

（二）明确在经营场所、公共场所不得违法违规使用人脸识别技术处理人脸信息

此前，昆明市住房和城乡建设局发布《关于规范商品房销售场所人脸识别系统使用行为的通知》，该通知于 2021 年 4 月 1 日发布并生效，通知指出，房地产企业不得强制消费者通过人脸识别的方式进入售楼处或使用公共设施设备，如确有必要使用人脸识别系统，应经消费者本人同意，且明确标识人脸识别区域及信息采集用途。而本《人脸识别个人信息司法解释》第 2 条第 1 项[①]通过列举 + 兜底的方式进一步明确在“宾馆、商场、银行、车站、机场、体育场馆、娱乐场所等经营场所、公共场所”违法违规使用人脸识别技术处理人脸信息的构成侵害自然人人格权益。该条主要规制的对象就是经营者在特定的场所（主要是经营场所、公共场所等）使用人脸识别技术的行为，因此房地产楼盘售楼处、物业服务区域入口等场所也在被规制的范围之内。

（三）明确物业服务企业不得将人脸识别作为进出物业服务区域的唯一验证方式

《人脸识别个人信息司法解释》第 10 条规定：“物业服务企业或者其他建筑物管理人以人脸识别作为业主或者物业使用人出入物业服务区域的唯一验证方式，不同意的业主或者物业使用人请求其提供其他合理验证方式的，人民法院依法予以支持。物业服务企业或者其他建筑物管理人存在本规定第二条规定的情形，当事人请求物业服务企业或者其他建筑物管理人承担侵权责任的，人民法院依法予以支持。”

2020 年，《杭州市物业管理条例（修订草案）》[②]作为全国第一个禁止物业强

---

① 最高人民法院《关于审理使用人脸识别技术处理个人信息相关民事案件适用法律若干问题的规定》第 2 条规定：“信息处理者处理人脸信息有下列情形之一的，人民法院应当认定属于侵害自然人人格权益的行为：（一）在宾馆、商场、银行、车站、机场、体育场馆、娱乐场所等经营场所、公共场所违反法律、行政法规的规定使用人脸识别技术进行人脸验证、辨识或者分析；……”

② 《杭州市物业管理条例（修订草案）》第 44 条第 1 款规定：“物业服务人应当按照法律、法规的规定和物业服务合同的约定履行清洁卫生、绿化养护、秩序维护、设施设备的维修养护管理等基本服务，并遵守下列规定：……（六）不得强制业主通过指纹、人脸识别等生物信息方式使用共用设施设备，保障业主对共用设施设备的正常使用权。”

制进行人脸识别的地方条例,明确规定物业服务人员不得强制业主、非业主使用人脸识别、指纹等生物使用共用设施设备。《人脸识别个人信息司法解释》第10条也支持了不得将人脸识别作为进出物业服务区域唯一验证方式这一观点。

四、小结

鉴于当前房地产企业在销售过程中使用人脸信息较为普遍,而人脸信息又是每一个自然人非常重要的生物识别信息,其中包括的面部信息和虹膜信息等很难发生改变,一旦泄露,就将面临终身泄露的风险。人脸信息作为敏感个人信息理应受到更严格的保护,因此房地产企业有必要高度关注使用人脸信息过程中的合规处理。

结合《人脸识别个人信息司法解释》的规定及实务情况,笔者对房地产领域合规利用人脸识别技术获取个人信息提供如下建议:

1. 在楼盘售楼处如确有必要使用人脸识别技术对消费者进行个人生物信息识别的,建议在使用的售楼处入口设立明显、明确的公示公告对消费者进行提示,告知其本售楼处采用人脸识别的方式提取消费者的人脸信息及后续用途。同时,可以通过如签署承诺书、同意书等方式征得消费者的同意,并在该同意书中再次强调获取人脸信息的手段和用途。在征得消费者对于个人信息收集以及后续使用用途的同意后,方可使用该个人信息。

2. 对于小区入口门禁,建议增加多元化的验证方式。除了人脸识别、指纹识别之外,增加如传统钥匙门禁、芯片门禁等方式。对于使用人脸识别方式进入小区的业主等,必须征得其同意。在签订购房合同时,可以采用补充签订相应使用人脸识别系统的补充条款,以达到对人脸识别使用的单独同意。对于不同意采用该方式进入小区的业主,也应当为其提供其他方式。

3. 对于采取以订立合同等方式获得自然人对人脸信息处理的同意的,还应当注意不要拟定限制自然人权利的格式条款,如要求自然人授予经营者无期限限制、不可撤销、可任意转授权等。

4. 在利用了人脸识别获取消费者个人信息后,应注意对所提取到的个人信息保密,通过加密等方式对个人信息进行存储,防止个人信息外泄。

专题六　超备案价格销售的法律风险与防范

一、问题的提出

为了遏制房价过快上涨的态势，中央和地方政府针对房地产市场的调控政策层出不穷，房屋销售价格备案作为房价调控的手段之一在相关政策文件中频繁出现。

仅以上海为例，上海市住建部门为配合房价调控政策的实行，自 2016 年起针对房地产市场的多种不规范行为进行查处。在开展调查后，住建部门暂停了涉嫌擅自提价销售的 8 家房地产开发企业的涉案项目网签资格，并对存在超备案价格销售、虚假宣传等违法违规行为的 7 家房地产中介企业作出了行政处罚。可见，上海地区各行政部门对超备案价格销售的处罚力度不容小觑，房地产开发企业不应忽视这一法律风险。

为此，笔者结合上海地区的相关规定和司法裁判实务，对商品房销售价格超过备案价格这一行为涉及的法律问题进行分析，以供参考。

二、法律分析

经查询，现行有效的相关法律法规及具体规定如下：

1.《上海市商品房销售方案备案管理暂行规定》[沪房管市〔2009〕213 号　上海市住房保障和房屋管理局（现已整合划入上海市住房和城乡建设管理委员会）　2009 年 7 月 1 日]。

2.《关于进一步加强房地产市场监管完善商品住房预售制度有关问题的通知》（建房〔2010〕53 号；发文机关：住房和城乡建设部；生效日期：2010 年 4 月 13 日）。

3.《关于进一步加强本市房地产市场监管规范商品住房预销售行为的通知》

[沪房管市〔2010〕246号　上海市住房保障和房屋管理局(现已整合划入上海市住房和城乡建设管理委员会)　2010年9月2日]。

4.《上海市价格管理条例》(2010年修正)(上海市人民代表大会常务委员会　2010年9月17日)。

5.《上海市发展改革委关于贯彻落实〈商品房销售明码标价规定〉的通知》(沪发改价督〔2011〕006号　上海市发展和改革委员会　2011年5月10日)。

6.《关于本市贯彻〈国务院办公厅关于继续做好房地产市场调控工作的通知〉实施意见的通知》(沪府办发〔2013〕20号　上海市人民政府办公厅　2013年3月30日)。

7.《严重违法失信企业名单管理暂行办法》(国家工商行政管理总局令第83号　国家工商行政管理总局　2016年4月1日)。

8.《关于进一步加强本市房地产市场监管规范商品住房预销售行为的通知》(沪建房管〔2017〕375号　上海市住房和城乡建设管理委员会　2017年5月3日)。

9.《关于加强商品住房及其附属地下车库(位)等设施销售监管的通知》(沪建房管联〔2017〕657号　上海市住房和城乡建设管理委员会、上海市物价局　2017年7月21日)。

10.《关于进一步加强商品房销售监管规范市场秩序相关工作的通知》(沪建房管〔2017〕651号　上海市住房和城乡建设管理委员会　2017年7月20日)。

从上述规定具体条文来看,如房地产开发企业存在超备案价格销售行为的,具体可能面临的行政惩处措施如表2-6-1所示:

表2-6-1　房地产开发企业超备案价格销售行为的行政惩处措施

序号	行政主体	行政惩处类型	法律依据
1	物价局(价格监督检查机构)	没收违法所得、罚款	《上海市价格管理条例》 第33条　违反本条例规定,由价格监督检查机构依照下列规定实施处罚: (四)违反第二十一条第一款、第三款规定的,没收违法所得,处违法所得一倍以上三倍以下或者一千元以上一万元以下罚款;情节严重的,处违法所得三倍以上五倍以下或者一万元以上五万元以下罚款。

续表

序号	行政主体	行政惩处类型	法律依据
2	房管部门、房地产交易中心	暂停网签	《关于进一步加强本市房地产市场监管规范商品住房预销售行为的通知》 五、房管部门、房地产交易中心要进一步加强房地产市场动态监管,切实建立销售现场巡查制度,加大对违法违规行为的查处力度。对故意采取畸高价格销售或通过签订虚假房地产交易合同等方式人为制造房源紧张、未按规定即时办理合同备案等行为,应视情采取限期整改、发出"行政告知书"、记入信用档案、暂停网上签约备案、降低直至取消开发企业资质等措施及时调查处理,暂停网上签约备案的应上报市局核准。
3	住房保障和房屋管理局	降低、取消房地产企业开发资质	《关于进一步加强本市房地产市场监管规范商品住房预销售行为的通知》 六、各区房管部门要进一步强化市场监管,督促房地产开发企业维护好销售现场秩序,避免出现聚集排队购房情形,不得人为制造销售紧张气氛。加大对炒卖房号、哄抬房价等违规行为的查处力度。对涉嫌违规的房地产开发企业和房地产经纪机构,一经查实,一律暂停网签,降低直至取消房地产开发企业资质,并列入行业信用管理"黑名单"。涉嫌违法犯罪的,移交司法机关处理。
4	市场监督管理局	列入严重失信名单	《关于加强商品住房及其附属地下车库(位)等设施销售监管的通知》 五、各区房管部门和价格监管部门要加强对商品住房及其地下车库(位)等附属设施租售的指导和监管,对未按本通知要求执行的房地产开发企业,一经查实,暂停网签资格,情节严重的降低直至取消房地产开发企业资质,并列入本市严重失信企业名单。构成犯罪的,移交司法机关处理。 《严重违法失信企业名单管理暂行办法》 第五条　企业有下列情形之一的,由县级以上工商行政管理部门列入严重违法失信企业名单管理。

三、超备案价格销售的法律风险

(一)行政责任风险

对房地产开发企业来讲,行政责任风险是对公司整体影响最大且较难化解

的风险。笔者检索了近十年来各阶段法律法规及政策对于超备案价销售的规定及要求,收集整理部分案例如下:

1. 没收违法所得、罚款

上海市人民代表大会常务委员会发布的2010年9月17日生效的《上海市价格管理条例》(2010年修正)第21条规定:"经营者应当遵守价格法律、法规和规章,执行政府定价和政府指导价以及政府的行政措施。定价时应当遵守本条例规定的原则,实行诚实、公平、公正交易和信用服务。"

第33条规定:"违反本条例规定,由价格监督检查机构依照下列规定实施处罚:……(四)违反第二十一条第一款、第三款规定的,没收违法所得,处违法所得一倍以上三倍以下或者一千元以上一万元以下罚款;情节严重的,处违法所得三倍以上五倍以下或者一万元以上五万元以下罚款。"

案例2-6-1　上海市物价局作出的第2220170001号《行政处罚决定书》。

【事实情况】2016年4月,某房地产开发有限公司在获得某楼盘预售许可证时向住房行政管理部门备案了一房一价表,表中载明的商品房价格为备案价。在楼盘开盘后,该公司较备案价上调了部分房源价格,并按照上调后的价格对外销售,但未向住房行政管理部门履行重新备案或备案调整手续。

【认定与处罚】上海市物价局认定,此行为违反了上海市人民政府办公厅印发《关于本市贯彻〈国务院办公厅关于继续做好房地产市场调控工作的通知〉实施意见的通知》(沪府办发〔2013〕20号)、上海市发展改革委《关于贯彻落实〈商品房销售明码标价规定〉的通知》(沪发改价督〔2011〕006号)与《上海市商品房销售方案备案管理暂行规定》(沪房管市〔2009〕213号)等规定的行政措施,属于《上海市价格管理条例》第21条第1款规定不执行"政府的行政措施"的违规行为。且近年来,上海市不断加强对房地产市场监管、调控,再三警示经营者必须依法合规经营,该公司仍实施上述违规行为,且情节恶劣,社会影响较大。根据《上海市价格管理条例》第33条第1款第4项,决定对该公司处以人民币五万元罚款。

2. 暂停涉案项目网签资格

2016年10月8日,上海出台"沪六条"(《关于进一步加强本市房地产市场监管促进房地产市场平稳健康发展的意见》),要求在继续严格执行"沪九条"

(《关于进一步完善本市住房市场体系和保障体系促进房地产市场平稳健康发展的若干意见》)基础上,进一步强化市场监管,加大执法力度,规范市场秩序。

2017 年 5 月 3 日,上海市住房和城乡建设管理委员会发布的《关于进一步加强本市房地产市场监管规范商品住房预销售行为的通知》(沪建房管〔2017〕375 号)规定:“各区房管部门要进一步强化市场监管,督促房地产开发企业维护好销售现场秩序,避免出现聚集排队购房情形,不得人为制造销售紧张气氛。加大对炒卖房号、哄抬房价等违规行为的查处力度。对涉嫌违规的房地产开发企业和房地产经纪机构,一经查实,一律暂停网签,降低直至取消房地产开发企业资质,并列入行业信用管理‘黑名单’。涉嫌违法犯罪的,移交司法机关处理。”

此后,市住建委根据“沪六条”及住建部相关要求,开展全面排查,并对八家房地产开发企业(项目)进行处罚。该八家企业因涉嫌擅自提价销售被立案调查,并被暂停涉案项目网签资格。

(二)民事责任风险

通过查询中国裁判文书网、威科先行等公开网站相关的裁判案例,可以发现法院的裁判观点相对比较统一,直接判决房地产开发企业返还差价或承担其他赔偿责任的案例较少。法院一般认为只要买卖合同是真实的意思表示,且不违反国家强制性规定的,则合同即合法有效;至于涉及违反行政管理规定的,则应由相关部门进行处理,但这并不影响双方签订的合同效力。

案例 2-6-2　苏某、瞿某与上海某房地产开发有限公司商品房销售合同纠纷案,上海市浦东新区人民法院(2017)沪 0115 民初 57125 号民事判决书。

【法院裁判】苏某、瞿某作为完全民事行为能力人,在清楚系争房屋的坐落、销售价格等信息的情况下与被告签订的《定金合同》及其附件、《出售合同》合法有效,双方应按约履行。现苏某、瞿某支付了《出售合同》约定的全部购房款,也实际取得了系争房屋的产权,上述合同已经实际履行完毕。房屋的对外销售价格高于其在相关部门的备案价格,违反了相关的行政管理规定,应由相关部门进行处理,但并不影响双方签订的合同效力。苏某、瞿某与上海某房地产开发有限公司所签的《定金合同》及其附件、《出售合同》系双方房屋买卖的真实意思表示,且不违反国家强制性法律规定,合法有效,双方应严格按约履行。

案例2-6-3 陶某与某置业发展有限公司商品房预售合同纠纷案,上海市青浦区人民法院(2017)沪0118民初8704号民事判决书。

【法院裁判】行政处罚决定书已认定商品房销售价格不属于政府指导价或政府定价,而是实行市场调节价,由经营者进行定价。某置业发展有限公司超出备案价销售未重新备案的行为属于不执行政府行政措施,违反的是政府行政措施,并非违反法律、行政法规的强制性规定。《价格法》第41条规定的价格违法行为,应指违反《价格法》第14条中列举的各种价格违法行为,其中兜底条款"法律、行政法规禁止的其他不正当价格行为"应指违反法律、行政法规效力性强制性规定的不正当价格行为。《价格法》第12条、《上海市价格管理条例》第21条第1款的规定属于法律、地方性法规的管理性强制性规定,并非效力性强制性规定。故本案某公司超出备案价销售未重新备案的行为并不构成《价格法》第41条规定的价格违法行为。

(三)刑事责任风险

依据《关于加强商品住房及其附属地下车库(位)等设施销售监管的通知》第5条规定:"各区房管部门和价格监管部门要加强对商品住房及其地下车库(位)等附属设施租售的指导和监管,对未按本通知要求执行的房地产开发企业,一经查实,暂停网签资格,情节严重的降低直至取消房地产开发企业资质,并列入本市严重失信企业名单。构成犯罪的,移交司法机关处理。"从上述规定来看,实务中可能存在因违规被追究诈骗罪等刑事责任的风险。

四、小结

结合房地产开发企业超备案价销售风险的规定与实务案例,笔者提出如下建议。

(一)密切关注相关法律及政策动向,加强销售价格备案的内部管理

1.严格遵守价格备案的时间节点

《上海市商品房销售方案备案管理暂行规定》第4条规定:"房地产开发企业申请商品房预售时,应当持商品房销售方案及《上海市房地产转让办法》第三十二条规定的其他材料,一并向房屋所在地区县房屋管理部门申请办理商品房销售方案的备案手续。区县房屋管理部门应当在商品房预售许可的同时,办理商

品房销售方案的备案,并开具《商品房销售方案备案证明》。"

第5条规定:"房地产开发企业现售商品房的,在申请新建商品房所有权初始登记前,应当持下列材料,向区县房屋管理部门申请办理商品房销售方案的备案手续。"

因此,房地产开发企业应根据上述规定,严格遵守上海地区商品房销售的重要备案时间节点,预售商品房销售方案应当在房地产开发企业申请商品房预售时进行备案;现售商品房的,应当在申请新建商品房所有权初始登记前进行备案。

2. 严格遵守价格备案的程序性要求

上海市住房保障和房屋管理局《关于进一步加强本市房地产市场监管规范商品住房预销售行为的通知》规定:"各区(县)房管部门要强化对商品住房项目销售价格和变动幅度等的指导和审核。房地产开发企业应当按照申报价格对外销售,调价周期、幅度应当符合已备案的销售方案。房地产开发企业调整销售价格超出已备案销售方案范围的,应当再次报所在区(县)房管部门备案。"

《上海市商品房销售方案备案管理暂行规定》规定:"商品住房项目中保留自有的房地产不符合'少量、合理'的原则、商品房定价不合理等,应当要求房地产开发企业修订销售方案,重新申报备案。"

因此,房地产开发企业应根据上述规定,严格遵守上海地区商品房销售方案的程序性要求,如商品住房项目备案经过审查被认定为定价不合理等,备案方案应当进行修改,并重新备案;如最终的销售价格超出备案价格,应当重新进行备案。

(二)加强对商品房销售合同的履约管理

虽然从目前的司法实务来看,法院判决房地产开发企业返还差价或承担其他赔偿责任的案例较少,但是不排除购房人通过行政投诉的方式"曲线救国"。一方面,购房人到行政主管部门进行投诉,要求房地产开发企业修改价格,行政主管部门依职权,责令房地产开发企业限期改正,按备案价对外出售。另一方面,如房地产开发企业因超备案价销售而被暂停网签,将可能导致开发企业无法按照合同约定的期限及时为购房人办理网签手续、提供贷款所需条件、按期交房乃至办理房屋的产权证,从而引发连锁的逾期履约后果,购房人可能依据合同约定主张追究开发企业的违约责任、赔偿责任等,房地产开发企业甚至面临群体性诉讼纠纷。

因此,房地产开发企业应及时监测商品房销售合同约定的履行情况,重点关注合约中各项时间节点,在出现因超备案价销售被要求整改导致逾期履约的风险时,妥善疏导购房人的情绪,并尽可能与购房人进行调解,避免矛盾的激化。

(三)重视并积极妥善应对相关部门的行政管理

面对行政机关针对超备案价销售情况提出的行政要求,如约见、会谈、说明、汇报等,房地产开发企业应协助其了解情况并做好配合工作,可就上海地区商品房销售的重要备案时间节点和企业实际的备案情况向行政机关作说明,并就备案价格和实际价格的差异原因向行政机关作出合理化解释、补充其合理性依据,以积极妥善方式配合行政部门的行政管理。

专题七 “买房送面积”的七个相关法律问题

一、问题的提出

房地产开发企业在销售商品房时,有时会将赠送附属面积作为卖点,如赠送地下室、车库、阳台、花园等。对于赠送的面积,实务中常见争议有:房地产开发企业在实际交房时不赠送房屋是否构成违约?实际交付的面积小于约定面积的是否应补偿面积差价款?赠送部分的面积能否办证?赠送部分的面积应否缴纳物业费?应否缴纳专项维修资金?是否属于征收补偿范围?

为此,笔者结合实务,以相关司法裁判实务为分析样本,对“买房送面积”的七个相关法律问题进行梳理和分析,以供参考。

二、如何认定对外宣传过程中构成“买房送面积”?

(一)何种宣传内容不构成“赠送面积”?

案例2-7-1 **吴某、秦某与上海某置业有限公司商品房预售合同纠纷案,上海市第二中级人民法院(2020)沪02民终3538号民事判决书。**

【法院裁判】本案二审期间双方主要争议仍然在于被上诉人就地下室的宣传内容是否构成要约。房地产开发企业就其销售房屋所作的宣传广告应视为要约必须具备三个要件:一是开发规划范围内;二是所作的说明和允诺具体确定;三是对合同的订立及房价的确定有重大影响。在本案中,上诉人提供的户型宣传页和小区宣传页对相关房屋面积作了告知,对地下空间也只描述“层高5”“自行分割”“地下室无隔断、仅为一层”等内容,资料中对于被上诉人赠送地下室的相关内容亦不明确,反而备注了“户型平面图及效果图仅供参考,户型因楼栋、楼层、单元不同,局部结构、面积等可能有所差别,均以政府批文和售房合同为准”等内容。故被上诉人就地下室的宣传并非具体确定。双方在补充条款中亦明确载明出售方所作广告宣传资料均为要约邀请,不作为合同依据的约定。本院注意到,涉案广告宣传资料发布在先,合同补充条款签订在后,通观上述约定,被上诉人就地下室面积所作的宣传内容不构成要约,上诉人认为系争房屋包含独立的两层地下室的说明和允诺具体确定,应当视为要约的主张,尚缺乏充分的依据,本院难以采信。

案例2-7-2 **苏州市某有限公司与苏州某置业有限公司商品房销售合同纠纷案,江苏省高级人民法院(2014)苏审二民申字第0887号民事裁定书。**

【法院裁判】第一,某公司取得价格表在先,双方当事人商品房销售合同签订在后。商品房销售合同中并无赠送面积的约定,合同中所约定的价格也与价格表中所载明的价格不符,且补充条款第7条明确载明:“除本合同条款中明确约定内容外,其他内容均不构成本合同的组成部分,也对房屋购买和房屋价格无重大影响。”根据常理,合同磋商过程中当事人的承诺与合同内容不一致的,应当以合同约定为准。第二,某公司称价格表表明置业公司做出了两项承诺,一是关于商品房单价,二是关于赠送的面积,虽然单价有了变化,但赠送面积的约定未变。本院认为,商品房的总价由单价、面积两个因素决定,价格表上载明的涉案商品房单价为每平方米25,013元,而商品房销售合同上两套房的单价分别为每平方米23,243.359元和每平方米23,806.196元。作为理性的民事主体,通常情况下,置业公司不会在商品房单价降幅较大的同时仍然同意赠送实用面积。第三,价格表上载明赠送实用面积78.78平方米,某公司声称置业公司未告知该赠送面积的具体位置。本院认为,赠送实用面积78.78平方米房产应属重大事项,报关公司声称对赠送面积的位置不知情明显不合常理。

从上述案例可看出,在认定销售宣传中的“赠送面积”内容是否合同约定的,主要是依据最高人民法院《关于审理商品房买卖合同纠纷案件适用法律若干问题的解释》(以下简称《商品房买卖合同解释》)(2020修正)第3条的规定,应当满足“具体确定”及“并对商品房买卖合同的订立以及房屋价格的确定有重大影响的”之要件,如果仅笼统地表示面积可分割、未明确具体赠送的面积大小、位置等的,或赠送行为在销售行为中难谓符合常理的,则一般不认定为构成“赠送面积”之约定。

（二）何种销售宣传构成赠送面积？不赠送面积是否构成违约？

案例 2－7－3　汤某、段某与江苏某发展有限公司商品房销售合同纠纷案，江苏省无锡市中级人民法院(2018)苏02民终3328号民事判决书。

【法院裁判】发展公司对外宣传的E3户型鉴赏图中明确载明赠送"约 $11m^2$"面积，结合售楼处展示的E3户型模型，足以证明发展公司在销售时发出了赠送面积的要约，双方据此签订合同应视为出卖人作出了承诺，该内容对双方均有约束力。……仅就发展公司在销售房屋的承诺赠送面积的行为，因未违反法律的强制性规定，具有法律效力。发展公司不能履行关于赠送面积的承诺，应承担违约责任，对于汤某、段某期待合同完全履行后可得利益损失承担赔偿责任。

本案已由江苏省高级人民法院进行再审并作出(2019)苏民申5538号"汤某、段某与江苏某发展有限公司商品房销售合同纠纷申诉、申请民事裁定书"，维持了二审法院的认定及判决。

案例 2－7－4　田某、贵阳某房地产发展有限公司商品房销售合同纠纷案，贵州省贵阳市中级人民法院(2019)黔01民终7151号民事判决书。

【法院裁判】首先，发展公司向田某发放的B1－B52房源信息表上明确B32栋1楼1号房屋包含地下室 $74.86m^2$，该赠送地下室的宣传内容明确且具体；其次，根据发展公司发放的某洋房价目表显示，同期同一栋楼同一楼层有地下室户型单价远高于没有地下室户型，该赠送地下室的宣传内容对房屋价格的确定有重大影响；最后，发展公司在不能赠送地下室后向田某发函要求进行协商的行为，可以认定发展公司认可赠送地下室的事实。综上，B1－B52房源信息表中赠送地下室的内容应当视为《商品房买卖合同》的合同条款，对发展公司具有法律约束力。

案例 2－7－5　陈某与盐城某置业有限公司商品房销售合同纠纷案，江苏省盐城市中级人民法院(2020)苏09民终269号民事判决书。

【法院裁判】宣传册明确小房间为无偿赠送，双方签订的《商品房买卖合同》所约定的购买面积不包括小房间，陈某并未支付小房间面积部分的对价，该房屋现已交付，陈某已接受赠与，系受益人，至于赠送的小房间有无建设规划许可，并不影响本案的赠与，陈某要求置业公司提供赠送的小房间的建设规划设计许可证明,缺乏合同依据。

前述【案例2-7-3】(2018)苏02民终3328号民事判决书中,法院进一步指出,“在签订合同时,双方对于争议空间需要在房屋建成后实施浇筑才能使用是明知的,浇筑后的空间可能通过变更原规划设计,变成业主合法使用部分,亦可能被行政主管部门认定为违章建筑予以拆除,但仅就发展公司在销售房屋时承诺赠送面积的行为,因未违反法律的效力性强制性规定,具有法律效力”。

上述【案例2-7-3】【案例2-7-4】两案中,由于对外宣传材料中写清楚了所赠送面积的大小,以及结合户型图能够确认所赠送面积的位置,且房屋价格上、户型上的差异可认定赠送面积足以对房屋的价格产生影响,故法院认定赠送面积构成合同约定内容。

另外,【案例2-7-3】【案例2-7-5】中,法院进一步认为赠送的行为属于房地产开发企业的承诺,即便所赠与的部分无法办理产证或者是否有建设工程规划手续,均不影响房地产开发企业赠送行为的效力。

(三)房地产开发企业承诺赠送房屋但未实际交付的,如何认定相应违约责任?

如房地产开发企业未赠送,应承担相应的违约责任。对于应赔偿的违约金额,司法实务中有法院按照购房合同约定的房屋单价与房地产开发企业允诺赠送的房屋面积之乘积计算赔偿金额,如所赠送部分非按全面积计量的,计算时会相应调整。

前述【案例2-7-3】(2018)苏02民终3328号民事判决书中,法院进一步指出,“发展公司最多是将争议面积浇板形成一个附设于外墙上有永久上盖、地板和围护栏杆的半室外空间交付给汤某、段某,该空间符合阳台的特征,如要将该空间作为房间使用,需要汤某、段某自行出资将户外相通的部分进行封闭,而且汤某、段某未能举证证明某发展公司曾明确表示赠送面积属于封闭型的构筑物,因此,一审法院按照阳台计算面积的方式确定赔偿损失的面积,并无不当。……一审法院按照合同约定的房屋面积单价计算,并无不当。无锡市某城建档案馆留存的涉诉房屋的竣工平面图显示,争议空间墙体中心线之间的尺寸均为:东西3.2米,南北3.2米(面积为10.24m^2)。经计算,汤某、段某因某公司违约产生损失金额为30,257.56元(5909.68元/m^2 × 10.24m^2 ÷ 2)”。

前述【案例2-7-4】(2019)黔01民终7151号民事判决书中,法院进一步指出,“房地产公司未按约定赠送地下室,应当承担赔偿责任。关于损失的计算,房地产公司在宣传资料中虽然载明赠送面积以产权登记为准,但本案因规划原因未修建地下室,田某并无过错,故应当以 B1 - B52 房源信息表载明的 74.86m^2来计算田某的损失,即为 514,328.4 元[1,489,395 元 ÷(141.92m^2 + 74.86m^2)× 74.86m^2],田某的上诉请求部分成立,对成立部分本院予以支持”。

（四）房地产开发企业在合同约定“赠与”的面积,能否在交付前撤回?

房地产开发企业赠与的面积,是否适用《民法典》第 658 条第 1 款“赠与人在赠与财产的权利转移之前可以撤销赠与”①的规定,在交付房屋前主张撤销赠与、不再交付?

司法实务中部分法院认为,尽管购房合同中并未约定所赠送面积的具体对价,但如该房屋单价高于其他无赠与面积的房屋之单价,在这一层面考虑,则赠与部分的面积实际上是有对价的,并不等同于单务的赠与合同,故房地产开发企业不享有单方撤销赠与权。

案例 2 - 7 - 6　罗某与乌鲁木齐某实业有限责任公司商品房预售合同纠纷案,新疆维吾尔自治区高级人民法院(2014)新审一民提字第 67 号民事判决书。

【法院裁判】合同附件二中有“送车库一间”,但是至今,乌鲁木齐某实业有限责任公司未将房屋及车库交付罗某使用。从二审查明事实来看:乌鲁木齐某实业有限责任公司与罗某签订的商品房预售合同的价格 3260 元/平方米明显高于当时给其他住户价格 2900 元/平方米,高出 360 元/平方米,有理由相信合同中是有车库的。

【再审法院裁判认为】无偿性与单务性是赠与合同的法律特征。本案双方当事人签订的是商品房买卖合同,其双方之间建立的亦是商品房买卖合同法律关系,从双方合同内容看,“送车库壹间”的约定与赠与合同中的无偿性、单务性不同,买受人罗某要通过购买某实业公司出售的房屋才能得到“送车库壹间”,其实质是出卖人某实业公司将商品房与车库一起销售的,双方之间建立的仍是双务、有偿的买卖合同,而不是单务、无偿的赠与合同。故,某实业公司辩称的“送车库

① 《民法典》(2021 年 1 月 1 日施行)第 658 条第 1 款规定:“赠与人在赠与财产的权利转移之前可以撤销赠与。”

壹间”表达的意思是赠送,是无偿的赠与,罗某也没有为此支付任何价款,二审判由其承担损失无依据的理由均不能成立。

三、实际交付的赠送部分与约定不一致,如何处理?

有些情况下,房地产开发企业确实按照宣传或约定内容交付了赠送的面积,但业主可能会进一步提出所交付的赠与面积与约定的不一致。实务中常见的不一致情形主要有两种:一是交付的面积比约定的面积小;二是交付部分在结构、功能等方面与约定情况有出入。

(一)实际赠送部分面积比约定的面积小了,是否适用面积调差款的规定?

《商品房买卖合同解释》(2003)第14条规定:“出卖人交付使用的房屋套内建筑面积或者建筑面积与商品房买卖合同约定面积不符,合同有约定的,按照约定处理;……”在《商品房买卖合同解释》(2003)下,对于交付面积小于约定面积的,首先应按照购房合同约定的方式处理,如合同未约定或约定不明的,方可适用司法解释关于3%的标准调整购房款的规定。

但对于赠送面积能否适用该条调差,部分法院认为未计入购房款的赠送面积无须退差价。《商品房买卖合同解释》(2020年修正)已将该条删除。

案例2-7-7　秦某与上海某开发有限公司商品房预售合同纠纷案,上海市青浦区人民法院(2018)沪0118民初10405号民事判决书。

【法院裁判】经开庭审理查明:2016年7月29日,原告(乙方)与被告(甲方)签订《上海市商品房预售合同》,合同第二条约定,乙方向甲方购买位于上海市青浦区某小区×号×层×(复式)室房屋,暂测建筑面积为176.53平方米,其中套内建筑面积152.83平方米,公用分摊建筑面积为23.70平方米,另有地下附属面积85.77平方米;第三条约定,每平方米房屋建筑面积单价为34,174.67元,根据暂测建筑面积乙方购房总价款6,032,855元(计算公式为:176.53平方米×34,174.67元/平方米)。

本院认为:原告主张被告赔偿地下室面积差价,因地下室的面积并未计入房价款,而是被告附送,故原告主张退还地下室的面积差价,亦于法无据,本院亦不予支持。

【案例2-7-7】的二审及再审法院均维持了一审法院的理由及判决。

（二）赠送部分的房屋结构、功能等与约定不一致的，房地产开发企业是否承担违约责任？

除交付部分面积这一直观差异外，所交付面积与约定存在的其他不一致在实务中有各种不同的情形，具体需根据实际案情进行分析和认定。但从合同目的和商品房这一特殊不动产的性质和用途来看，如果所交付的面积的结构、功能与约定差异较大，或给购房人的居住和使用造成较大不便的，即便该部分面积未收取约定的对价，但房地产开发企业可能仍不可避免相应的整改乃至违约责任。

案例2-7-8　苏州某开发有限公司与梁某、管某商品房销售合同纠纷案，江苏省苏州市中级人民法院(2019)苏05民终6300号民事判决书。

【法院裁判】一审法院认为，现开发公司交付梁某、管某的商品房地下室南侧为封闭采光井，井内开窗，北侧为敞开采光井，井内开窗。明显不符合双方合同对奇数幢叠墅地下室“南侧为敞开采光井，井内开落地窗，北侧为封闭采光井，井内开窗”的约定，且北侧为敞开采光井的地下室相较于南侧为敞开采光井的地下室在采光及通风上明显受损，亦即开发公司向梁某、管某交付的地下室在使用功能上有明显瑕疵，开发公司依合同约定已构成违约。房地产开发企业在销售商品房时，采取底叠送地下室，上叠送阁楼的销售策略，地下室或阁楼即便不计面积，不单独计价，但所送地下室或阁楼的可使用面积及相关情况，对商品房的价格及购房人选择购买该套商品房时具有重大影响。房地产开发企业并非完全无偿地向他人赠送地下室或阁楼，其“赠送”的对象是特定的，即相应的底叠或上叠的购买者，目的是促成底叠或上叠的销售，附赠行为与商品房的销售行为是互为条件的：就房地产开发企业而言，为卖而赠，销售底叠或上叠是目的，赠送地下室或阁楼是实现目的的手段；就购房人而言，是因赠而买，同时取得赠送的地下室或阁楼是购房的目的之一。实际上购房人取得地下室或阁楼并非完全无偿，其支付的对价是隐含在底叠或上叠的价格中的，购房人在考量时是一体考虑的。因双方在商品房买卖合同中未约定地下室不符合约定时的违约责任，故梁某、管某可以依法主张涉案房屋因不符合约定导致的在使用功能方面受损的相应损失。

【案例2-7-8】二审法院维持了一审法院的理由及判决。

四、对于房地产开发企业赠送的面积，购房人能否要求办理产证？

关于购房人是否有权要求房地产开发企业就赠送的面积办理产证的问题，实务中较为复杂，具体需区分购房人对于所赠送的面积具体是享有专有所有权还是享有专有使用权。一般而言，属于购房人专有所有权的面积方可办理产证，而购房人仅享有专有使用权的部分，则无法办理产证。现摘录实务中下述两个案例：

前述【案例2-7-3】(2014)苏审二民申字第0887号民事裁定书中，法院指出，“赠送实用面积78.78平方米房产应属重大事项，某置业公司声称对赠送面积的位置不知情明显不合常理。事实上，由某置业公司人员参与，某公司与相关业主达成备忘录，由某公司单独使用涉案两套商品房毗邻的公共空间面积即为78.78平方米。由此可以推断，置业公司在价格表上的承诺实际应指将78.78平方米的公共面积交由报关公司专用，且该承诺已经兑现。置业公司称赠送的78.78平方米实用面积应属可以记载于房产证书上的面积，无事实和法律依据，本院不予采信”。

案例2-7-9 **阳江市某开发有限公司与敖某商品房预售合同纠纷案，广东省阳江市中级人民法院(2018)粤17民终362号民事判决书。**

【法院裁判】双方对讼争商品房的计价面积应按承诺书的约定进行处理，即入户花园、阳台面积按折半计算，小阳台赠送。因讼争商品房已领取房地产权证，双方对房地产权证所附平面图的测量数据没有异议，因此相应位置的面积应按房地产权证所附平面图标识的数据按照一定的计算方法进行计算。一审通过对比《广东省商品房买卖合同》所附房屋平面图与房地产权证的平面图，确定合同约定的入户花园、阳台及小阳台在房地产权证平面图的相应位置，从而计算出入户花园面积为7.9平方米及小阳台一半面积为1.25平方米，该处理符合双方的约定，计算亦正确，本院予以确认。

五、对于赠送部分的面积，是否需要缴纳物业服务费？

一般情况下，对于商品住宅，购房业主应当按照购房合同、前期物业合同等的约定交纳物业服务费，房屋交付后，购房业主应当按照物业合同的约定交纳物业费。[①] 就这个层面而言,不论是否为赠送的面积、不论是否计入产证,如购房合同、物业服务合同约定作为计费面积,依据《民法典》“当事人约定优先原则”,购房业主应当按照合同约定交纳物业费。

案例2-7-10　郁某与上海某房产有限公司商品房预售合同纠纷案,上海市浦东新区人民法院(2016)沪0115民初87625号民事判决书。

【法院裁判】在《预售合同》中的附件及补充条款中多次多处明确约定:前期物业服务费按房屋实测建筑面积(含计入产权证的地上及地下建筑面积)计算,即《预售合同》明确约定计入产权证的地上及地下建筑面积同样要收取物业服务费。现在原告已经取得包含地下室面积在内的房屋产权证,并对此没有异议,却不愿意按照《预售合同》履行相应缴纳物业服务费的义务,要求变更相应《预售合同》条款,本院不予支持其诉讼请求。(《预售合同》约定:“2. 合同第二条中的地下附属面积不作为计价基数,不计算价格。除法律、政策另有规定外,地下附属面积按所在房屋的标准缴纳物业服务费、维修基金及其他有关税费。”)

对于合同约定不明且未计入产证部分的赠送面积,有观点认为,“有一种情形则是赠送面积未计入房屋产权证中的建筑面积,业主不享有所有权,且无相关合同明确约定需要缴纳物业服务费,但却属于业主实际占有、使用、收益的面积,该部分赠送面积,虽然没有相关法律、法规规定不需要缴纳物业服务费,也无任何合同约定不需要缴纳物业服务费,但是笔者认为,根据民事活动中公平的基本原则,业主在享有该部分赠送面积的相关权利的同时,也应承担相应的义务,故

---

① 《上海市住宅物业管理规定》(2020修正)第49条第2款规定:“出售房屋交付之日的次月至前期物业服务合同终止之日的当月发生的物业服务费用,由物业买受人按照房屋销售合同约定的前期物业服务收费标准承担;房屋销售合同未约定的,由建设单位承担。”第3款规定:“业主应当根据物业服务合同约定,按时支付物业服务费;业主逾期不支付物业服务费的,业主委员会应当督促其支付;物业服务企业可以催告其在合理期限内支付;合理期限届满仍不支付的,物业服务企业可以提起诉讼或者申请仲裁。”

《江苏省物业管理条例》(2021修正)第34条第1款规定:“前期物业服务费用由物业买受人按照房屋买卖合同约定的标准承担,房屋买卖合同未约定的,由建设单位承担。”第48条规定:“业主应当根据物业服务合同的约定交纳物业服务费用。业主与物业使用人约定由物业使用人交纳物业服务费用的,从其约定,业主负连带交纳责任。”

《民法典》第944条第1款规定:“业主应当按照约定向物业服务人支付物业费。物业服务人已经按照约定和有关规定提供服务的,业主不得以未接受或者无需接受相关物业服务为由拒绝支付物业费。”第939条规定:“建设单位依法与物业服务人订立的前期物业服务合同,以及业主委员会与业主大会依法选聘的物业服务人订立的物业服务合同,对业主具有法律约束力。”

此,该赠送面积也应当缴纳物业服务费”。[①]

六、对于赠送部分的面积,应否缴纳专项维修资金?

《住宅专项维修资金管理办法》(原建设部、财政部令第165号)第7条规定:“商品住宅的业主、非住宅的业主按照所拥有物业的建筑面积交存住宅专项维修资金,每平方米建筑面积交存首期住宅专项维修资金的数额为当地住宅建筑安装工程每平方米造价的5%至8%。”

该条规定缴存专项维修资金的依据是业主“拥有物业的建筑面积”,该表述涵盖的范围较为广泛,从字面解读该条,对于业主持有的赠送部分面积,无论在购入时有无支付对价、后续有无办理产证,均应相应交存专项维修资金。

案例2-7-11 **方某、宁波市某住房和城乡建设局城乡建设行政管理:其他(城建)案,浙江省高级人民法院(2019)浙行申743号行政裁定书。**

【法院裁判】本案的争议焦点是涉案地下储藏室是否属于房屋可销售建筑面积,是否应当缴纳物业专项维修资金。根据宁波市某房地产测绘有限公司对涉案项目出具的测绘报告、再审申请人和某公司签订的《商品房买卖合同》,涉案地下储藏室包含在小区总建筑面积之内,属于某公司所有,其可以出售、附赠或者出租。涉案地下储藏室的建筑面积虽然没有在买卖合同中单独计价,但并不意味着该地下储藏室不属于可销售建筑面积。同时,涉案地下储藏室记载于涉案房屋的初始产权登记证书附记栏中,某公司将房屋出售给再审申请人后,双方办理产权转移登记手续,该地下储藏室属于再审申请人拥有的房屋建筑面积。据此,涉案地下储藏室属于可销售建筑面积,按照《宁波市物业专项维修资金管理办法》的相关规定应当交纳专项维修资金。

七、房地产开发企业赠送的面积,是否属于征收补偿范围?

《国有土地上房屋征收与补偿条例》第24条规定:“市、县级人民政府及其有关部门应当依法加强对建设活动的监督管理,对违反城乡规划进行建设的,依法予以处理。市、县级人民政府作出房屋征收决定前,应当组织有关部门依法对征

---

① 陈康康:《法评丨商品房的赠送面积是否应该缴纳物业服务费?》,载“中伦文德律师事务所”公众号2019年9月19日,https://mp.weixin.qq.com/s/k8o74wFmLyG20rxv0ybDNA。

收范围内未经登记的建筑进行调查、认定和处理。对认定为合法建筑和未超过批准期限的临时建筑的，应当给予补偿；对认定为违法建筑和超过批准期限的临时建筑的，不予补偿。”

根据该条规定，可看出征收补偿的对象是征收范围内的合法建筑，至于是否计入产证面积，或是购房业主由房地产开发企业处购得抑或是赠与取得，应不影响是否纳入征收补偿范围。

案例2-7-12　高某与某人民政府行政补偿上诉案，辽宁省高级人民法院(2017)辽行终125号行政判决书。

【法院裁判】关于高某要求某政府补偿两个阳台附属面积的补偿款问题，高某庭审中称其是2003年购买的商品房，当时没有封闭的阳台，是两个半封闭的阳台，两个阳台都是其自行封闭的。本院认为，阳台属于房屋的组成部分，高某进行装修是出于使用的需要，对其房屋的征收补偿应严格按照房屋产权登记为准，对高某的此节主张本院不予支持。

八、小结

综上，本专题对房地产开发企业赠送面积的各种常见问题进行解答，主要包括房地产开发企业的宣传、双方合同订立与房地产开发企业违约、实际赠送面积不一致、办证、缴纳费用与征收补偿等。

在实践中，各方对于“买房送面积”应当持谨慎态度。对房地产开发企业而言，应谨慎宣传或承诺“买房送面积”，否则一旦被认定构成“明确约定”，房地产开发企业就应按约赠送面积并承担赠送面积、功能不一致的违约责任。对购房人而言，则应高度注意房地产开发企业的“买房送面积”宣传或承诺是否具体，明确清楚该部分赠送面积能否办理产证、是否纳入物业服务合同范围等。

专题八　分期开发住宅小区中的物业管理区域与车位出售法律问题

一、问题的提出

对于分三期开发建设的住宅小区，第三期住宅小区内建造的超出第三期建造房屋套数的停车位能否出售给一期和二期的业主？笔者认为，我国《民法典》《物业管理条例》等法律法规均明确规定同一个物业管理区域内的车位只能出售或附赠给该物业管理区域内的业主，故上述问题的核心之一在于分三期开发的住宅小区能否划分为同一个物业管理区域？

为此，笔者结合实务，以相关法律规定和司法裁判实务为分析样本，对分期开发住宅小区中的物业管理区域与车位出售法律问题进行梳理和分析，以供参考。

二、关于物业管理区域的法律分析

（一）同一个物业管理区域内的车位只能出售或附赠给该物业管理区域内的业主

《民法典》第276条规定："建筑区划内，规划用于停放汽车的车位、车库应当首先满足业主的需要。"对于如何认定"首先满足业主的需要"，司法解释及理解与适用进行了详细的阐述。

最高人民法院《关于审理建筑物区分所有权纠纷案件适用法律若干问题的解释》（2020）第5条规定："建设单位按照配置比例将车位、车库，以出售、附赠或者出租等方式处分给业主的，应当认定其行为符合民法典第二百七十六条有关'应当首先满足业主的需要'的规定。前款所称配置比例是指规划确定的建筑区划内规划用于停放汽车的车位、车库与房屋套数的比例。"

为更清晰地理解该条，最高人民法院《建筑物区分所有权、物业服务司法解释理解与适用》一书中进一步指出，无论建筑区划内的配置比例如何（包括不到1∶1、等于1∶1或超过1∶1的情形），房地产开发企业在任何时候都负有不得将车位、车库卖给出卖给业主以外的第三人的义务。①

基于上述规定及解释，多地省级物业管理条例中均对超出配置比例的车位的出售、附赠及出租情况进行了细化规定。

如《上海市住宅物业管理规定》（2020）第62条第1款规定："物业管理区域内的机动车停车位，应当提供给本物业管理区域内的业主、使用人使用。建设单位尚未出售的停车位，应当出租给业主、使用人停放车辆，不得以只售不租为由拒绝出租。停车位不得转让给物业管理区域外的单位、个人；停车位满足业主需要后仍有空余的，可以临时按月出租给物业管理区域外的单位、个人。"

《江苏省物业管理条例》（2021）第63条第1款规定："物业管理区域内规划用于停放汽车的车位、车库，建设单位应当首先满足本区域内业主的停车需要，其归属由当事人通过出售、附赠或者出租等方式约定。"第4款规定："在首先满足本物业管理区域内业主的购买和承租需要后还有多余车位、车库的，可以出租给本物业管理区域外的使用人，但租赁期限不得超过六个月。"

（二）如何认定及划分"物业管理区域"？

对于物业管理区域的划分和认定，《物业管理条例》（2018）第9条第2款仅原则性地规定了"物业管理区域的划分应当考虑物业的共用设施设备、建筑物规模、社区建设等因素"，将具体的划分办法制定权交由省级权力机关行使。

1. 从各地实务来看，基本上认定物业管理区域的划分原则为：不论是分期建设还是合作开发建设的住宅小区，划定物业管理区域时应以有利于实施物业管理为原则，将共用配套设施设备的区域划分为一个物业管理区域，但如被自然界限划分、配套设施设备能够分割独立使用及管理，可分别划分独立的物业管理区域。

如《上海市住宅物业管理规定》（2020）第8条规定："住宅小区，包括分期建设或者两个以上单位共同开发建设的住宅小区，其设置的配套设施设备是共用

① 最高人民法院民事审判第一庭编著：《最高人民法院建筑物区分所有权、物业服务司法解释理解与适用》，人民法院出版社2009年版，第91～95页。

的，应当划分为一个物业管理区域；但被道路、河道等分割为两个以上自然街坊或者封闭小区，且能明确共用配套设施设备管理、维护责任的，可以分别划分为独立的物业管理区域。”

《江苏省物业管理条例》（2021）第7条第1款规定：“物业管理区域的划分以有利于实施物业管理为原则，综合考虑规划条件、建筑物规模、共用设施设备、业主人数、自然界限、社区布局、社区建设等因素确定。”该条第3款规定：“建设单位应当根据物业建设用地规划许可证确定的红线图范围，结合物业的共用设施设备、社区建设等因素划定物业管理区域。物业的配套设施设备共用的，应当划定为一个物业管理区域；配套设施设备能够分割、独立使用的，可以划定为不同的物业管理区域。”

《北京市物业管理条例》（2020年5月1日起施行）第15条规定：“物业管理区域的划分应当符合法律法规的规定，综合考虑建设用地宗地范围、共用设施设备、建筑物规模和类型、社区建设等因素，以利于服务便利、资源共享、协商议事。”

《福建省物业管理条例》（2018）第7条第1款规定：“物业管理区域的划分应当以经批准的物业项目规划用地范围、社区布局、物业的共用设施设备、建筑物规模等因素确定。”第2款规定：“分期建设或者有两个以上建设单位开发建设的区域，其设置的配套设施设备共用的，应当划分为一个物业管理区域。但该区域内已自然形成多个相对独立小区的，可以划分为不同的物业管理区域。”

2. 对于物业管理区域的划分时点，一般情况下要求建设单位在新建住宅小区时即应当申请及划定物业管理区域，并按此开展前期物业管理、向购房人告知相关物业管理区域的划分情况。

如《上海市住宅物业管理规定》（2020）第9条规定：“区房屋行政管理部门负责核定物业管理区域。建设单位在申请办理住宅建设工程规划许可证的同时，应当向区房屋行政管理部门提出划分物业管理区域的申请，区房屋行政管理部门应当在五日内核定物业管理区域。建设单位在房屋销售时，应当将区房屋行政管理部门核定的物业管理区域范围，通过合同约定方式向物业买受人明示。”

《江苏省物业管理条例》（2021）第8条第1款规定：“新建物业出售前，建设单位应当将划定的物业管理区域向物业所在地的县（市、区）物业管理行政主管部门备案,并将经备案的物业管理区域在商品房买卖合同中明示。”

《福建省物业管理条例》(2018)第 8 条第 1 款规定:“建设单位在办理新建项目建设工程规划许可证时,应当向县(市、区)人民政府物业管理主管部门提出划分物业管理区域申请,县(市、区)人民政府物业管理主管部门按照本条例第七条的规定核定物业管理区域,出具核定意见,并将核定意见抄送物业管理区域所在地乡(镇)人民政府或者街道办事处。”第 2 款规定:“对已经自然形成且无争议的区域,所在地乡(镇)人民政府或者街道办事处向县(市、区)人民政府物业管理主管部门书面提议后,经其确认无异议的,不再重新划分。”

3. 物业管理区域在划分后,并不意味着不能重新进行调整。对于已投入使用但未划分的、已划分但需调整物业管理区域的,仍可按照一定程序进行重新划分或调整,并注意依法征询业主的意见。

如《上海市住宅物业管理规定》(2020)第 10 条规定:“尚未划分或者需要调整物业管理区域的,区房屋行政管理部门应当会同乡、镇人民政府或者街道办事处,按照第八条的规定,结合当地居民委员会、村民委员会的布局划分物业管理区域。调整物业管理区域的,还应当征得专有部分占建筑物总面积过半数的业主且占总人数过半数的业主同意。物业管理区域调整后,区房屋行政管理部门应当在相关物业管理区域内公告。”

《北京市物业管理条例》(2020)第 17 条规定:“已投入使用、尚未划分物业管理区域或者划分的物业管理区域确需调整的,物业所在地的街道办事处、乡镇人民政府会同区住房和城乡建设或者房屋主管等部门,结合物业管理实际需要,征求业主意见后确定物业管理区域并公告。”

《福建省物业管理条例》(2018)第 7 条第 3 款规定:“不同物业管理区域,经各自的业主大会同意后可以合并为一个物业管理区域。”第 8 条第 3 款规定:“物业管理区域划定后需要调整以及已投入使用但尚未划分的,县(市、区)人民政府物业管理主管部门应当会同乡(镇)人民政府或者街道办事处,按照本条例第七条的规定,结合社区布局划分物业管理区域。”

《江苏省物业管理条例》(2021)第 8 条第 3 款规定:“已投入使用但尚未划分物业管理区域的,由县(市、区)物业管理行政主管部门会同街道办事处(乡镇人民政府)征求相关业主意见后确定物业管理区域。”

三、司法裁判实务梳理

司法实务中,法院基本认同应将能否共用配套设施设备作为划分物业管理区域的重要考量依据。

案例2-8-1 **侯某、吴甲、楼某某因物业管理区域划定上诉案,上海市第二中级人民法院(2009)沪二中行终字第356号行政判决书。**

【法院裁判】本案中,某大厦与某住宅小区在同一规划用地范围内,同属于2#地块,其公建配套设施设备亦具有整体统一性。根据物业管理部门出具的情况说明,现某大厦与某住宅小区甲号住宅楼、乙号住宅楼共用水泵房,位于某大厦地下室,某大厦地下汽车库位于某住宅小区的绿化带下,同时车库的消防出口亦位于某住宅小区内。故被上诉人认定某大厦与某住宅小区在同一个规划设计中,其配套设施设备上存在共用性,有事实依据。此外,《物业管理条例》等行政法规对首次物业管理区域的划定是否应当征求街道办事处及业主的意见并无强制性规定。

案例2-8-2 **余某、包某等与上海市闵行区某局行政城建其他案,上海市闵行区人民法院(2016)沪0112行初118号行政判决书。**

【法院裁判】对于原告认为某小区内基于存在三个不同的物业服务合同、维修资金专户,已有相对独立封闭的三个住宅区域,因而已经存在三个独立的物业管理区域,不应将一至五期划为一个物业管理区域的观点,本院认为,物业管理服务合同、维修资金专户等因素并非划定物业管理区域的依据,在分期开发的较大规模的住宅小区建设过程中为便于施工建设和前期管理而形成的不同期住宅之间的围墙、道路也不应成为将整个规划小区划分不同物业管理区域的界线。根据《物业管理条例》第9条和《上海市住宅物业管理规定》第7条的规定,公建配套设施设备共用是物业管理区域划分的重要考量依据,某小区在规划建设之初的设计方案及之后陆续开发建设过程的规划调整中,对于一至五期的公建配套设施设备的配置均是按照某小区作为一个物业管理区域予以规划核定,平衡设置,据此,原告认为某小区内存在三个独立物业管理区域的观点不能成立。

案例 2－8－3　李某与某人民政府某街道办事处行政撤销案，江苏省徐州市中级人民法院（2019）苏 03 行终 379 号行政判决书。

【法院裁判】《江苏省物业管理条例》第 7 条第 3 款规定："建设单位应当根据物业建设用地规划许可证确定的红线图范围，结合物业的共同设施设备、社区建设等因素划定物业管理区域。"被上诉人举证了来源于建设单位的红线图，能够证明某小区一至四期与五期（D、E）在规划许可的同一红线范围内。上诉人与被上诉人在本案均提交了 2008 年的建设单位与物业公司签订的前期物业服务合同，内容一致，上诉人主张某小区五期为一个独立物业管理区域，要求成立五期业主委员会，上诉人提供的前期物业服务合同、某市城乡建设局信息公开答复材料等证据，无法证明某小区五期系完全封闭、独立的管理区域，有独立的出入口、有独立使用的配套工程设施设备等，如供水、供电系统、安防系统、停车管理系统等。

四、小结

结合上述梳理及分析，笔者认为，对于本文开头所提出之问题，应根据开发项目中物业管理区域的实际划分情况区分下述两种情形进行讨论：

（一）该分三期开发住宅小区已被共同划分为一个物业管理区域或未申请划分物业管理区域

如该分三期开发的住宅小区已被共同划分为一个物业管理区域，则第三期开发小区内超出第三期房屋套数的车位与一期、二期建设的房屋属于同一物业管理区域，先行入住的业主当然有权购买或租赁同属一个物业管理区域的后期开发车位。

然而，为确保后续新交付房屋的业主的车位使用权，在向先行入住的业主销售在后开发的车位时，仍应满足符合整个物业管理区域的车位配置比例超出 1∶1 且满足一个业主至少能够购买或承租一个车位的前提。

苏州市住房城乡建设局、苏州市物价局《关于加强市区新建住宅小区汽车停车位（车库）处置行为管理的通知》（苏住建规〔2017〕7 号）中对于该问题进行了较为详细的规定："分类规范处置行为　7. 对于汽车停车位（车库）已经建成且配建比例不足 1∶1 的分期交付小区，建设单位可以临时租赁给本物业管理区域已经入住业主 1 个汽车停车位(车库),临时租期不得超过小区尚未交付房屋的交付时间,待小区全部交付后,按照本通知的要求对汽车停车位(车库)进行处置。汽车停车位(车库)已经建成且配建比例满足 1:1 的分期交付小区,先期入住业主可以按照本通知要求购买或承租、受赠 1 个汽车停车位(车库);入住业主仍有需求的,可以临时租赁一个汽车停车位(车库),临时租赁期限不得超过小区尚未交付房屋的交付时间。新交付房屋业主对尚余汽车停车位(车库)有优先购买、承租权。”

如建设单位在申请办理住宅建设工程规划许可证时未申请划分物业管理区域,则应当按照前述划分原则,从有利于物业管理、资源共享的角度,考虑规划条件、建筑物规模、公用设施设备、业主人数、自然界限、社区布局、社区建设等因素对开发建设的三期住宅小区进行划分。在能够共用所设置的配套设施设备的情况下,原则上应当划分为一个物业管理区域。在划分为一个物业管理区域的情况下,车位购买情况同上一段分析。

(二)该三期开发建设的住宅小区已被划分为多个物业管理区域,此时应根据划分的情况区分下述两种情形

1. 每期开发的住宅小区均被划分为一个独立的物业管理区域。

在这种情形下,由于一期、二期小区内的业主不属于第三期开发小区的物业管理区域,故无权购买第三期开发小区内的车位。不过在第三期开发小区的车位满足业主需求的情况下,建设单位可将多余的车位出租给一期、二期的业主。

2. 该分三期开发的住宅小区并未按照分期开发的情况分别划分为各自独立的物业管理区域。

此种情况较为少见,但理论上仍存在此类情形。此时仍需把握一个物业管理区域内的车位只能出售或附赠给该物业管理区域内的业主的原则,结合前期开发、规划等仔细分析一个物业管理区域内的车位配比情况,并进一步确认多余的车位是出售还是出租给其他业主。

车位作为建筑区划内专有部分的配套设施,在划分物业管理区域时应考虑此类重要配套设施的共用情况。在无法准确核定物业管理区域范围内车位配置比例的情况下,可能会涉及物业管理区域范围的调整,并在调整后按照上述原则进行车位的出售或出租。同时注意,在重新划分或调整物业管理区域时,应按照法律规定要求征询相关业主的意见。

第 三 章

房地产项目
售后法律问题

专题一　疫情对房地产开发企业项目交付阶段的影响与应对建议

一、问题的提出

因受疫情的影响，房地产开发企业在项目交付阶段面临新的问题。这主要是政府因控制新型冠状肺炎疫情（以下简称疫情）而采取的有关假期、复工、交通等事项的防控措施，使各项事宜均处于停滞、待定的状态，导致在交房、办理产权登记手续及履行保修义务等方面出现迟延等。

为此，笔者特就上述三方面进行整理，通过在法律上可将新型冠状肺炎疫情定性为不可抗力的基础上，分析疫情给房产开发企业在交房、过户手续、履行保修义务等方面造成的影响，以及房地产开发企业相应的应对思路和措施，以供参考。

二、疫情从法律上来讲应认定为不可抗力

根据 2020 年 4 月 16 日最高人民法院发布并生效的《关于依法妥善审理涉新冠肺炎疫情民事案件若干问题的指导意见（一）》第 3 条规定，对于疫情或者疫情防控措施直接导致合同不能履行的，依法适用不可抗力的规定。

根据《民法典》第 590 条第 1 款规定："当事人一方因不可抗力不能履行合同的，根据不可抗力的影响，部分或者全部免除责任，但是法律另有规定的除外。因不可抗力不能履行合同的，应当及时通知对方，以减轻可能给对方造成的损失，并应当在合理期限内提供证明。"

三、疫情对房地产开发企业在交房阶段的影响与应对分析

依据“有约定从约定”的原则

在已经签署的商品房预售合同中明确了就发生不可抗力，房地产开发企业有权顺延房屋交付时间的约定的，则房地产开发企业应在提出交房时间顺延的同时，应当及时通知业主、提供有效证明（如政府停工通知等），必要时采取合理有效的防止损失扩大的措施。

但商品房预售合同中没有相关约定或约定不明的，则核心需要判定疫情是否足以构成对房地产开发企业交房的实质性障碍，应依据疫情发生及持续的地域范围、时间跨度，以及与具体延期情况的因果关系等而区别对待，具体为：

1. 如商品房预售合同原先约定的交房时间是在疫情及防控措施期间，在发生项目已经具备交房条件因疫情防控而未能及时交付的情形时，房地产开发企业应可以此主张将交房时间顺延至疫情防控解除之后，且可据此免除部分或全部违约责任。

前述情形下，房地产开发企业应该及时做好证据收集工作（如政府停工通知、采取防控措施的视频等），并及时通知业主，必要时采取合理有效的防止损失扩大的措施。

2. 如商品房预售合同原先约定的交房时间即为新冠疫情解除日之后，房地产开发企业如主张因疫情影响需延期交房，应及时通知业主、提供无法按期交房确系疫情原因所致的有效证明（如政府停工通知等），并依据实际情况，如因疫情影响的工期、实际与本应复工时间差等，重新确定交付日期并告知业主。

3. 如商品房预售合同约定交房时间为在满足约定交付条件后的具体期限内，如房屋已满足约定交付条件，且满足交付条件的时间按商品房预售合同约定属于疫情及防控措施期间的，房地产开发企业应可以此主张将交房时间顺延至疫情解除之后且可据此免除部分或全部违约责任。

当然，如房地产开发企业也可以按期交房，即按时发出房屋交付的书面通知，而业主在收到房屋交付通知后要求延期交房的，则可考虑非常时期的特殊情况，予以宽限期间，但应与业主另行协商确定交房时间并及时签署补充协议；或可在符合政府防控要求的情况下，采取分批、分散交付的方式进行。

4. 如在疫情出现之前已经存在迟延交付的情形，或者约定的交付期限在疫

情防控期间,但疫情或疫情管控对房地产开发企业交房并未构成实质性障碍,房地产开发企业仍须就自身过错承担相应的法律责任。

四、疫情对房地产开发企业在办理产权登记手续阶段的影响与应对分析

依据《商品房销售管理办法》第34条规定,房地产开发企业应当在商品房交付使用之日起60日内,将需要由其提供的办理房屋权属登记的资料报送房屋所在地房地产行政主管部门。房地产开发企业应当协助商品房买受人办理土地使用权变更和房屋所有权登记手续。因此:

1. 如因相关行政部门的办公时间调整而导致房地产开发企业不能按期办理产权登记手续,应可据此为由在相关部门相应办公时间的调整期限内免责,但一旦相关部门恢复正常办公后,应立即办理产权登记手续。

2. 如房地产开发企业因有关政府部门控制疫情而发布的行政措施或行政命令原因(如据此的假期延长、复工迟延等原因)导致未能按期办理产权登记,应当判定疫情防控对办理产权登记构成实质性障碍,则可在相关防控措施解除日后立即办理,在此情况下无须承担逾期办理产权登记手续的违约责任。

在上述情形下,为防止业主以超过商品房预售合同约定为由向房地产开发企业主张违约责任,房地产开发企业应注意及时向业主发出通知,提供有效证明(如政府停工通知等),说明有关情况并告知延期办理产权登记手续事宜等,必要时采取合理有效的防止损失扩大的措施。

五、小结

依据《商品房销售管理办法》第33条规定:“房地产开发企业应当对所售商品房承担质量保修责任。当事人应当在合同中就保修范围、保修期限、保修责任等内容做出约定。保修期从交付之日起计算。”《房屋建筑工程质量保修办法》第9条规定:“房屋建筑工程在保修期限内出现质量缺陷,建设单位或者房屋建筑所有人应当向施工单位发出保修通知。施工单位接到保修通知后,应当到现场核查情况,在保修书约定的时间内予以保修。发生涉及结构安全或者严重影响使用功能的紧急抢修事故,施工单位接到保修通知后,应当立即到达现场抢修。”以及最高人民法院《关于审理商品房买卖合同纠纷案件适用法律若干问题的解释》第10条规定:“因房屋质量问题严重影响正常居住使用,买受人请求解除合同和

赔偿损失的,应予支持。交付使用的房屋存在质量问题,在保修期内,出卖人应当承担修复责任;出卖人拒绝修复或者在合理期限内拖延修复的,买受人可以自行或者委托他人修复。修复费用及修复期间造成的其他损失由出卖人承担。”

因此疫情对房地产开发企业的影响主要注意以下几方面:

1. 如房地产开发企业因有关政府部门控制疫情而发布的行政措施或行政命令原因(如据此的假期延长、复工迟延等原因)导致无法落实保修工作,应当判定疫情防控对其履行保修义务构成实质性障碍,则可在相关防控措施解除日后安排工作人员进行维修,在此情况下无须承担逾期履行保修义务的违约责任,但需要收集好因此而不能履行合同的有效证明(如政府停工通知等),及时通知业主,并采取诸如委托物业服务企业先行处理等合理有效措施防止损失扩大。

2. 如因为疫情防控需要对房屋区域采取强制隔离等措施而导致房地产开发企业不能够进入小区进行维修,则可以据此主张免除部分或者全部责任,但需要收集好因此而不能履行合同的有效证明(如政府停工通知等),及时通知业主,必要时采取合理有效的防止损失扩大的措施。

3. 如房地产开发企业仅因人员不足或者出行不便而未履行保修义务,则不能够仅以此为由而免责。

以上为对房地产开发企业在项目交付阶段的影响及应对分析,建议立即梳理每个临近或正处于交付阶段的项目的具体情况,提前做好规划并开展好具体工作。

专题二　物业区域内公共设施/用房权属认定法律问题

一、问题的提出

A 公司于 20 世纪 90 年代末将其开发的某住宅小区移交给 B 公司进行物业管理，并将该小区内某处房屋转让给 B 公司抵做管理费用。B 公司于 1998 年办理了该房屋的房地产权证，产权证上登记权利人为 B 公司、所有权性质为全民、房屋类型为公共设施。之后该小区成立了业主委员会。业委会以该房屋的类型登记为公共设施、所有权性质为全民为由，诉至法院，要求确认该房屋应属于业主共有。B 公司则认为，该房屋产权早已登记在自己名下，故应属于 B 公司单独所有。

该案中，案涉房屋产权证上所登记的类型为公共设施，但权利人登记为 B 公司专有，此种矛盾导致双方产生争议①。此种情形下，应如何认定该房屋的权属？为此，笔者结合实务，以相关法律规定和司法裁判实务为分析样本，对物业区域内公共设施/用房权属认定法律问题进行分析，以供参考。

二、法律分析

（一）何为“公共设施”？

本案中所登记的“公共设施”这一概念，其含义在我国法律体系中发生过演变。如 1997 年《上海市居住物业管理条例》中规定：“公共设施，是指物业管理区域内，由业主和使用人共同使用的道路、绿地、停车场库、照明路灯、排水管道、窨

① 由于本案发生于 20 世纪 90 年代，当时的物业、物权法律法规也并不完善，故下述分析主要是在现有法律框架内展开，实际处理案件时，还应首先作法律适用上的分析，本文不对此作过多展开。

井、化粪池、垃圾箱(房)等设施。"之后的《物权法》《物业管理条例》《民法典》中的公共场所、公用设施、共用设施设备等含义与之基本一致,指的是小区等物业管理区域中的共有部位的组成部分。

随着2003年施行的《物业管理条例》使用了"共用设施设备""共用部位"概念后,2004年实施的《上海市住宅物业管理规定》也不再使用"公共设施",开始同样使用"共用设施设备""共用部位"概念。

目前"公共设施"则多指带有市政性质、面向不特定社会大众、服务于整个社会的基础设施设备。如《建筑法》规定的"道路、管线、电力、邮电通讯等公共设施"、《上海市市容环境卫生责任区管理办法》规定的"邮政、供水、供电、电信、交通等公共设施"等。

(二)如何认定共有部位与专有部位?

如上分析,本案中登记上使用的"公共设施"应与《民法典》第274条[①]、《物业管理条例》第27条[②]等规定的"公用设施""共用设施"的概念近似,属于小区的共有部位。而该设施是属于业主共有还是B公司专有,就要进一步区分其属于共有部位还是专有部位。对于二者,可作如下区分:

1. 构造、利用及功能上之区分

关于专有部位,最高人民法院《关于审理建筑物区分所有权纠纷案件适用法律若干问题的解释》(2020)(以下简称《建筑物区分所有权解释》)第2条第1款[③]规定了三个要件:(1)构造上有独立性;(2)利用上有独立性;(3)能登记为特定业主所有。

关于除绿地、道路外的共有部位,《民法典》第274条规定:建筑区划内的其他公共场所、公用设施和物业服务用房,属于业主共有。《建筑物区分所有权解

---

① 《民法典》第274条规定:"建筑区划内的道路,属于业主共有,但是属于城镇公共道路的除外。建筑区划内的绿地,属于业主共有,但是属于城镇公共绿地或者明示属于个人的除外。建筑区划内的其他公共场所、公用设施和物业服务用房,属于业主共有。"

② 《物业管理条例》第27条规定:"业主依法享有的物业共用部位、共用设施设备的所有权或者使用权,建设单位不得擅自处分。"

③ 《关于审理建筑物区分所有权纠纷案件适用法律若干问题的解释》(2020)第2条第1款规定:"建筑区划内符合下列条件的房屋,以及车位、摊位等特定空间,应当认定为民法典第二编第六章所称的专有部分:(一)具有构造上的独立性,能够明确区分;(二)具有利用上的独立性,可以排他使用;(三)能够登记成为特定业主所有权的客体。"

释》第3条[①]进一步采用列举、排除加兜底的方式进行规定,“实质有二:一是不属于专有部分,二是不属于市政公用部分或者其他权利人所有的场所及设施等”[②]。

《中华人民共和国民法典物权编理解与适用(上)》一书也进一步指出:“立法机关最终本着以小区和建筑物最终功能的实现为根本,摒弃优先考虑投资利益的取向,确立了对属于建筑物区分所有权人正常合理使用建筑物所不可或缺的共享部分,认定为业主共有财产的制度安排。”[③]“具体而言,从自然物理属性和功能用途这两个方面来比较,建筑区划内的道路、绿地、其他公共场所、公用设施及物业服务用房在构造及使用上既具有共有部分非独立性的物理属性,同时在功能用途方面也具有作为共有部分对于全体业主而言的公共性及非排他使用性。因此,建筑区划内道路、绿地、其他公共场所、公用设施及物业服务用房,除例外情形外,只要是按照建筑规划建设的,业主即应享有共有权。换言之,本条将建筑区划内的道路、绿地、其他公共场所、公用设施、物业服务用房规定为业主共有的理由,是因为建筑区划内的上述配套设施是整个建筑区划环境配套服务所必需的,也是确保建筑物合理利用正常发挥功能所应当达到的标准和条件。”[④]

2. 登记上之区分

关于专有部位,《建筑物区分所有权解释》规定:“能够登记成为特定业主所有权的客体”[⑤]。

关于共有部位,2016年施行2019年修正的《不动产登记暂行条例实施细则》

---

① 《关于审理建筑物区分所有权纠纷案件适用法律若干问题的解释》(2020)第3条规定:“除法律、行政法规规定的共有部分外,建筑区划内的以下部分,也应当认定为民法典第二编第六章所称的共有部分:(一)建筑物的基础、承重结构、外墙、屋顶等基本结构部分,通道、楼梯、大堂等公共通行部分,消防、公共照明等附属设施、设备,避难层、设备层或者设备间等结构部分;(二)其他不属于业主专有部分,也不属于市政公用部分或者其他权利人所有的场所及设施等。建筑区划内的土地,依法由业主共同享有建设用地使用权,但属于业主专有的整栋建筑物的规划占地或者城镇公共道路、绿地占地除外。”

② 最高人民法院民事审判第一庭编著:《最高人民法院建筑物区分所有权、物业服务司法解释理解与适用》,人民法院出版社2017年版,第68页。

③ 最高人民法院民法典贯彻实施工作领导小组主编:《中华人民共和国民法典物权编理解与适用(上)》,人民法院出版社2020年版,第354页。

④ 最高人民法院民法典贯彻实施工作领导小组主编:《中华人民共和国民法典物权编理解与适用(上)》,人民法院出版社2020年版,第356页。

⑤ 《关于审理建筑物区分所有权纠纷案件适用法律若干问题的解释》(2020)第2条第1款规定:“建筑区划内符合下列条件的房屋,以及车位、摊位等特定空间,应当认定为民法典第二编第六章所称的专有部分:(一)具有构造上的独立性,能够明确区分;(二)具有利用上的独立性,可以排他使用;(三)能够登记成为特定业主所有权的客体。”

第36条也作了类似规定:“办理房屋所有权首次登记时,申请人应当将建筑区划内依法属于业主共有的道路、绿地、其他公共场所、公用设施和物业服务用房及其占用范围内的建设用地使用权一并申请登记为业主共有。业主转让房屋所有权的,其对共有部分享有的权利依法一并转让。”

结合上述规定,本案中,在衡量该设施房屋的权属时,首先应分析其是否具有构造上的独立性,以及使用上的独立性,也即是否为专有部位。如上所述,我国法律对于共有部位的规定的实质之一是“不属于专有部位”。最高人民法院《建筑物区分所有权、物业服务司法解释理解与适用》①指出:“由于法律上没有明确规定会所是否属共有部分,因此解释上应从会所是否是专有部分着手。如果具备专有部分的构成要件,那么就是专有部分。既然如此,就不能将其纳入共有部分的范围。”

如果能够与其他建筑物明确区分、排他使用,加之已经登记为B公司单独所有,则应属于专有部位。但如从功能、用途上看,属于服务于整个物业小区所必需的配套设施,则应属于共有部位。具体可结合小区建筑规划许可证件及附图、初始登记文件,以及具体勘察房屋具体构造和利用予以认定。

三、司法实务裁判梳理

(一)法院在认定某设施/房屋属于专有部位还是共有部位时,往往会结合设施/房屋的建设规划、功能用途等方面进行认定

案例3-2-1　上海市某小区业主委员会与上海某物业有限公司排除妨害纠纷案,上海市宝山区人民法院(2019)沪0113民初15156号民事判决书。

【法院裁判】根据建设工程规划许可证及房屋土地权属调查报告书记载,系争6号、7号地下室规划为半地下自行车库,系公共设施用房,用途为公用服务。虽该地下室面积未进行分摊,但从其规划、登记的功能及公共配套设施类型来看,该部分无法认定为房地产开发企业的专有部分,应属全体业主共有。

---

① 最高人民法院民事审判第一庭编著:《最高人民法院建筑物区分所有权、物业服务司法解释理解与适用》,人民法院出版社2017年版,第72~73页。

案例3-2-2 **上海市某小区业主委员会与上海某实业合作公司业主共有权纠纷上诉案，上海市第二中级人民法院(2016)沪02民终7804号民事判决书。**

【法院裁判】某小区系1985年建造，原系公有房屋，未办理产权登记，鉴于原上海市房屋土地资源管理局在《书面答复意见书》核实系争房屋没有作为共用面积进行分摊，而业委会未能提供证据证明系争房屋规划为小区公共设施以及登记为小区共有部分的证据，鉴于业委会未能提供证据证明系争房屋系小区业主共有，业委会要求某公司搬离的诉讼请求，法院不予支持。

案例3-2-3 **陈某、刘某等与嘉定区江桥镇某村村民委员会、上海某物业管理有限公司建筑物区分所有权纠纷案，上海市第二中级人民法院(2020)沪02民终1658号民事判决书。**

【法院裁判】陈某一方及某村委会均是该小区业主，游泳池位于小区公共区域，并未登记在小区业主个人名下，应当属于全体业主共有。小区业主大会和业主委员会应履行起相应职责，管理好公共设施设备，维护小区全体业主的合法权益。

(二)在界定公用设施的范围时，部分法院认为，应限于对业主实现住宅的居住不可缺少的设施

案例3-2-4 **福州市台江区某小区业主委员会、福建某地产有限公司物权确认纠纷案，福建省高级人民法院(2019)闽民终773号民事判决书。**

【法院裁判】《物权法》第73条规定，建筑区划内的其他公共场所、公用设施和物业服务用房，属于业主共有。此处所称“其他公共场所、公共设施”主要是指业主实现对住宅的居住不可缺少的，按照小区规划配套服务所必需的排水系统、配电房、天然气管道、小区出入口、路灯、沟渠、围墙等具有法定共有性质的公共场所和公用设施。本案讼争的7#楼及附属设施(下沉式游泳池)，就其功能而言具备一定的公共使用性，但并不具有实现对住宅的居住不可缺少的，按照小区规划配套服务所必需的性质，相关的物权法律对此也没有明确规定。因此，不能仅以其具有一定的公共使用功能就当然认定必然归全体业主共有。

从该案中，可看出在认定某设施是否为共有部位时，法院还会进一步从业主实现对住宅的居住具有不可缺少性进行考虑，也与前文所述《中华人民共和国民

法典物权编理解与适用》中“确立了对属于建筑物区分所有权人正常合理使用建筑物所不可或缺的共享部分”之观点相一致。最高人民法院《建筑物区分所有权、物业服务司法解释理解与适用》[①]也指出:“如果将会所从法律上确定为业主共有,对业主不一定有利。例如,不少小区的会所都有游泳池,游泳池的养护费用是很大的。如果让业主再来分摊养护费用,很可能无法筹集,从而使会所的功能丧失。”

四、小结

对于共有部分和专有部分进行区分的主要认定因素为是否有构造、利用、功能上的独立性及是否能登记为业主专有。而司法实务中当出现权属争议时法院往往会结合设施/房屋的建设规划、功能用途等方面进行认定。但亦存在法院认为公用设施的含义应限于对业主实现住宅的居住不可缺少的设施的范畴。

从【案例3-2-3】【案例3-2-4】可看出,同样为小区游泳池,但法院作出了相反的认定。这也说明在认定共有部位时,要综合考虑构造、利用、功能等各方面因素,在缺乏规划、登记等支持的情况下,在认定时也存在一定的主观裁量空间。

---

① 最高人民法院民事审判第一庭编著:《最高人民法院建筑物区分所有权、物业服务司法解释理解与适用》,人民法院出版社2017年版,第72页。

专题三　房地产项目公司注销与购房人产证办理的相关法律问题

一、问题的提出

房地产项目公司（以下简称项目公司）注销时，由于受国家限购政策、购房主体资格变化等因素影响，仍有部分购房人的产证尚未办理，那么此时项目公司的注销将涉及哪些法律问题？司法实务中对类似问题如何处理？

为此，笔者结合实务，以相关法律规定和司法裁判实务为分析样本，对房地产项目公司注销与购房人产证办理的相关法律问题进行梳理和分析，以供参考。

二、项目公司注销时仍有部分购房人未办理产证所引发的法律问题

项目公司是为某一特定项目而成立的，负责该项目的开发和销售，当项目全部开发、销售完毕后，便没有存续的必要。在此情形下，其继受人往往会前往工商局办理公司注销手续。

受国家政策及其他原因的影响，项目公司在注销时可能存在购房人未办理产证的，常见情况及分析如下：

（一）购房人先前无购房资格，项目公司注销后具备购房资格

如项目公司与购房人签订的房屋买卖合同系双方真实意思表示，合法有效，当事人应恪守并全面履行。购房人在查询该注销的公司的继受人后，可以要求其继受人办理过户手续。如项目公司注销后，继受人即使愿意但实际上无法配合的，购房人需考虑通过起诉继受人确权以达到过户的目的。

（二）购房人在签约时有购房资格，签约后因政策调整不具备购房资格

1. 如房屋尚未办理初始登记证，可在项目公司注销前至不动产登记部门办理合同变更手续，更换买受方。但如果初始登记证已办理，则从实务角度出发，可能需考虑变更买受方的方案，需历经先解除原合同，再签订新的买卖合同两步

骤，当然无论哪种方式都需要项目公司配合办理。

2. 鉴于在签署买卖合同时购房人有购房资格，如项目公司无法或不愿意按照上述方式配合购房人办理产证的，则对于购房人而言有下列两种方式：(1)至满足购房资格时直接办理产证，但该方式一般需要在项目公司注销前。(2)起诉至法院请求确权，待其满足购房要求时，直接凭借法院的协助执行通知书等在不动产登记部门办理产权登记。

（三）购房人签约时无购房资格，直至项目公司注销后也无购房资格

该类情况要结合实时政策、销售情况加以确认，即要判断项目公司在出售房屋时是否具有告知义务或是否尽到了相应责任等。如果项目公司未履行相应义务或不当履行义务，购房人主张责任的，不排除项目公司承担部分责任的可能性。因个案差异较大，需认定的事项多样，因此要进行具体案例区分，包括购房人在购房后是否及时、多次主张，是否交房及诉讼时效的经过情况等。

三、司法裁判实务梳理

（一）项目公司注销之后，对于尚未办证的购房人，法律上支持其起诉已注销的项目公司的继受人办理过户手续

案例3-3-1　陈某与上海某置业有限公司、上海某房地产开发有限公司等商品房销售合同纠纷案，上海市宝山区人民法院(2020)沪0113民初3750号民事判决书。

【法院裁判】本案中某房地产公司已注销，其权利义务由某置业公司、某房地产公司、孙某继受。现陈某已符合购房资格，其要求将系争房屋及车位过户至其名下符合合同约定，某房地产公司、孙某亦同意配合陈某过户，故本院对陈某要求将系争房屋及车位过户至其名下的诉讼请求予以支持。

（二）购房人在购房时不符合限购政策，但后续限购因素消失（一般为社保年限满足），如双方同意继续办证，则房地产开发企业应予以办证，不得解除买卖合同

案例3-3-2　韩某、黄某与上海某置业发展有限公司商品房预售合同纠纷案，上海市嘉定区人民法院(2019)沪0114民初6079号民事判决书。

【法院裁判】原、被告签订的《上海市商品房预售合同》系双方当事人的真实

意思表示，且不违反法律、行政法规的强制性规定，应属合法有效，双方均应按约履行。合同签订后，韩某、黄某按约支付了全部的购房款，某置业公司已于2014年2月22日将房屋实际交付韩某、黄某，韩某、黄某对系争房屋进行装修后实际居住至今。合同约定双方办理产权证的时间为签署房屋交接书之日起90日内。经查，双方于2014年2月22日办理了房屋交接手续、实际交付了房屋，此时，原告方具备本市购房资格，且某置业公司亦通知了原告办理产权登记，愿意配合办证。结合两原告当前亦已符合本市最新购房政策规定的条件，且某置业公司至今并未主张过解除合同，该合同应以继续履行为宜，韩某、黄某主张某置业公司协助其办理过户手续，本院予以支持。

案例3-3-3　凌某与上海某房地产有限公司房屋买卖合同纠纷案，上海市奉贤区人民法院（2020）沪0120民初1596号民事判决书。

【法院裁判】双方在签订《上海市商品房预售合同》时，原告在本市的社保未缴满2年，不符合外省市人员在本市购房的政策。2016年3月房屋交接后，因本市的限购政策又进行了调整，原告仍不能办理产权过户手续。至2018年年底，原告要求协助办理产权过户手续，被告则予拒绝，故原告诉至本院。原、被告签订了《上海市商品房预售合同》，合同已成立，原告作为买受方，履行了付款的主要义务，被告作为出卖方亦履行了实物交付的主要义务，现原告在本市连续缴纳社保满5年，其作为非本市户籍人员已符合上海市的购房政策，被告亦应履行权利交付的义务，即应协助原告办理产权过户手续，故对原告的诉请予以支持。

从上海地区的司法案例检索情况来看，对于购房人本身因限购无法过户、后限购因素消失可以过户的情形，购房人通常仅诉请办理产证，而未要求项目公司支付违约金，较少见购房人要求房地产开发企业承担违约责任的诉请。

上海地区司法实务中尚未查见因项目公司的原因导致未办证的案例，但从理论上来说，如果是因为项目公司逾期办证导致购房人由“非限购”变为“限购”，项目公司应承担相应责任，如按照买卖合同约定承担逾期办证的违约责任。

（三）购房人在购房时不符合限购政策导致合同无法继续履行应予解除的，项目公司如因未能尽到购房资格审查义务，则需承担相应责任，如购房款的占用利息等

案例3-3-4 **刘某、申某与上海某置业有限公司商品房预售合同纠纷案，上海市松江区人民法院（2019）沪0117民初8512号民事判决书。**

【法院裁判】原告的社保缴纳情况显然不符合购房政策，被告亦未尽相关资料的审慎审核义务，故双方对于合同履行期间（2015年1月19日至2016年6月12日）的房款利息损失均应承担一定的责任。本院根据合同履行情况、双方过错程度，酌情被告应按中国人民银行同期贷款利率赔偿原告2015年1月19日至2016年6月12日的利息损失的40%。

案例3-3-5 **上海某置业有限公司与葛某房屋买卖合同纠纷案，上海市第二中级人民法院（2020）沪02民终767号民事判决书。**

【法院裁判】本案双方当事人在签署定购协议时对于购房人葛某无购房资格一事均系明知，其行为均有不当。葛某在与某置业公司签署订购协议时，是一个未满20周岁的非本市户籍人员，未届法定婚龄，亦不可能满足在本市缴满5年社保的要求。某置业作为一家专业的房地产公司，理应明知葛某不具备购房资格且在较长的一段时间内都不能具备购房资格。在此情况下，某置业仍与葛某签署定购协议，并收取全额房款的行为，明显不当。在双方最终不能完成交易的情况下，如某置业能够完全享有因长期占有数额较大的房款所带来的利益，无异于鼓励房地产公司继续进行此类不当操作。基于此，一审法院考虑到出售方在交易不成的情况下长期占有数额较大的房款确实对买受方造成了经济损失，有悖于民事活动的公平合理原则，故酌情判令出售方支付相应的孳息，较为合理，本院予以认同。

从上海地区的司法实务情况来看，因购房人存在限购因素导致项目公司承担责任的情形多发生在买卖合同无法继续履行、应予解除的案例中。法院一般认为项目公司作为专业房产公司，对于购房人是否具备购房资格应尽到审查义务。项目公司明知购房人系限购仍向其销售房屋的，则对于合同无法履行存在过错，应承担相应责任，一般为支付购房款的占用利息损失。

在上述第2种、第3种情形中，如在纠纷发生前项目公司已注销的，则应由

项目公司的继受人承担相应的赔偿责任。

四、小结

拟注销项目公司的,应按照法律规定完成合法的清算、注销程序,完成对存续期间发生债务的清偿。如项目公司在注销前仍有债权债务关系未处理完毕,则项目公司的继受人、其他对项目公司负有清算责任的清算主体等仍不可避免承担相应责任的风险。

为防范相关风险,建议在注销项目过程中,主要考虑以下几个方面:

1. 决定注销项目公司前,应重点详细梳理核对尚未办理产证的购房人未办理产证的情况以及原因,并就未办证的情况进行分类,及时就办证情况与购房人进行协商、沟通。

2. 对于符合办证要求但怠于办证的购房人,应及时督促购房人办证,并配合完成办理产证的各项手续。即便有购房人基于节省税费等考虑而不予配合的,也应做好相应的通知、催告工作。

3. 对于暂时无法办证的购房人,则建议将拟注销项目公司的情况与购房人进行披露,并就办证事宜进行协商,如有替代方式可解决的(如更换买受方等),可与购房人共同配合完成办证事宜。

4. 对于解决成本较高或确实无法办证的购房人,建议项目公司提前与当地不动产登记主管部门及购房人充分沟通。如与主管部门沟通将项目公司配合购房人办理产证所需的相关材料(如初始产权登记证、建筑面积测绘文件等)提前备案至登记部门,购房人可待符合办证条件时直接前往不动产登记部门办理产权证,项目公司注销后,仍建议项目公司的继受人等密切关注各购房人的办证情况。

5. 如前分析,对于购房人在签订买卖合同时即不具备购房资格导致买卖合同需解除的,项目公司作为房地产开发企业可能会因未尽到购房资格审查义务而归责,如有此类情形,建议项目公司及时与购房人协商处理办法,以减轻损失,也避免在注销过程中因存在上述未决事宜或诉讼等影响注销进程。

专题四　商品房质量与购房人救济主张的法律问题

一、问题的提出

某房地产开发企业开发建设的房屋为精装交付。购房人以房屋地暖存在质量问题为由拒绝收房,并主张逾期交房的违约责任。如买卖合同中明确约定:“买受方不得以除主体结构以外的质量问题或不影响正常居住使用的质量问题拒绝收房。”那么,该购房人是否有权拒绝收房?关于买卖合同中的上述部分排除买受方权利的约定,法院会如何认定?如法院认定购房人不得拒绝交房的,因地暖质量问题带来的纠纷如何处理?

为此,笔者结合实务,以相关法律规定和司法裁判实务为分析样本,对商品房质量与购房人救济主张所涉及的相关法律问题进行梳理和分析,以供参考。

二、法律分析

《民法典》第 577 条规定:“当事人一方不履行合同义务或者履行合同义务不符合约定的,应当承担继续履行、采取补救措施或者赔偿损失等违约责任。”

《民法典》第 610 条规定:“因标的物质量不符合质量要求,致使不能实现合同目的的,买受人可以拒绝接受标的物或者解除合同。买受人拒绝接受标的物或者解除合同的,标的物毁损、灭失的风险由出卖人承担。”

《商品房买卖合同司法解释》第 9 条规定:“因房屋主体结构质量不合格不能交付使用,或者房屋交付使用后,房屋主体结构质量经核验确属不合格,买受人请求解除合同和赔偿损失的,应予支持。”

《商品房买卖合同司法解释》第 10 条规定:“因房屋质量问题严重影响正常居住使用,买受人请求解除合同和赔偿损失的,应予支持。交付使用的房屋存在质量问题,在保修期内,出卖人应当承担修复责任;出卖人拒绝修复或者在合理期限内拖延修复的,买受人可以自行或者委托他人修复。修复费用及修复期间造成的其他损失由出卖人承担。”

根据上述法律法规可见,买受方可以拒绝接收房屋的情形有以下两种:(1)房屋主体结构质量不合格;(2)房屋质量问题严重影响正常居住使用。

三、司法裁判实务梳理

(一)房地产开发企业在合同中约定部分排除买受方权利的条款,法院一般会根据意思自治原则,认定其效力

1. 如合同中约定买受方不得以除主体结构以外的质量问题或者不影响正常居住使用的质量问题拒绝收房,买受方因非主体结构质量问题拒绝收房并要求房地产开发企业承担逾期交房责任的,法院一般不予支持。

其中,对于“不影响正常居住使用的质量问题”的认定,法院一般还是从严,以“不涉及主体承重结构安全的质量问题即为不影响房屋正常使用的质量问题”作为认定标准。

案例3-4-1 **上海某房地产发展有限公司商品房预售合同纠纷案,上海市浦东新区人民法院(2015)浦民一(民)初字第12719号民事判决书。**

【法院裁判】根据合同及双方约定,除房屋主体结构质量问题外,原告不得以该房屋存在质量问题为由拒绝接受交付。本案中,原、被告于2014年9月24日对系争房屋进行了验收,并对尚存的质量瑕疵问题进行了记录,但现有证据显示,双方争议的质量瑕疵并非主体结构质量问题,且系争房屋已符合新建住宅交付条件,原告拒绝接收房屋没有合同依据和法律依据,故被告只需承担至该日止的逾期交房违约金。

案例3-4-2 **刘某诉上海某房地产有限公司商品房销售合同纠纷案,上海市第一中级人民法院(2017)沪01民终10197号民事判决书。**

【法院裁判】对于某房地产公司是否应承担逾期交付房屋的违约责任,一审法院认为,首先,系争房屋符合交付使用条件。系争房屋已取得新建住宅交付使用许可证,《出售合同》签订后,系争房屋于2013年12月24日已过户登记至刘

某名下。其次,刘某与房地产公司双方已办理了交付手续。房地产公司按约应于刘某付清房款之日起30天内交付房屋,虽然房地产公司未能证明其已向刘某发出交房的书面通知,但房地产公司已委托其物业公司于2014年1月25日与刘某办理验房手续,并向刘某交付了质量保证书和住宅使用说明书等文件,根据合同补充条款一的约定,买方不得以在验房中发现除主体结构质量问题以外的质量问题作为拒收房屋的理由。故一审法院认为,刘某与房地产公司双方在约定期限内办理了交付房屋的手续,刘某请求房地产公司承担逾期交房违约金,缺乏合同和法律依据,一审法院不予支持。

案例3-4-3　樊某与某公司商品房预售合同纠纷案,上海市第一中级人民法院(2012)沪一中民二(民)终字第2200号民事判决书。

【法院裁判】对于房屋质量问题,经上海市建筑科学研究院房屋质量检测站进行鉴定,房屋存在地坪空鼓、阳台倒泛水和积水、阳台渗漏、墙面裂缝和空鼓、窗框与墙体结合处渗水等情况,鉴定单位认为系施工质量问题,不涉及主体承重结构安全,检测过程中也未发现承重构件有明显裂缝和变形情况。法院认为,上述质量问题非主体结构问题和严重影响房屋正常使用的情况,某公司应承担保修的义务。

2. 如合同中约定商品房有明显质量瑕疵时买受方有权拒绝收房并可向房地产开发企业主张逾期交房责任,法院一般会将"明显质量瑕疵"严格限定在房屋主体结构不合格或严重影响正常居住使用的房屋质量缺陷的范畴内。

案例3-4-4　赵某、金某商品房销售合同纠纷案,湖北省高级人民法院(2017)鄂民再265号民事判决书。

【法院裁判】本案双方当事人在合同中约定,当商品房质量有明显缺陷时,赵某、金某有权拒收房屋并要求某投资公司承担延期交房责任。由于该条款约定的违约责任较高,为防止购房者滥用房屋拒收权,保证合同双方当事人权责义务相对等,此处的"质量有明显缺陷"应限定为房屋主体结构不合格或严重影响到购房人正常居住使用的房屋质量缺陷,而并非一般质量瑕疵。虽然原审查明涉讼房屋存在楼板厚度超标、户型不符、安全玻璃并非双层的情形,但上述质量瑕疵尚未达到影响赵某、金某正常居住的程度,赵某、金某可在受领房屋后要求某投资公司进行修缮、更换及重做,但不能以此为由拒绝收房,二审法院因此驳回赵某、金某要求某投资公司承担延期交房责任的诉讼请求,适用法律并无不当。

(二)如房屋存在如本案地暖这种主体结构以外的一般质量问题,买受方因此拒绝收房并向房地产开发企业主张逾期交房责任,法院一般不予支持,但可能会进行如下处理:

1. 如出现的质量问题属于保修、维修范围,买受方要求房地产开发企业承担对房屋进行修复的瑕疵担保责任的,法院一般予以支持。

案例3-4-5　郑某与北海市某房地产开发有限公司商品房预售合同纠纷案,北海市中级人民法院(2019)桂05民终994号民事判决书。

【法院裁判】商品房的建造开发系一项浩繁的工程,在主要依靠人工建造的现有技术条件下,存在一定的瑕疵在所难免,如不区分质量瑕疵之轻重,买受人皆可凭此拒绝收房甚至解除合同,显致房地产开发企业负担过重,亦不利于交易秩序之稳定。又根据《合同法》第148条及最高人民法院《关于审理商品房买卖合同纠纷案件适用法律若干问题的解释》第12条、第13条之规定,因房屋主体结构质量不合格,或房屋质量问题严重影响正常居住使用,致房屋买卖合同目的无法实现的,买受人可以拒绝接受房屋或解除合同。以上法条作进一步解释亦表明,在交付房屋不存在影响合同目的实现的质量瑕疵的情形下,买受人不得拒绝受领或要求解除合同。换言之,买受人在质量瑕疵尚未影响其正常居住的情况下,可请求房地产开发企业承担瑕疵担保责任,但不能仅以此为由径行拒收房屋。具体到本案,依商品房验收交接单所载及某公司庭审认可,涉案房屋于2016年9月12日即郑某现场验收时确实存在门边破损、局部渗水等问题,但该问题仍处于可予修复完善之范围内,一审法院委托的评估鉴定机构经现场勘验,亦反馈修复处已无渗水现象,故本院认为,以上质量问题尚未至影响房屋买卖合同目的实现之严重程度,系为质量瑕疵,郑某据此可要求某公司承担修复等违约责任,但以之为由而拒收房屋,诚非妥适,本院不予支持。

2. 如出现的质量问题属于保修、维修范围,房地产开发企业对房屋进行修复过程中对买受方造成损失(如租金损失等),买受方要求房地产开发企业进行赔偿的,法院一般也予以支持。

案例3-4-6 陈某与上海某房地产开发有限公司房屋买卖合同纠纷案,上海市杨浦区人民法院(2018)沪0110民初25477号民事判决书。

【法院裁判】原告现以被告未实际交付房屋为由,主张逾期交房违约金缺乏事实和法律依据。系争房屋在使用中出现的质量问题如属保修、维修范围的,应由被告履行保修、维修义务,维修完毕后因房屋质量问题所导致的实际损失,原告可提出赔偿主张。现因房屋地暖问题双方已进行多次协商沟通,被告亦对地暖及附属设施进行了维修和更换,被告在出具给原告的维修协议书中明确了双方的争议范围和被告的赔偿范围和具体金额,此后被告反悔并推翻原承诺。现原告诉讼主张的损失范围及赔偿金额依据不足,本院根据被告在《维修协议书》中确认的赔偿范围和金额予以酌定原告的实际损失和赔偿金额。

案例3-4-7 某公司与陈某商品房预售合同纠纷案,上海市第一中级人民法院(2012)沪一中民二(民)终字第862号民事判决书。

【法院裁判】根据双方签订的上海市商品房预售合同补充条款第10条"该房屋以现况交付,如存在局部位置或装修质量瑕疵(主体结构不合格的除外),不影响该房屋的交付,双方应按本合同约定及时办理该房屋交接手续。甲方应承担保修责任并承诺在合理期限内完成上述整改工作"的约定及合同其他条款的约定,被上诉人应当举证证明系争房屋渗漏水现象属于主体结构不合格,而非仅存在局部位置或装修质量瑕疵。直至原审判决认定的被上诉人应当收房的2010年3月12日,被上诉人仍未能完成上述举证责任。而原审法院审理中经委托上海房屋质量检测站进行检测后出具的鉴定意见书,亦仅明确房屋存在的质量问题,均属非主体结构质量瑕疵,因此,被上诉人应当承担未能举证证明系争房屋存在主体结构质量瑕疵的不利后果。但系争房屋存在渗漏水现象是不争的事实,亦是导致被上诉人不予收房、不能实际使用并出租系争房屋的客观原因,为此,上诉人应当承担质量瑕疵履行的责任。综合上述不同的租金价格,本院酌定上诉人按每月30,000元的租金标准赔偿被上诉人相应损失。原审认定某公司逾期交房并作出其应承担逾期交房违约责任的判决,缺乏依据,本院予以纠正。

四、小结

如合同中约定买受方不得以除主体结构以外的质量问题或不影响正常居住

使用的质量问题拒绝收房,或者仅约定有明显质量瑕疵时买受方可以拒绝收房,此时如发生主体结构不合格或严重影响正常居住使用的房屋质量缺陷以外的一般质量问题,法院一般不支持买受方要求房地产开发企业承担逾期交房责任的主张,但法院可能会支持买受方要求房地产开发企业对质量问题进行修复并对由此产生的损失进行赔偿的主张。

即使没有上述约定,由于一般质量瑕疵尚未影响合同目的之实现,法院也往往认为尚未达到解除合同的程度,但买受方可主张相应的维修及损失赔偿责任。

专题五　房屋存在质量问题时房地产开发企业维修责任认定法律问题

一、问题的提出

一小区房屋交付至今已逾十年。根据房地产开发企业与购房人签订的《住宅房屋质量保证书》约定，屋面防水工程、有防水要求的卫生间和外墙面的防渗漏保修期为五年。此时，如因房屋质量问题出现漏水，房地产开发企业是否仍应当承担维修责任？

笔者认为，对于确实存在质量问题的房屋，维修责任的认定与此时房屋是否已经过保修期、房地产开发企业是否应当承担相应的维修责任、该质量问题的成因，以及其对于该房屋既往的维修情况密切相关。该质量问题是否为结构性问题、如为非结构性问题那么产生的原因、在保修期内是否进行过维修以及是否修好，均会导致此情形下对维修责任认定的不同。

为此，笔者结合实务，以相关法律规定和司法裁判实务为分析样本，对房屋存在质量问题时房地产开发企业维修责任认定所涉及的相关法律问题进行梳理和分析，以供参考。

二、司法裁判实务梳理

（一）如该质量问题为结构性问题，则房地产开发企业应当承担相应维修责任

在司法实务中，双方在无法确定质量问题的成因时，一般可以选择通过鉴定的方式进行明确。在鉴定中，鉴定机构会对房屋出现漏水等质量问题的成因进行检测，并出具相应的鉴定意见。如鉴定结果确认了该房屋存在结构性缺陷的，此类房屋的漏水问题不属于住宅房屋质量保证书中约定的屋面防水工程、有防

水要求的卫生间和外墙面的防渗漏保修期为五年的范围，而应当属于主体结构有问题，应在合理使用寿命所限内承担保修的范围，房地产开发企业应对主体结构造成的漏水问题承担维修责任。

案例3－5－1 上海某房地产开发有限公司与杨某1、岑某、杨某2商品房预售合同纠纷案，上海市第二中级人民法院(2016)沪02民终5093号民事判决书。

【法院裁判】原审法院依法委托上海市房屋建筑设计院有限公司进行鉴定，并出具司法鉴定意见书，鉴定意见为：经检测，系争房屋存在地下室和上部结构多处区域渗漏、外墙保温层厚度不满足设计要求、局部楼板底部钢筋裸露、部分填充墙界面开裂的施工质量问题。其中，局部楼板底部钢筋裸露属于涉及结构构件施工缺陷的质量问题。原审法院认为，鉴于系争房屋存在渗漏、外墙保温层厚度不满足设计要求、局部楼板底部钢筋裸露等质量问题，且还涉及构件施工缺陷，某房地产公司至今未予以修复，故对某房地产公司主张的超过质保期和诉讼时效的抗辩意见不予采信。

(二)如该质量问题属于房屋非结构性问题的，则应进一步根据产生该质量问题的原因及房地产开发企业相应的维修情况判断其后续维修责任

1. 如该质量问题为因装修施工而产生的，则不受相应质保期的约束，房地产开发企业应对此承担维修及赔偿责任。

如质量问题产生于装修施工过程中，即在房屋交付时已存在，属于施工不当产生的隐患，与施工质量合格后交付的房屋在质保期内产生问题不同，不是房屋在正常使用情况下的自然老化和损坏，因此法院一般认为房地产开发企业应对此承担维修责任，而不能以已经过保修期作为抗辩的理由。

案例3－5－2 陶某1、陶某2与上海某房地产开发有限公司商品房预售合同纠纷案，上海市宝山区人民法院(2020)沪0113民初5691号民事判决书。

【法院裁判】上海市房屋建筑设计院有限公司于2019年4月25日出具了司法鉴定意见书，鉴定意见为：1101室房屋屋面防水层下积水、屋面防水等施工质量多项不符合设计及规范要求；1101室房屋主卧、次卧、餐厅、阳台存在顶板或墙面损坏、其损坏与屋面防水失效及设置等不符合要求存在因果关系。

上海市房屋建筑设计院有限公司还出具了1101室房屋墙面、顶板损坏修复费用估算书,估算书载明,依据司法鉴定意见书估算的修复费用为6959.96元。

本院认为,屋面防水工程、外墙面防渗漏在房屋正常使用的情况下,保修期为5年。但1101室房屋屋面防水层下积水、屋面防水等系由于施工质量多项不符合设计及规范要求造成,并非在正常使用的情况下自然老旧损坏,且经鉴定1101室房屋主卧、次卧、餐厅、阳台顶板或墙面损坏与屋面防水失效及设置等不符合要求存在因果关系,故某房地产开发有限公司应对此造成的后果承担责任。

案例3-5-3 **上海某置地有限公司与桂某商品房预售合同纠纷案,上海市第二中级人民法院(2020)沪02民终9804号民事判决书。**

【法院裁判】上述鉴定意见明确认定了空鼓、开裂地砖等6项施工质量问题,相关问题均产生于装修施工过程中,即因施工不当产生的隐患在房屋交付时已存在,由此产生的地砖、天花开裂等问题系在房屋使用过程中逐渐暴露并不断加重,故不同于施工质量合格的装修工程在质保期内产生问题的维修,某置地有限公司无权以质保期作为抗辩事由。

2.如该质量问题并非在装修施工中产生,但房地产开发企业在质保期内未进行维修或未能修好,应承担维修及赔偿责任。

在质保期内,对于存在质量问题的房屋,房地产开发企业进行维修但未能完全修好,或无证据证明其已提供合格维修服务的,即使该质量问题无法查清是否为交付时即存在,也不应认为该质量问题已过保修期,房地产开发企业仍应承担维修及赔偿责任。在司法实务中,也可以通过鉴定判断房地产开发企业是否对系争房屋进行过维修。

案例3-5-4 **王某与上海某房地产开发有限公司商品房预售合同纠纷案,上海市第二中级人民法院(2020)沪02民终10985号民事判决书。**

【法院裁判】上海市房屋建筑设计院有限公司出具上房院(2020)建鉴字第1053号鉴定意见书,意见书内容为:外立面,(1)房屋北立面的一至二层外墙及采光井处有涂刷防水涂料的维修痕迹。(2)房屋东立面的一至二层外墙有涂刷防水涂料的维修痕迹。(3)房屋南立面的一至二层外墙有涂刷防水涂料的维修痕迹。

经查,上海某房地产开发有限公司交付的房屋存在质量问题,虽曾进行维修,但未完全修复,房屋的质量问题对王某居住使用系争房屋造成影响。一审根据本案实际情况,结合鉴定意见书,酌情确定上海某房地产开发有限公司赔偿王某8000元,金额尚属合理。

案例3-5-5　上海某有限公司与王某商品房预售合同纠纷案,上海市第二中级人民法院(2020)沪02民终10202号民事判决书。

【法院裁判】王某在居住、使用系争房屋期间,系争房屋出现了门套开裂、厨房水槽生锈、燃气灶生锈等问题,王某报修后,某公司虽然派人上门查看,但并未提供后续跟踪服务记录,其维修服务确有瑕疵。王某在双方有争议的情况下,擅自更换了木门、水槽和燃气灶,导致无法查清质量问题原因以及所需修复的费用。但鉴于系争房屋存在上述质量问题对王某占有、使用房屋确有影响,一审法院酌情确定维修损失为10,000元尚属合理。

3. 如该质量问题并非在装修施工中产生,但购房人在质保期内未报修的,房地产开发企业一般不承担责任。

当购房人在保修期内未报修或没有证据证明其报修过,且是非结构性缺陷造成房屋出现质量问题的,司法实务中,法院一般认为房地产开发企业不负有对系争房屋进行免费修复的义务,因此支持房地产开发企业以保修期经过予以抗辩,不支持购房人要求其承担维修责任并予以赔偿的请求。

案例3-5-6　沈某与上海某房地产开发有限公司房屋买卖合同纠纷案,上海市第二中级人民法院(2021)沪02民终842号民事判决书。

【法院裁判】至于沈某主张的系争房屋南侧外墙大理石开裂的问题,大理石系外墙装饰,不属于主体结构,根据质量保证书的约定保修期为2年,沈某报修时已超过保修期,故其要求某房地产开发有限公司更换修复缺乏依据,法院不予支持。

案例3-5-7　王某与上海某投资有限公司商品房预售合同纠纷案,上海市第一中级人民法院(2018)沪01民终889号民事判决书。

【法院裁判】关于被上诉人是否负有修复义务的争议,房地产开发企业在房屋保修期内对房屋质量负有法定的保修义务,超过保修期的,不再负有免费修复义务。根据本案查明的事实,系争房屋的保修期至2015年2月2日届满。因此,上诉人于2017年9月7日向一审法院起诉要求被上诉人修复,显然已经超过保修期,被上诉人不再负有修复义务。

(三)如房地产开发企业在质保期经过后对房屋进行维修,法院一般不支持重新计算保修期

实务中,也有购房人提出要求房地产开发企业在对房屋进行维修后,对维修部分重新计算保修期的诉讼请求。法院一般认为,在双方合同约定房屋保修期自房屋交付之日起算的情况下,要求重新计算保修期缺乏事实和法律依据。

案例3-5-8 **上海某置地有限公司与桂某商品房预售合同纠纷案,上海市第二中级人民法院(2020)沪02民终9804号民事判决书。**

【法院裁判】上海某置地有限公司自愿承担因地暖鉴定产生的装修费3800元,法院予以确认。保修期依约应从房屋交付之日起算,桂某主张重新维修后的项目应重新计算保修期,缺乏事实和法律依据,法院不予支持。

案例3-5-9 **上海某置业有限公司与朱某房屋买卖合同纠纷案,上海市第二中级人民法院(2018)沪02民终1691号民事判决书。**

【法院裁判】关于朱某主张装修保质期重新计算的问题,根据双方合同约定上海某置业有限公司应于2014年9月30日交房,但上海某置业有限公司通知朱某于2014年9月22日交房,朱某因房屋装修质量而未接受房屋,鉴于上海某置业有限公司交付的房屋装修瑕疵,不属于主体结构问题,故应视上海某置业有限公司通知交房日为房屋交付之日。根据合同约定,房屋装修部分的保修期自该日起计算为两年。法律法规或合同中并未约定因质量瑕疵的原因保质期可重新计算,故朱某要求装修保质期重新计算的诉请,法院不予支持。

三、小结

笔者对房地产开发企业在不同质量问题情形下的维修责任总结如图3-5-1所示,主要还应综合判断该质量问题是否为结构性问题以及形成的时间等因素。

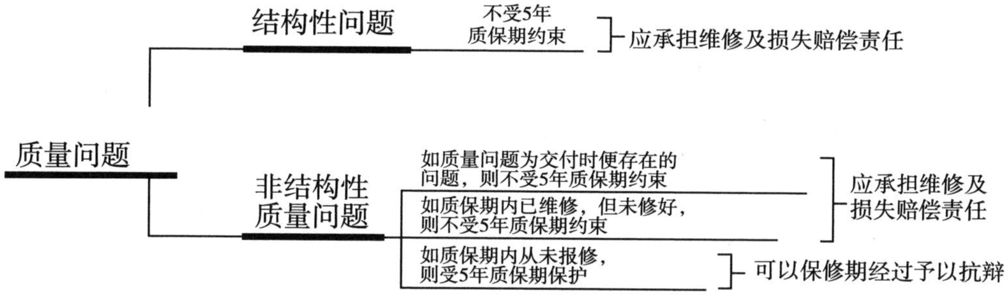

图 3-5-1　房地产开发企业在不同质量问题情形下的维修责任总结

专题六　公共区域过保修期但业主委员会尚未成立时物业维修责任法律问题

一、问题的提出

某房地产开发企业开发的一个住宅项目的公共区域已过保修期，但该区域在业主委员会成立之前遗留下了质量问题。以上海地区为例，该项目的业主代表依据《上海市住宅物业管理规定》第71条①，要求房地产开发企业承担相应的物业维修责任。作为建设单位，在物业区域/部位过保修期的情况下，是否应当对业主委员会成立之前遗留的质量问题承担物业维修责任？

为此，笔者结合实务，以相关法律规定和司法裁判实务为分析样本，对公共区域过保修期但业主委员会尚未成立时物业维修责任所涉及的相关法律问题进行梳理和分析，以供参考。

二、法律分析

1.关于《上海市住宅物业管理规定》第71条的条文解读

业主代表据以主张维修责任的《上海市住宅物业管理规定》第71条规定为该条第1款："建设单位未按照规定提出成立业主大会书面报告前，专项维修资金不得动用，住宅共用部位、共用设施设备需要维修、更新和改造的，应当由建设

---

① 2020年《上海市住宅物业管理规定》（上海市人民代表大会常务委员会公告第60号）第71条规定："建设单位未按照规定提出成立业主大会书面报告前，专项维修资金不得动用，住宅共用部位、共用设施设备需要维修、更新和改造的，应当由建设单位承担物业维修责任。建设单位已经按照规定提出成立业主大会的书面报告但业主大会尚未成立期间，需要动用专项维修资金的，物业服务企业应当提出维修实施方案，由物业所在地的居民委员会或者村民委员会组织征询业主意见，经全体共用部分业主依法讨论通过后，由物业服务企业组织实施。仅涉及部分共用部分的，可以提交涉及共用部分的业主依法讨论通过。维修费用经市房屋行政管理部门指定的中介机构审价后，在专项维修资金中列支。"

单位承担物业维修责任。”根据该条，建设单位负有按照规定提交报送成立业主大会资料的义务，如果建设单位未履行该报送资料义务，则在业主大会成立之前建设单位对住宅共用部分负有维修责任。

该“按照规定”中的“规定”实际指住建部发布的《业主大会和业主委员会指导规则》第 8 条[①]，该条规定了建设单位应当及时报送筹备首次业主大会会议所需的资料文件。《上海市住宅物业管理规定》第 71 条中的维修责任实为建设单位未按照规定报送成立业主大会的资料的违法后果之一，对应的费用产生期间为业主委员会成立之前。从诉讼时效上看，似乎从业主委员会成立之日起算。该维修责任与建设单位的保修责任是不同的，《上海市住宅物业管理规定》第 55 条[②]规定建设单位应当依法履行保修责任，上位法依据系《建设工程质量管理条例》，该义务系法定的保修责任，期限为 5 年。

对于建设单位违反上述报送义务的，上海市人大常委会于 2004 年制定的《上海市住宅物业管理规定》进一步将违法责任改为“由区（县）房地产管理部门责令限期改正，可处一万元以上十万元以下的罚款”[③]。除此之外，上海市人大常委会在 2010 年修订《上海市住宅物业管理规定》时，除保留罚款的违法后果外，还增加了第 64 条：“建设单位未按照规定提出成立业主大会书面报告前，专项维修资金不得动用，住宅共用部位、共用设施设备需要维修、更新和改造的，应当由建设单位承担物业维修责任。”2018 年修订时，仍保留了该条及第 71 条。

---

① 《业主大会和业主委员会指导规则》（建房〔2009〕274 号）第 8 条规定：“物业管理区域内，已交付的专有部分面积超过建筑物总面积 50% 时，建设单位应当按照物业所在地的区、县房地产行政主管部门或者街道办事处、乡镇人民政府的要求，及时报送下列筹备首次业主大会会议所需的文件资料：（一）物业管理区域证明；（二）房屋及建筑物面积清册；（三）业主名册；（四）建筑规划总平面图；（五）交付使用共用设施设备的证明；（六）物业服务用房配置证明；（七）其他有关的文件资料。”

② 2020 年《上海市住宅物业管理规定》（上海市人民代表大会常务委员会公告第 60 号）第 55 条规定：“建设单位应当按照国家规定的保修期限和保修范围，承担物业的保修责任。建设单位委托物业服务企业维修的，应当与物业服务企业另行签订委托协议。”

③ 《上海市住宅物业管理规定》（上海市人民代表大会常务委员会公告第 40 号）第 40 条第 1 款规定：“建设单位违反本规定第八条第一款规定，未将物业管理区域符合业主大会成立条件的情况书面报告区（县）房地产管理部门，或者未按照规定提供有关资料的，由区（县）房地产管理部门责令限期改正，可处一万元以上十万元以下的罚款。”

2.关于《上海市住宅物业管理规定》第71条的历史沿革及适用期间

(1)该规定首次施行于2011年4月1日

《上海市住宅物业管理规定》第71条起源于上海市人大常委会2010年的修订。2010年修订版本增加了第64条:“建设单位未按照规定提出成立业主大会书面报告前,专项维修资金不得动用,住宅共用部位、共用设施设备需要维修、更新和改造的,应当由建设单位承担物业维修责任。”该版规定于2011年4月1日施行。2018年修订时,仍保留了该条内容,即《上海市住宅物业管理规定》第71条。

因此,自2011年4月1日起,上海市即确定了建设单位因未提出成立业主大会的书面报告这一违规行为而应承担物业维修责任。

(2)2011年4月1日以前是否适用该条的问题

那么对于2011年1月1日之前未成立业主大会的行为,业主大会能否以上述规定主张要求建设单位承担物业维修费用?

从司法案例来看,部分法院认为由于2010年及之前,上述规定尚未施行,故不适用上述规定。但法院在裁判文书中引用了另外的规定判决建设单位承担相应的维修费用,即2001年1月1日起实施的《上海市住宅维修基金管理办法》第9条规定:“业主委员会成立前发生的物业维修、更新,不得使用维修基金,其费用由房地产开发企业承担。”

笔者经检索公开网站,未能检索到《上海市住宅维修基金管理办法》,而是检索到《上海市商品住宅维修基金管理办法》(上海市人民政府令第91号,自2001年1月1日起施行),该办法第9条确实规定:“(前期物业维修和更新费用的承担)业主委员会成立前发生的物业维修、更新,不得使用维修基金,其费用由房地产开发企业承担。”

因此,业主委员会拟适用的《上海市住宅物业管理规定》第71条可追溯至2011年4月1日,对于2011年4月1日之前的,法院可能会按照《上海市商品住宅维修基金管理办法》的规定裁判。

三、司法裁判实务梳理

从上海地区的司法实务来看,经检索引用《上海市住宅物业管理规定》第71条进行判决的案例,法院基本上是按照上海市上述相关规定直接判决建设单位承担由业主委员会或物业公司垫付的维修费用的，笔者检索到下述案例：

案例3－6－1　上海某物业管理有限公司与上海某房地产投资发展有限公司物业服务合同纠纷案，上海市闵行区人民法院（2017）沪0112民初5829号民事判决书。

【法院裁判】关于小区维修费用，根据《上海市住宅物业管理规定》，建设单位未按照规定提出成立业主大会书面报告前，专项维修资金不得动用，住宅共用部位、共用设施设备需要维修、更新和改造的，应当由建设单位承担物业维修责任。本案中，原告为建设单位即被告垫付了相关维修费用，原告要求被告支付已垫付的费用，本院予以支持。

案例3－6－2　上海市某小区业主委员会与上海某置业有限公司所有权纠纷案，上海市浦东新区人民法院（2014）浦民一（民）初字第18149号民事判决书。

【法院裁判】原告所引用的《上海市住宅物业管理规定》是2010年12月23日由上海市第十三届人民代表大会常务委员会第二十三次会议修订的，自2011年4月1日起施行。而本案系争小区分两期建设，分别于2003年2月及2004年5月竣工交付，故原告所引用的规定并不适用本案，被告之责任应当根据当时的法规确定。……另外，根据原告提供的审计报告，在前期物业管理期间，前期物业管理企业某乙物业将小区的公共收益1,505,843.66元用于支付维修资金。2001年1月1日起实施的《上海市住宅维修基金管理办法》第9条规定，业主委员会成立前发生的物业维修、更新，不得使用维修基金，其费用由房地产开发企业承担。2011年4月1日起修订施行的《上海市住宅物业管理规定》第64条规定，建设单位未按规定提出成立业主大会书面报告前，专项维修资金不得动用，住宅共用部位、共用设施设备需要维修、更新和改造的，应当由建设单位承担物业维修责任。上海某物业管理有限公司已明确该笔费用由原告与被告诉讼解决，与其无关。故被告应支付原告上述费用，并按存款利率支付自起诉之日起的利息。

四、小结

《上海市住宅物业管理规定》第71条规定，建设单位未按照规定提出成立业主大会书面报告的,应承担相应维修责任。从该规定来看,建设单位被赋予的义务是提出成立业主大会书面报告的行为,该行为是业主大会和业主委员会成立的前置条件之一。

然而在司法实务中,有的法院(如【案例3-6-2】)将建设单位承担维修责任的前提认定为"业主委员会成立前",实际是以业主委员会是否成立这一提出报告行为的最终结果来决定房地产开发企业是否承担维修责任,赋予了房地产开发企业保证业主委员会成立的更重义务。从提出成立业主大会报告到业主大会成立,再到业主委员会成立需要很长的时间,法院以"业主委员会成立"为判断房地产开发企业承担维修责任的时间节点,似乎有加重房地产开发企业责任、倾斜保护业主方的倾向。

据此,对于本文"问题的提出"部分的案例,如严格依照《上海市住宅物业管理规定》第71条规定,该房地产开发企业之前确实履行了提出成立业主大会报告的义务,即使业主委员会未成立,该房地产开发企业也无须承担物业维修责任;如依照审判实务中【案例3-6-2】法院的处理方式,只要业主委员会没有成立,作为房地产开发企业就应当承担物业维修责任。

专题七　在超出施工单位保修期后售房的保修责任承担法律问题

一、问题的提出

某项目已由施工单位交付房地产开发企业 5 年，但有个别房屋因与原购房人解除购房合同后，导致再次出售时已经超出或即将超出施工单位的保修期限，此时房地产开发企业在向新的购房人出售时，是否仍应承担相应的保修责任？如需承担，保修期限是多久？能否与购房人约定免除相应的保修责任？

为此，笔者结合实务，以相关法律规定和司法裁判实务为分析样本，对在超出施工单位保修期后售房的保修责任承担所涉及的相关法律问题进行梳理和分析，以供参考。

二、房地产开发企业履行保修责任与施工单位承担的质保责任的关系

根据我国法律规定，房地产开发企业的保修责任自将房屋交付至购房人起算，其对业主承担的房屋保修责任与施工单位承担的质保责任属于不同的法律关系。

依据《商品房销售管理办法》（建设部令第 88 号）第 33 条[①]、《商品住宅实行

---

① 《商品房销售管理办法》（2001 年 6 月 1 日生效，建设部令第 88 号）第 33 条规定："房地产开发企业应当对所售商品房承担质量保修责任。当事人应当在合同中就保修范围、保修期限、保修责任等内容做出约定。保修期从交付之日起计算。商品住宅的保修期限不得低于建设工程承包单位向建设单位出具的质量保修书约定保修期的存续期；存续期少于《规定》中确定的最低保修期限的，保修期不得低于《规定》中确定的最低保修期限。非住宅商品房的保修期限不得低于建设工程承包单位向建设单位出具的质量保修书约定保修期的存续期。在保修期限内发生的属于保修范围的质量问题，房地产开发企业应当履行保修义务，并对造成的损失承担赔偿责任。因不可抗力或者使用不当造成的损坏，房地产开发企业不承担责任。"

住宅质量保证书和住宅使用说明书制度的规定》(以下简称《商品房住宅规定》)(建房[1998]第102号)第5条[①]等的规定,二者的关系为:

1. 房地产开发企业对所售商品住宅的保修期从交付之日起计算;

2. 商品住宅的保修期限不得低于建设工程承包单位向建设单位出具的质量保修书约定保修期的存续期;

3. 存续期少于《商品房住宅规定》中确定的最低保修期限的,保修期不得低于《商品房住宅规定》中确定的最低保修期限;

4. 商品住宅保修期限不应低于《商品房住宅规定》第5条规定的期限:(1)地基基础和主体结构在合理使用寿命所限内承担保修;(2)正常使用情况下各部位、部件保修内容与保修期:屋面防水3年;墙面、厨房和卫生间地面、地下室、管道渗漏1年;墙面、顶棚抹灰层脱落1年;地面空鼓开裂、大面积起砂1年;门窗翘裂、五金件损坏1年;管道堵塞2个月;供热、供冷系统和设备1个采暖期或供冷期;卫生洁具1年;灯具、电器开关6个月;其他部位、部件的保修期限,由房地产开发企业与用户自行约定。

因此,即便因其他购房人退房等原因导致房地产开发企业向最终购房人交付房屋时已经过施工单位的保修期限的,房地产开发企业并不能以此为由主张免除向最终购房人的住宅保修责任。

案例3-7-1　吴某、卞某与江苏某置业公司房屋买卖合同纠纷案,江苏省盐城市大丰区人民法院(2017)苏0982民初125号民事判决书。

【法院裁判】施工单位的保修义务是针对商品房质量的一种法定义务,作为商品房的真正主人,当然应享有这份权利,房地产开发企业不能任意缩短对购房人的保修期限;当施工单位的质量保修期的存续期少于法定最低保修期时,商品房质量保修期应至少与法定最低保修期相同,因为法定最低保修期限是确保购

---

① 《商品住宅实行住宅质量保证书和住宅使用说明书制度的规定》(建房[1998]第102号)第5条规定:"《住宅质量保证书》应当包括以下内容:1.工程质量监督部门核验的质量等级;2.地基基础和主体结构在合理使用寿命所限内承担保修;3.正常使用情况下各部位、部件保修内容与保修期:屋面防水3年;墙面、厨房和卫生间地面、地下室、管道渗漏1年;墙面、顶棚抹灰层脱落1年;地面空鼓开裂、大面积起砂1年;门窗翘裂、五金件损坏1年;管道堵塞2个月;供热、供冷系统和设备1个采暖期或供冷期;卫生洁具1年;灯具、电器开关6个月;其他部位、部件的保修期限,由房地产开发企业与用户自行约定。4.用户报修的单位,答复和处理的时限。"

房人合法权益的底线。同时,房地产开发企业不能以施工单位提供的质量保修期已经结束为由拒绝向购房人承担保修责任。……但商品住宅出卖人对买受方购买的商品房的保修期自商品住宅交付使用之日起计算。被告对案涉商品住宅已过保修期的辩解无法律和事实依据,本院不予采信。

案例3-7-2 **上海某房地产公司、上海某物业公司与王某财产损害赔偿纠纷案,上海市第二中级人民法院(2016)沪02民终10270号民事判决书。**

【法院裁判】根据查明的事实,202室房屋发生污水外溢系小区内的公共排污管道破裂、阻塞所致,根据质保书第4条第6款对保修期限的约定以及《商品房销售管理办法》第33条的规定,对于公共排污管道在质保期内发生破损并由此造成王某的损失,某房产公司作为房地产开发企业理应承担赔偿责任。……某房产公司以破损的公共排污管道已过质保期为由要求免除其赔偿责任,本院不予支持。

三、房地产开发企业与购房人间免除保修责任的约定的效力

根据上述分析,即便施工单位的质保期经过,但房地产开发企业仍应自房屋交付给新的购房人时起承担相应的保修责任,这是其应承担的法定责任。如房地产开发企业以与购房人签订协议的方式予以免除的,根据我国法律规定进行分析,不排除被认定为无效条款的可能。

一方面,如相关约定内容属于格式条款,依据《民法典》第497条规定:"有下列情形之一的,该格式条款无效:……(二)提供格式条款一方不合理地免除或者减轻其责任、加重对方责任、限制对方主要权利;(三)提供格式条款一方排除对方主要权利。"相关约定由于排除了购房人主张房地产开发企业履行保修责任的权利、免除/减轻了房地产开发企业履行保修责任的义务,可能被认定为无效。

另一方面,如相关约定不构成格式条款,相关约定可能因违反《商品房销售管理办法》(部门规章)等规定的保修责任条款而被认定为无效。

《全国法院民商事审判工作会议纪要》(法〔2019〕254号)第31条规定:"违反规章一般情况下不影响合同效力,但该规章的内容涉及金融安全、市场秩序、国家宏观政策等公序良俗的,应当认定合同无效。人民法院在认定规章是否涉

及公序良俗时,要在考察规范对象基础上,兼顾监管强度、交易安全保护以及社会影响等方面进行慎重考量,并在裁判文书中进行充分说理。”

因房地产开发企业的保修责任涉及广大购房人的基本权益,且受到《城市房地产开发经营管理条例》(行政法规)的规制,免除保修责任的条款实则违反了《商品房销售管理办法》《商品住宅实行住宅质量保证书和住宅使用说明书制度的规定》规定的保修责任,存在因违反公序良俗被认定为无效的风险。

四、小结

笔者对房地产开发企业提出如下建议:

1. 宜尽可能缩短施工单位向房地产开发企业交付项目与房地产开发企业向购房人交付房屋之间的期间,让房地产开发企业应对购房人承担的保修期与施工单位承担的质保期尽可能重合。

2. 如有部分房屋交付时间较晚,建议房地产开发企业仍积极履行相关保修责任,有利于企业树立负责任的良好形象。

3. 保修期满后,对于公共部位及公共设施设备的维修、更新等,积极引导业主通过利用住宅维修资金解决。

4. 即便施工单位的保修期届满,房地产开发企业如因承担保修责任向业主进行了损害赔偿的,也可考虑依据《民法典》第 802 条、《建筑法》第 80 条等规定就承担的赔偿责任向施工单位追偿。

专题八　质保期过后房地产开发企业向施工单位主张质量责任的法律问题

一、问题的提出

建设工程在质保期内发现质量问题，房地产开发企业过了质保期才向施工单位提出（但有质量问题发生在质保期的证据），能否请求施工单位承担质量问题的修复或赔偿责任？

为此，笔者结合实务，以相关法律规定和司法裁判实务为分析样本，对质保期过后房地产开发企业向施工单位主张质量责任所涉及的相关法律问题进行梳理和分析，以供参考。

二、法律分析

对于该问题，笔者首先需要厘清质保期的概念。质保期是口头语，建筑法规中使用的相关概念是“质量保修期”和“缺陷责任期”，质保期根据不同语境一般指代这两个概念之一。

（一）质量保修期

1.《建筑安装工程承包合同条例》（国发〔1983〕122号，已废止）①对质量保修期及保修责任进行了规定，明确了质量保修期内保修责任的内容是施工单位应对属于其自身责任的质量问题无偿修理。

---

① 《建筑安装工程承包合同条例》（已废止）第6条规定：“承包合同应具备以下主要条款：……四、工程质量保修期及保修条件”；第8条规定：“……双方的主要责任是……二、承包方……在合同规定的保修期内，对属于承包方责任的工程质量问题，负责无偿修理。”

2. 现行《建筑法》[①]则延续原《建筑安装工程承包合同条例》相关规定，明确建筑工程实行质量保修制度，具体保修范围和最低保修期限由国务院规定。

3. 国务院颁布的《建设工程质量管理条例》[②]区分不同保修范围规定了相应的最低保修期，并规定施工单位在承担保修义务的同时还应对造成的损失承担赔偿责任。

（二）缺陷责任期

1. 原《世界银行贷款项目国内竞争性招标采购指南》[1990 年 8 月 17 日财政部颁布，（90）财世字第 86 号，已废止][③]引入了“缺陷责任期”概念，将“缺陷责任期”作为“履约保证金”的保证期限。

2. 其后，陆续有原建设部、财政部发布的原《建设工程质量保证金管理暂行办法》（建质〔2005〕7 号），住房和城乡建设部、财政部发布的原《建设工程质量保证金管理办法》（建质〔2016〕295 号），住房和城乡建设部、财政部发布的现行《建设工程质量保证金管理办法》（建质〔2017〕138 号）[④]等，这些部门规章继续沿用“缺陷责任期”概念，但将“履约保证金”的名称改为“工程质量保证金”，并规定“缺陷责任期”的最长为 2 年。

---

① 《建筑法》第 62 条规定：“建筑工程实行质量保修制度。建筑工程的保修范围应当包括地基基础工程、主体结构工程、屋面防水工程和其他土建工程，以及电气管线、上下水管线的安装工程，供热、供冷系统工程等项目；保修的期限应当按照保证建筑物合理寿命年限内正常使用，维护使用者合法权益的原则确定。具体的保修范围和最低保修期限由国务院规定。”

② 《建设工程质量管理条例》第 40 条规定：“在正常使用条件下，建设工程的最低保修期限为：（一）基础设施工程、房屋建筑的地基基础工程和主体结构工程，为设计文件规定的该工程的合理使用年限；（二）屋面防水工程、有防水要求的卫生间、房间和外墙面的防渗漏为 5 年；（三）供热与供冷系统，为 2 个采暖期、供冷期；（四）电气管线、给排水管道、设备安装和装修工程，为 2 年。其他项目的保修期限由发包方与承包方约定。建设工程的保修期，自竣工验收合格之日起计算。”第 41 条规定：“建设工程在保修范围和保修期限内发生质量问题的，施工单位应当履行保修义务，并对造成的损失承担赔偿责任。”

③ 原《世界银行贷款项目国内竞争性招标采购指南》第 7.15 条规定：“招标文件应要求提供履约保证金，其金额应足以补偿项目执行单位在供货人或承包人违约时所受的损失。履约保证金形式可以是银行保函、信用证或履约担保，由中外银行、中外保险公司、中外证券公司出具。履约保证金的金额应在招标文件内加以规定，其有效期应至少持续到预计的工程完工交接日期或交货或接受货物日期或保证期（缺陷责任期）后 30 天。”

④ 现行《建设工程质量保证金管理办法》第 2 条规定：“本办法所称建设工程质量保证金（以下简称保证金）是指发包人与承包人在建设工程承包合同中约定，从应付的工程款中预留，用以保证承包人在缺陷责任期内对建设工程出现的缺陷进行维修的资金。缺陷是指建设工程质量不符合工程建设强制性标准、设计文件，以及承包合同的约定。缺陷责任期一般为 1 年，最长不超过 2 年，由发、承包双方在合同中约定。”

（三）质量保修期、缺陷责任期概念对比（见表3-8-1）

表3-8-1　质量保修期与缺陷责任期的概念对比

对比项目	质量保修期	缺陷责任期
期限性质	既不属于诉讼时效，也不属于除斥期间，是房地产开发企业请求施工单位承担保修责任之权利的失权期间	
期限限制	存在法定最低期限限制（分情况）	存在法定最高期限限制（2年）
期内效果	施工单位承担保修义务，并对造成的损失承担赔偿责任	期限内施工单位无法请求返还质量保证金； 施工单位对缺陷承担先行修复义务； 缺陷属施工单位原因造成的，应由施工单位承担修复和查验的费用
期满效果	观点1：不仅免除施工单位的保修责任，还免除其他质量责任 观点2：仅免除施工单位的保修责任，但不免除其他质量责任	房地产开发企业应向施工单位返还质量保证金

三、司法裁判实务梳理

如质保期满后房地产开发企业向施工单位起诉主张质量责任（这里的质保期是指质量保修期，而不是缺陷责任期）：

（一）部分法院认为，只要超过质量保修期的，施工单位就不再承担维修责任

案例3-8-1　某建筑工程集团有限公司与上海某投资发展有限公司建设工程施工合同纠纷案，上海市浦东新区人民法院（2020）沪0115民初3513号民事判决书。

【法院裁判】某公司未能举证证明其当月两次向某建筑公司寄送不同内容清单的事实，本院采纳某建筑公司的意见，罗列清单以某建筑公司举证的附件某大厦整体缺陷汇总表（2017年12月31日）（公共区域已维修部分18项、公共区域未维修或已维修仍存在问题的26项）、渗漏水情况统计表（已修未发现渗水11项、仍有渗水16项）为准，并以此作为认定当时某公司主张尚未修复项目的依据。经本院核对，某公司现诉请主张的69个项目中，公共区域第1、4、5、6、8、14、15、16、17、18、23、25、29项以及单元渗水部分第3、26、27、28、29、31、32、34、35、

36、39项包含在上述附件罗列范围之内。其余不在罗列范围内项目视为某公司未提出保修要求,某建筑公司不再承担保修责任。根据鉴定意见书,公共区域第1、8、14、15、16、17、18、25、29项的保修期为2年,某公司没有举证证明其在两年保修期内对上述项目提出过保修要求,故某建筑公司也不再承担相应项目的保修责任。

(二)部分仲裁庭认为,超过质量保修期的,施工单位虽不再承担维修责任,但应承担一般的民事质量责任(典型如民法中物的瑕疵担保责任)

案例3-8-2 某系列屋顶光伏发电EPC合同纠纷仲裁案,北京仲裁委员会/北京国际仲裁中心2021年2月审结①

【仲裁庭】争议焦点:承包人能否以质保期满为由不承担质量赔偿责任,发包人能否在质保期满后要求承包人继续履行保修义务。

……

裁判观点:承包人能否以质保期满为由不承担质量赔偿责任?发包人能否在质保期满后要求承包人继续履行保修义务?

首先,关于承包人能否以质保期满为由不承担质量赔偿责任,仲裁庭经审理认为,尽管质量事故发生时已经超过质量保修期,承包人已无保修义务,但由于本次质量事故是因承包人未按照《光伏发电站设计规范》设计和施工所导致的,而根据《合同法》第282条规定,"因承包人的原因致使建设工程在合理使用期限内造成人身和财产损害的,承包人应当承担损害赔偿责任",承包人仍应当就本案工程合理使用年限内因该质量事故造成的财产损失承担赔偿责任。据此,仲裁庭对发包人请求的屋顶彩钢瓦维修费予以支持。

其次,关于发包人能否在质保期满后要求承包人继续履行保修义务,仲裁庭经审理认为,根据我国的建设工程质量保修制度的相关规定,在质量保修期内,建设工程发包人与承包人形成特定的权利义务关系,即对于因承包人原因导致的质量缺陷,承包人有义务(也有权利)负责维修并承担维修费用;相应地,发包人也有权利(也有义务)先通知承包人履行保修义务——只有在承包人拒绝履行保修义务的情形下,发包人才有权利委托第三方维修,并要求承包人赔偿相应损

① 周显峰、汪派派、王颖飞:《中国建设工程争议解决年度观察(2021)》,载"北京仲裁委员会/北京国际仲裁中心"网2021年11月23日,https://www.bjac.org.cn/news/view?id=4032。

失。在质量保修期届满之后,建设工程发承包双方在质量保修期内的特定权利义务关系终止,即对于因承包人原因导致的质量缺陷,承包人不再有义务(和权利)采用维修的特定方式来承担质量责任;相应地,发包人也不再有权利(和义务)先通知承包人维修,而是有权在法定诉讼时效内,向承包人主张因其违约而产生的损失赔偿责任。例如,要求承包人赔偿因委托第三方维修而发生的费用损失。在本案中,仲裁庭认定本案工程质量保修期已于2017年12月31日届满。据此,由于承包人的保修义务已经终止,因此发包人已无权要求承包人采用继续履行保修义务的方式承担质量责任。但是,对于发包人有证据证明承包人未按约定履行合同义务导致的质量缺陷,发包人应当仍然享有向承包人另行主张赔偿损失的权利。

(三)也有部分法院认为,质量问题应区分主体结构质量问题和其他部位质量问题

1. 对于地基基础工程和主体结构的工程质量问题,如果该质量问题在建筑物的合理使用期限内,即使超出约定的质量保修期(这里指即使约定的质量保修期低于法定期限的情形),施工单位也应承担相应责任。

案例3-8-3　上海某投资(集团)有限公司诉申某财产损害赔偿纠纷案,上海市第一中级人民法院(2017)沪01民终11975号民事判决书。

【法院裁判】就某投资公司关于系争房屋损害系由于顾某、高某擅自砌筑台阶所致的上诉主张,因二审期间某投资公司并未提供新的、切实的证据证实其该主张,故本院对此难以采信。虽然××有限责任公司的鉴定意见书中没有明确的"回填土未压实"的表述,但其中明确涉案排水管道断裂系由于建筑物周边回填土相对建筑主体产生较大不均匀沉降并由此产生的拉应力所致,故系争房屋回填土施工存在质量问题系不争的事实。又因回填土施工涉及地基工程,故某投资公司以排水管道系两年保修期限为由主张其不应承担赔偿责任,亦不能成立。

2. 对于其他部位的工程质量问题有不同的观点。

(1)部分观点认为该部分超出质量保修期施工单位即无须承担维修责任。

案例3-8-4　北京某科技发展有限公司与中建二局某建筑工程有限公司案,北京市第三中级人民法院(2018)京03民初380号民事判决书。

【法院裁判】本案争议的焦点是作为施工单位的中建二局某公司是否应对涉

案工程的主体结构施工质量问题及其他工程质量问题承担责任。

承包人交付的建设工程应符合合同约定的交付条件及相关工程验收标准。具体于本案中,根据国家建筑工程质量监督检验中心司法鉴定所出具的鉴定意见,中建二局某公司在涉案工程的施工过程中存在不同程度的质量问题是客观存在的事实。现中建二局某公司以涉案工程经过四方竣工验收为由主张工程质量合格,对此本院认为根据《建筑法》的规定,建筑物在合理使用寿命内,必须确保地基基础工程和主体结构质量,这是承包人依照法律规定必须履行的工程质量保证义务,基于此,对于鉴定意见中涉及的工程主体结构施工质量问题,中建二局某公司作为施工人应当在涉案工程的合理使用期限内承担民事责任,四方验收合格并不能免除施工单位的工程质量保证责任,对于中建二局某公司的该项辩解意见,本院不予支持。对于因工程质量问题所产生的后续维修及损失赔偿问题,鉴于涉及一系列鉴定、评估工作,会导致本案的审理周期较长,基于此本院就已查明的事实部分先行判决。关于后续维修或赔偿损失问题,某科技发展公司可另行处理。

对于涉及非地基及主体结构工程的质量问题,本院认为,建设工程实行质量保修制度,质量保修属于承包人的法定义务。根据《建设工程质量管理条例》的规定,建设工程在保修范围和保修期内发生质量问题的,施工单位应当履行保修义务,并对造成的损失承担赔偿责任。建设工程的保修期,自竣工验收合格之日起计算,发包人未经竣工验收擅自使用工程的,保修期从转移占有之日起计算。具体于本案中,某科技发展公司虽未在工程质量竣工验收记录上签字盖章,但在中建二局某公司撤场后,将涉案工程实际投入使用,某科技发展公司应承担相应的法律责任及后果。现某科技发展公司未能提供证据证明在保修期间内就上述质量问题向中建二局某公司主张权利,故中建二局某公司不需要承担维修责任。

(2)也有部分观点认为工程质量问题不需要考虑保修期,只应当考虑是否属于施工质量问题,只要存在施工质量问题施工单位就应当承担责任。

案例3-8-5 上海某体育器材厂等建设工程施工合同纠纷案,上海市第一中级人民法院(2012)沪一中民二(民)终字第864号民事判决书。

【法院裁判】B公司主张其不应承担第3项外墙修复及外墙面涂料工程修复费用的理由是外墙已经超过保修期,但质量鉴定人员在原审中明确表示工程质量问题并非过了保修期后使用不当所造成,故工程质量问题不考虑保修期,超过保修期还是能反映当时施工质量问题,因此在系争工程经鉴定确实存在质量问题的情况下,B公司以外墙超过保修期为由主张其不应承担该部分修复费用缺乏依据。

(3)更有部分法院在(2)的基础上,进一步认为应区分该工程质量问题是否有时效作用[①]以及如果有该时效作用的正负问题等来确定施工单位是否应当对该部分工程质量问题承担责任。

案例3-8-6 北京某科技发展有限公司与中建二局某建筑工程有限公司案,(2020)京民终405号民事裁定书。

【法院裁判】一审判决以保修期满为由认定中建二局某公司对"非地基基础和主体结构工程"的质量问题概不负责,亦不妥当。

对于质量保修期届满之后,施工人还应否对工程质量问题承担责任,理论和实务界存在分歧。一种观点认为,质量保修期满之后,施工人不再承担质量责任,理由是:现行法律明确规定了质量保修期内施工人应承担的保修责任及损失赔偿责任(见《建设工程质量管理条例》第41条),但对于质量保修期满之后的责任并未作出规定;而且,建筑产品的使用寿命普遍在四五十年以上,如果在如此长的时间内,均要求施工人承担责任,则会使得施工人的责任过重。另一种观点则认为,质量保修期满免除的只是施工人的保修责任,但并不免除其应负的其他法律责任。

本院采纳后一种观点,主要理由包括:(1)《合同法》第281条规定:"因施工人的原因致使建设工程质量不符合约定的,发包人有权要求施工人在合理期限内无偿修理或者返工、改建。"《合同法》第282条规定:"因承包人的原因致使建设工程在合理使用期限内造成人身和财产损害的,承包人应当承担损害赔偿责任。"前述规定设定的施工人质量瑕疵担保责任是一种基本民事责任,非经当事人特别约定或者法律特别规定,并不能任意限制或者免除。(2)国家通过《建设工程质量管理条例》等行政法规、部门规章设立建设工程质量保修制度的目的是"为了加强对建设工程质量的管理,保证建设工程质量,保护人民生命和财产安

① 这里的时效作用指代的是工程的性能随时间的变化情况,例如,一般在自然养护情况下,混凝土强度随时间增加而增长,28天龄期时达到设计强度的100%。

全”(见《建设工程质量管理条例》第1条),而不是为了减轻或者限制施工人的法律责任。(3)建设工程质量保修责任与施工人质量瑕疵担保责任在条件和内容上存在明显区别:就前者而言,建设工程只要在保修期内出现质量问题,施工人原则上都应承担保修责任,除非其能够证明质量问题系因使用不当所致、由第三方或不可抗力造成(见《房屋建筑工程质量保修办法》第17条);就后者而言,发包人则必须证明质量问题出于施工人的原因。因此,两种责任相互独立,虽可能竞合,但并不彼此排斥。(4)按照第一种观点,则对《建筑法》第74条(建筑施工企业在施工中偷工减料,使用不合格的建筑材料、建筑构配件和设备,或者有其他不按照工程设计图纸或者施工技术标准施工的行为,造成建筑工程质量不符合规定的质量标准的,负责返工、修理,并赔偿因此造成的损失)和第80条(在建筑物的合理使用寿命内,因建筑工程质量不合格受到损害的,有权向责任者要求赔偿)的规定难以作出合理解释,除非该两条设立的责任也都限定在质量保修期内,但这明显不符合条文语义和立法目的。

鉴定报告显示,案涉工程不仅在主体结构部分,而且在其他部分也存在诸多质量问题。鉴定机构已经明确:(1)有些质量问题没有时效作用(如截面尺寸、配筋、抹灰层厚度45mm没有采取加强措施、防水卷材上边位于散水以下、地、地下穿墙管与套管之间没有用密封材料密封、同材料基体交接处的抹灰没有采取防止开裂的加强措施、保温板黏结面积比小于40%、外墙饰面砖粘贴结料不饱满、伸出屋面管道防水做法不规范等);也就是说,从现存质量问题即可推定当初也存在质量问题。(2)有些质量问题有正的时效作用(如混凝土强度随龄期增长),也就是说,从现存质量问题足以推定当初的质量问题更为严重。(3)有些质量问题有负的时效作用(自然损耗),由于目前尚无公认的性能与时间的定量关系曲线,基于现状难以反推当初状态。因此,至少前两类问题是可归责于中建二局某公司的,该公司理应承担相应责任;一审判决仅以保修期满为由驳回某科技发展公司的相关诉讼请求,是错误的。

综上所述,一审判决遗漏重要案件事实未予查明,本案理应发回重审。一审法院在重审中应当着重开展以下工作:对于主体结构工程质量问题,委托专业机构出具维修方案、评估维修费用;对于其他工程质量问题,在现有鉴定报告的基础上、结合专业机构意见,区分哪些没有时效作用、哪些有正的时效作用、哪些有负的时效作用,对于前两类问题以及后一类问题中有证据证明出于施工人原因的部分，委托专业机构出具维修方案、评估维修费用；最终在查明全案事实的基础上，对当事人的全部诉讼请求作出裁判。

四、小结

总体来看，对于质保期满后房地产开发企业能否向施工单位主张质量责任的问题，存在各地司法裁判实务不一的情形，鉴于此，从避免引发争议的角度出发，笔者提出如下建议：

对于合同中工程术语的使用，应使用“质量保修期”“缺陷责任期”这类明确在建筑法律法规中的术语，避免使用“质保期”这类有歧义的口头语。

对于质量保修期的期限，针对不同工程类型应不少于相应的法定期限。

如发生诉讼，应结合管辖地的司法裁判倾向，从工程质量问题发生在主体结构还是非主体结构部分、是否已过质量保修期、质量问题发生的原因等角度进行相应主张或抗辩。

第四章

房地产租赁法律问题

专题一　未经批准情况下划拨土地上房屋租赁合同效力法律问题

一、问题的提出

国有企业通过划拨方式取得某地块的土地使用权，并已建成若干房屋。当该等企业向外出租该地块及所建房屋并收取一定租金时，在该房屋出租手续尚未获得主管部门的批准的情况下是否可以出租？租赁合同的效力是否受到影响？

为此，笔者结合实务，以相关法律规定和司法裁判实务为分析样本，对未经批准情况下划拨土地上房屋租赁合同效力所涉及的相关法律问题进行梳理和分析，以供参考。

二、法律分析

《城市房地产管理法》第56条规定："以营利为目的，房屋所有权人将以划拨方式取得使用权的国有土地上建成的房屋出租的，应当将租金中所含土地收益上缴国家。具体办法由国务院规定。"

《城镇国有土地使用权出让和转让暂行条例》（以下简称《国有土地使用权暂行条例》）第44条规定："划拨土地使用权，除本条例第四十五条规定的情况外，不得转让、出租、抵押。"

《国有土地使用权暂行条例》第45条规定："符合下列条件的，经市、县人民政府土地管理部门和房产管理部门批准，其划拨土地使用权和地上建筑物、其他附着物所有权可以转让、出租、抵押：（一）土地使用者为公司、企业、其他经济组织和个人；（二）领有国有土地使用证；（三）具有地上建筑物、其他附着物合法的产权证明；（四）依照本条例第二章的规定签订土地使用权出让合同，向当地市、县人民政府补交土地使用权出让金或者以转让、出租、抵押所获效益抵缴土地使用权出让金。转让、出租、抵押前款划拨土地使用权的,分别依照本条例第三章、第四章和第五章的规定办理。”

由此可见,划拨土地使用权人在“经市、县人民政府土地管理部门和房产管理部门批准”后,可将划拨土地使用权及地上建筑物出租给他人使用。

那么,如因各种原因,事实上未经相关主管部门批准,所订立的租赁合同是否仍为有效呢?

三、司法裁判实务梳理

(一)以《城市房地产管理法》为据裁判,认定租赁合同有效

从法律位阶上来看,《城市房地产管理法》系全国人民代表大会常务委员会通过的法律,《国有土地使用权暂行条例》为国务院颁布的行政法规。经笔者检索,法院在以《城市房地产管理法》为据裁决时,通常是认定租赁合同有效的。

案例 4-1-1　新疆维吾尔自治区某厂与中国民主同盟新疆某公司房屋租赁合同纠纷案,最高人民法院(2000)民终字第 115 号民事判决书。

【法院裁判】出租房屋所占用的土地性质为国有划拨用地,《城市房地产管理法》第 55 条规定,房屋所有人以营利为目的,将以划拨方式取得使用权的国有土地上建成的房屋出租的,应当将租金中所含土地收益上缴国家。由于房屋租赁合同成立、生效后,出租方才可能收取租金并将其中土地收益部分上缴国库;缴纳土地收益并不是合同成立并生效的前提条件。某厂应根据法律规定将收取的房租中所含的土地收益部分上缴国家并办理出租登记备案、领取租赁许可证。某公司承租讼争房屋开办某大市场获得乌鲁木齐市人民政府有关部门批准,并已办妥营业、税收、消防审批手续,据此,一审判决认定《营业大楼租赁合同书》有效是正确的,应予维持。

案例 4-1-2　厦门某实业公司与厦门市某经济发展公司房屋租赁合同纠纷案,最高人民法院(2013)民申字第 1249 号民事裁定书。

【法院裁判】根据《房地产管理法》第 56 条之规定,以营利为目的,房屋所有权人将以划拨方式取得使用权的国有土地上建成的房屋出租的,应当将租金中所含土地收益上缴国家。可见,法律并未禁止将划拨土地上的建筑物出租,只是

须将租金中土地收益金部分上缴国家。本案中，某经济发展公司提交了厦门市国土资源与房产管理局直属分局向其出具的厦门市房屋租赁收益金、房租专用票据两张，证明某经济发展公司已就案涉租赁物向国家缴纳土地收益金，某实业公司对该票据的真实性并未提出异议。可以认为，案涉建筑物出租的情况已得到土地与房管部门确认，并未被政府有关部门禁止。

(二)以《国有土地使用权暂行条例》第44条及第45条为据裁判，但存在较大分歧

1. 认为《国有土地使用权暂行条例》第44条、第45条为效力性强制性规定，从而认定租赁合同无效。

案例4－1－3　合肥某物流有限公司、长丰县某镇人民政府租赁合同纠纷案，最高人民法院(2018)最高法民申4113号民事裁定书。

【法院裁判】本案中，某镇政府与某公司签订案涉某镇汽车大市场经营管理招标合同，约定某镇政府将案涉国有划拨土地使用权租赁给某公司从事商业建设、经营，未经市、县人民政府土地管理部门和房产管理部门批准，不符合《城镇国有土地使用权出让和转让暂行条例》第45条规定的可以出租的情形，故该合同因违反上述行政法规的强制性规定而无效，某公司、某镇政府均应对合同无效承担相应的缔约过失责任。

在上述案例中，最高人民法院认为《国有土地使用权暂行条例》第44条属于"效力性强制性规定"，从而认定此类租赁合同无效，云南省高级人民法院在(2010)云高民一终字第28号"拔某与某市液化石油气储备供应站合同纠纷上诉案"中亦持上述观点。

2. 认为《国有土地使用权暂行条例》第44条、第45条为管理性强制性规定，但违反上述规定并不导致租赁合同无效。

案例4－1－4　沈阳某项目投资管理有限公司与某供销社、中国农业银行股份有限公司某支行申请执行人执行异议之诉纠纷案，最高人民法院(2013)民申字第244号民事裁定书。

【法院裁判】诉争房产的土地以划拨方式取得，某供销城取得了诉争房产的所有权。《土地管理法》规定该类房产转让时应当报批，没有批准是否影响转让合同的效力，取决于该规定是否属于效力性强制性规定。而《土地管理法》第40

条及《国有土地使用权暂行条例》第45条均不属于效力性强制性规定，没有报批不必然导致转让协议无效。

案例4-1-5 大连某房屋开发有限公司诉大连某饲料有限公司财产损害赔偿纠纷案，最高人民法院（2015）民申字第1860号民事裁定书。

【法院裁判】《城镇国有土地使用权出让和转让暂行条例》第44条、第45条关于划拨土地使用权未经批准不得出租的规定，属于管理性强制性规定，不是最高人民法院《关于适用〈中华人民共和国合同法〉若干问题的解释（二）》第14条规定的"效力性强制性规定"，不能因为某饲料公司与某仓储贸易公司租赁场地的合同未经批准，违反了相关行政法规规定而否定该合同的效力。

除以上最高人民法院的裁判案例外，笔者还查询到，有些地方法院也作出了与此持相同观点的裁判，并展开了较为详细的说理，一般认为《国有土地使用权暂行条例》第44条"旨在加强对国有土地使用权的行政管理"①，《国有土地使用权暂行条例》第46条"同时对出租方未经批准出租划拨土地规定了没收收入、罚款等处罚措施，国家利益可以得到保护"②，因此，《国有土地使用权暂行条例》第44条、第45条"并不否认该行为在民商法上的效力"③，即便违反前述规定的，租赁合同仍为有效。

（三）如划拨土地出租后改变土地用途的，存在认定租赁合同无效的裁决

我国施行土地用途管制制度。基于划拨土地取得的无偿性，《土地管理法》及《城市房地产管理法》均将划拨土地的用途进行限制，如《城市房地产管理法》第24条规定经批准后，划拨土地可用于下述范围，"（一）国家机关用地和军事用地；（二）城市基础设施用地和公益事业用地；（三）国家重点扶持的能源、交通、水利等项目用地；（四）法律、行政法规规定的其他用地"。如划拨土地出租后改变土地用途的，司法实务中存在当承租方改变划拨土地用途时，认定相应租赁合

---

① 参见广西壮族自治区贵港市中级人民法院（2013）贵民二终字第228号"雷行荣与广西壮族自治区贵港茶厂、广西贵港市物资回收利用公司、广西壮族自治区贵港市土产公司租赁合同纠纷一案民事判决书"。

② 参见广东省深圳市中级人民法院（2016）粤03民终6791号"深圳市易达丰田汽车销售服务有限公司与深圳市新濠实业有限公司土地租赁合同纠纷二审民事判决书"。

③ 参见广东省深圳市中级人民法院（2014）深中法房终字第2266号"深圳市龙岗区坪山自成志生五金塑胶厂、香港志生塑胶厂、深圳市志生五金塑胶有限公司与深圳市坪山横岭塘股份合作公司确认合同无效纠纷二审民事判决书"。

同无效的裁决。

案例4-1-6 **重庆市某复合保温材料总厂与某市公安消防支队租赁合同纠纷案,最高人民法院(2001)民一终字第73号民事判决书。**

【法院裁判】消防支队使用的土地是通过划拨方式取得的国有土地,该土地用途为市政公用设施,用作建盖消防培训大楼,消防支队未经批准擅自改变土地用途和房屋使用性质,建盖房屋作为酒店连同划拨土地使用权一起出租给某总厂用于租期长达25年的商业经营,违反了《土地法》和《土地管理法实施条例》等法律、行政法规中关于使用土地的单位和个人必须按照土地利用总体规划确定的用途使用土地的强制性规定,因此一审判决认定双方签订的《租赁协议书》无效,是正确的,应予维持。消防支队主张按照《房地产管理法》的相关规定,将租金中所含土地收益部分上缴国家,《租赁协议书》即为有效。但是由于消防支队的房屋出租行为具有改变土地用途的性质,是违法行为,因此,无论是否上缴租金中的土地收益部分,均不能使《租赁协议书》合法有效,消防支队主张《租赁协议书》有效的上诉理由不成立,本院不予支持。

案例4-1-7 **陈某1、陈某2与中铁二十五局集团某实业开发有限公司、周某土地租赁合同纠纷案,广东省深圳市中级人民法院(2016)粤03民终6475号民事判决书。**

【法院裁判】关于合同效力问题。涉案土地为行政划拨土地,土地用途为铁路用地。《土地管理法》第4条规定,国家实行土地用途管制制度。使用土地的单位和个人必须严格按照土地利用总体规划确定的用途使用土地。第56条规定,建设单位使用国有土地的,应当按照土地使用权出让等有偿使用合同的约定或者土地使用权划拨批准文件的规定使用土地;确需改变该幅土地建设用途的,应当经有关人民政府土地行政主管部门同意,报原批准用地的人民政府批准。其中,在城市规划区内改变土地用途的,在报批前,应当先经有关城市规划行政主管部门同意。陈某1与陈某2、周某的租赁合同约定将涉案土地出租给陈某1建筑厂房生产卫浴产品,严重改变了土地用途,但未依法经有关人民政府土地行政主管部门同意,报原批准用地的人民政府批准,违反了法律的强制性规定,应认定合同无效。陈某2主张涉案租赁合同有效,理由不成立,本院不予采纳。

四、小结

(一)针对上述法律规定和案例分析,笔者总结如下

1. 对于未经批准情况下划拨土地上房屋租赁合同的效力认定问题,《城市房地产管理法》及《国有土地使用权暂行条例》均进行了规定。按照法律适用的基本原则,在对此类案件进行审理时,应优先适用《城市房地产管理法》的相关规定,认定租赁合同有效。

2. 但如法院以《国有土地使用权暂行条例》第 44 条及第 45 条为据裁判,司法实务中多依据《民法典》第 153 条之规定,针对前述条款的性质是"效力性强制性规定"还是"管理性强制性规定"而展开讨论,并存在分歧。尽管就强制性条款的性质识别问题,最高人民法院在《关于当前形势下审理民商事合同纠纷案件若干问题的指导意见》(法发〔2009〕40 号)第 16 条①提出了相关指导意见,乃至《全国法院民商事审判工作会议纪要》(以下简称九民纪要)第 30 条②特地进行回应,并就二者的区分进行指导,但在司法实务中识别《国有土地使用权暂行条例》第 44 条、第 45 条属于"效力性强制性规定"还是"管理性强制性规定"仍未在个案中进行统一,认定标准亦难谓清晰。笔者判断,后续法院以《国有土地使用权暂行条例》第 44 条及第 45 条为据裁判的,仍将同时存在裁决有效、裁决无效的可能。

---

① 最高人民法院《关于当前形势下审理民商事合同纠纷案件若干问题的指导意见》第 16 条规定:"人民法院应当综合法律法规的意旨,权衡相互冲突的权益,诸如权益的种类、交易安全以及其所规制的对象等,综合认定强制性规定的类型。如果强制性规范规制的是合同行为本身即只要该合同行为发生即绝对地损害国家利益或者社会公共利益的,人民法院应当认定合同无效。如果强制性规定规制的是当事人的'市场准入'资格而非某种类型的合同行为,或者规制的是某种合同的履行行为而非某类合同行为,人民法院对于此类合同效力的认定,应当慎重把握,必要时应当征求相关立法部门的意见或者请示上级人民法院。"

② 《全国法院民商事审判工作会议纪要》第 30 条第 2 款规定:"人民法院在审理合同纠纷案件时,要依据《民法总则》第 153 条第 1 款和合同法司法解释(二)第 14 条的规定慎重判断'强制性规定'的性质,特别是要在考量强制性规定所保护的法益类型、违法行为的法律后果以及交易安全保护等因素的基础上认定其性质,并在裁判文书中充分说明理由。下列强制性规定,应当认定为'效力性强制性规定':强制性规定涉及金融安全、市场秩序、国家宏观政策等公序良俗的;交易标的禁止买卖的,如禁止人体器官、毒品、枪支等买卖;违反特许经营规定的,如场外配资合同;交易方式严重违法的,如违反招投标等竞争性缔约方式订立的合同;交易场所违法的,如在批准的交易场所之外进行期货交易。关于经营范围、交易时间、交易数量等行政管理性质的强制性规定,一般应当认定为'管理性强制性规定'。"

对于相似的法律问题却因适用不同的法律法规而产生截然相反的效果,似与九民纪要要求的“同案同判思维”不相符合。最高人民法院已于2019年10月发布《关于建立法律适用分歧解决机制的实施办法》,其中指出对于“最高人民法院生效裁判之间存在法律适用分歧的”亦作为法律适用分歧解决工作的内容之一进行审查,笔者也期待后续能对上述法律适用分歧进行关注和回应。

3. 如划拨土地出租后改变土地用途的,则涉嫌违反《土地管理法》第4条第4款规定:“使用土地的单位和个人必须严格按照土地利用总体规划确定的用途使用土地”,第25条第1款规定:“经批准的土地利用总体规划的修改,须经原批准机关批准;未经批准,不得改变土地利用总体规划确定的土地用途。”但上述条文并不当然为含有“改变用途的合同无效”之意的效力性强制性规定,因此笔者倾向认为,在个案裁判中,仍应严格遵照《民法典》第153条、最高人民法院《关于当前形势下审理民商事合同纠纷案件若干问题的指导意见》(法发〔2009〕40号)等规定进行分析。同样地,鉴于识别认定标准仍不甚清晰,司法实务中仍将同时存在裁决有效、裁决无效的可能。

(二)笔者建议国有企业在进行划拨土地出租时,应至少注意以下几个方面

1. 注意按照法定手续办理划拨土地及房屋的租赁工作。

为避免所签订租赁合同在效力上发生不确定的争议,建议国有企事业单位在出租划拨土地上房屋时,按照《国有土地使用权暂行条例》及《房地产管理法》的规定,依法签订土地使用权出让合同,向主管部门补交土地使用权出让金或者以出租所获收益抵缴土地使用权出让金。

如国有企事业单位作为承租方承租划拨土地上房屋,应事先要求出租方与主管部门进行充分沟通,确保案涉土地能够签订出让合同,并在租赁合同中明确由出租方负责办理相关报批手续、补交土地出让金,并约定相应的违约责任。

2. 未能办理批准手续的,应及时补救,并注意在实际使用划拨土地时不得擅自改变土地用途,并及时补交土地出让金。

客观上未能就划拨土地办理批准手续的,应及时补救,并在出租土地时应明确要求承租方在使用土地时不得改变土地用途,以降低租赁合同被认定为无效的风险。同时仍应及时补交土地出让金,以变相获得主管部门对出租划拨土地行为的认可。

专题二　餐饮承租方无证经营等情形下出租方的法律责任与应对建议

一、问题的提出

从事餐饮服务的承租方，如咖啡、饮料等轻餐饮，以及设有包厢的重餐饮等，如上述主体未办理食品经营许可证等营业证照，或者其经营行为使消费者的合法权益受到损害或发生食品安全事故时，房地产开发企业作为出租方将面临何种法律责任？以及如何规避？

为此，笔者结合实务，以相关法律规定和司法裁判实务为分析样本，对前述在餐饮经营承租方无证经营等情形下出租方（此处的出租方暂限缩在所涉项目的房地产开发企业，即业主方）涉及的法律责任问题进行梳理和分析，以供参考。

二、出租方面临的法律责任

（一）如承租方未办理食品经营许可证等营业证照（可能系承租方自身原因，也可能系所涉房屋存在用途限制，如办公用房作餐饮的包厢等），出租方面临的法律责任如下

1. 行政责任

根据《食品安全法》的规定，食品经营者应依法办理食品经营许可证。该法第 61 条[①]规定，出租方负有对入场食品经营者的许可证有审查的义务；同时，该

---

① 《食品安全法》第 61 条规定："集中交易市场的开办者、柜台出租者和展销会举办者，应当依法审查入场食品经营者的许可证，明确其食品安全管理责任，定期对其经营环境和条件进行检查，发现其有违反本法规定行为的，应当及时制止并立即报告所在地县级人民政府食品安全监督管理部门。"

法第122条[①]、第130条[②]等还规定了未尽审查义务的行政责任后果,包括停止违法行为、没收违法所得、罚款。

因此,如承租方未办理食品经营许可证,出租方可能会因未尽到相应的审查义务而面临行政责任处罚风险。

案例4-2-1 **上海某物业管理有限公司与上海市某区市场监督管理局工商案,上海市静安区人民法院(2019)沪0106行初61号行政判决书。**

【法院裁判】根据《食品安全法》的有关规定,被告具有在其职权范围内负责对辖区食品安全监督管理及对违反食品安全法的行为进行处罚的法定职责。《食品安全法》第35条第1款规定,国家对食品生产经营实行许可制度。从事食品生产、食品销售、餐饮服务,应当依法取得许可。根据被告调查材料可以确定,案外人经营的“红火飞扬”属于食品经营范畴,但案外人就此经营未取得食品经营许可证。被告在工作检查中发现原告在明知案外人存在未取得食品经营许可证而从事食品生产经营活动的违法行为,仍为案外人提供生产经营场所,原告的行为违反了《食品安全法》第122条的规定,被告依据该条,对原告作出了涉案行政处罚决定。被告属认定事实清楚,适用法律准确。

同时也请注意,对承租方无证经营行为承担行政责任的依据在于对于承租方的经营行为负有审查和监督的义务,因此,责任主体既有可能是出租方(业主方),也有可能是物业服务企业,具体需结合项目的实际情况予以认定。

---

① 《食品安全法》第122条规定:“违反本法规定,未取得食品生产经营许可从事食品生产经营活动,或者未取得食品添加剂生产许可从事食品添加剂生产活动的,由县级以上人民政府食品安全监督管理部门没收违法所得和违法生产经营的食品、食品添加剂以及用于违法生产经营的工具、设备、原料等物品;违法生产经营的食品、食品添加剂货值金额不足一万元的,并处五万元以上十万元以下罚款;货值金额一万元以上的,并处货值金额十倍以上二十倍以下罚款。明知从事前款规定的违法行为,仍为其提供生产经营场所或者其他条件的,由县级以上人民政府食品安全监督管理部门责令停止违法行为,没收违法所得,并处五万元以上十万元以下罚款;使消费者的合法权益受到损害的,应当与食品、食品添加剂生产经营者承担连带责任。”

② 《食品安全法》第130条规定:“违反本法规定,集中交易市场的开办者、柜台出租者、展销会的举办者允许未依法取得许可的食品经营者进入市场销售食品,或者未履行检查、报告等义务的,由县级以上人民政府食品安全监督管理部门责令改正,没收违法所得,并处五万元以上二十万元以下罚款;造成严重后果的,责令停业,直至由原发证部门吊销许可证;使消费者的合法权益受到损害的,应当与食品经营者承担连带责任。食用农产品批发市场违反本法第六十四条规定的,依照前款规定承担责任。”

2. 民事责任

承租方的无证经营行为可能是其自身不合规经营所致，也有可能是因为出租房屋本身不具备办理食品经营许可的条件，从而导致承租方只能无证经营。在后一种情况下，可能会引发承租方与出租方之间的纠纷。

比如，合同中约定承租方有权利用该房屋经营餐饮的，由于房屋本身规划用途不属于餐饮导致无法办证，则承租方可能会因出租方提供的房屋不符合约定用途而进行索赔，司法实务中往往会根据双方的过错进行损失的分担。

当然，如承租方擅自变更房屋用途为餐饮，最终无法办理除餐饮经营许可的，则其应承担相关违约责任。

（二）如承租方的经营行为使消费者的合法权益受到损害或发生食品安全事故等的，出租方面临的法律责任

根据《食品安全法》第122条、第130条规定，如在明知承租方未办理食品经营许可证仍为其提供经营场所，给消费者的合法权益造成损害的，出租方应当与食品生产经营者承担连带责任。

根据上述规定，承租方无证经营、给消费者造成损害或安全事故的，出租方作为场地提供方，可能面临与承租方向消费者承担连带责任的法律风险。一般来讲，在承担连带责任后，出租方可追偿的范围中还应扣除作为场地提供者未尽到管理责任时所应承担的责任比例。

案例4-2-2　深圳市龙岗区某百货商场、深圳市龙岗区某水果批发行追偿权纠纷案，广东省深圳市中级人民法院（2020）粤03民终16719号民事判决书。

【法院裁判】原审被告张某出售的甘蔗系从上诉人某水果批发行批发，消费者食用霉变甘蔗死亡是极为个别的情形，超出一般人的预知范畴，一审判决酌定上诉人某水果批发行连带承担本案损失30%的民事责任并无不当。《食品安全法》第64条规定，食用农产品批发市场负有对进入市场销售的食用农产品进行抽样检验的义务。被上诉人某物流作为涉案农产品的批发市场管理经营者，未提交充分证据证明其在本案损害事实发生期间尽到相应的检验义务，本院酌定其对本案的损失应承担10%的民事责任。

三、小结

结合相关法律法规及司法实务经验，笔者建议出租方：

1. 依照房屋规划用途出租房屋，尽量避免因房屋本身原因导致承租方无法办证的风险。

2. 商业上综合考量改变房屋规划用途出租用于餐饮的，为降低风险，可考虑不在租赁合同中约定餐饮用途，并明确披露房屋的规划用途及性质，要求承租方作出相应的免责及经营承诺。同时也需注意，从出租方应尽的合规经营及监督义务角度来看，即便合同中作了上述安排，司法中仍无法免除出租方的法律责任。

3. 在合同中约定承租方应当合规经营，并对因不合规经营产生的责任承担全部后果。

4. 严格审查承租方的合规经营情况，要求承租方主动提供营业执照、食品经营许可证等材料，作出书面合规经营承诺等。

5. 加强对于承租方的监督检查，对于存在不合规情形的，及时发出书面整改催告乃至向主管机关报告，并保留相应的证据。

项目上外聘第三方物业服务企业的，建议要求物业服务企业提高管理水平和力度，可在物业服务合同中明确约定其应对承租方的合规经营进行监督检查，以及整改催告等义务。此外，还宜约定：如因承租方的不合规经营导致出租方受罚，视为物业服务企业未尽到管理义务，出租方可向其进行追偿。

专题三　出租方以停止供电、供水等方式催交租金的法律效果与应对建议

一、问题的提出

为应对开发的综合体中有部分承租方严重拖欠租金情形，房地产开发企业依据租赁合同中“出租方有权停止供电、供水”的约定，拟以停水停电方式作为解除合同前的最后通牒。对于专业的房地产开发企业而言，这一行为可能面临法律风险。

为此，笔者结合实务，以相关法律规定和司法裁判实务为分析样本，分析停止供电、供水等方式的法律效果并提供建议如下，以供参考。

二、法律分析

《民法典》第944第3款规定：“物业服务人不得采取停止供电、供水、供热、供燃气等方式催缴物业费。”

该规定是约束物业服务企业的，除此之外，关于针对出租方的规定，笔者仅见到如北京市高级人民法院于2013年12月19日发布并生效的《关于审理房屋租赁合同纠纷案件若干疑难问题的解答》（京高法发〔2013〕462号）一类的地方审判指导文件。其中第11条规定：“出租方是否有权以承租方拖欠租金为由采取断电（水、气）等行为，承租方是否应当支付在此期间的租金？房屋租赁合同履行过程中，从事经营活动的承租方经出租方催告并事先告知将采取断电（水、气）等行为的情况下，在合理期限内仍未依约支付租金，出租方采取前述行为属于行使合同履行抗辩权的行为，但合同另有约定的除外。承租方应当支付断电（水、气）期间的租金。出租方采取断电（水、气）等行为对合同履行造成的影响应当与承租方欠付租金的数额、比例及过错程度相适应，超过必要限度给承租方造成损

失的,应当承担赔偿损失等违约责任。”

以上可以看出,在出租方经过合理的催告程序,并告知将采取停止供电、供水等情况下,该行为属于行使合同履行抗辩权的行为,承租方应当支付断水电期间的租金。那么,“对合同履行造成的影响应当与承租方欠付租金的数额、比例及过错程度相适应,超过必要限度给承租方造成损失的,应当承担赔偿损失等违约责任”该如何理解呢？对此的司法实务情况又如何呢？

三、司法裁判实务梳理

经检索,在司法实务中法院对于以停止供电、供水等方式催交租金的行为也普遍采取北京高院解答的处理方式,即一般认为是合法的,但是由于该方式的极端性,且会对承租方的经营及房屋的使用造成一定的影响,故对停止供电、供水期间的租金予以酌减。笔者就上海地区的判例整理如下:

案例 4－3－1　段某与胡某房屋租赁合同纠纷案,上海市青浦区人民法院(2020)沪0118民初12399号民事判决书。

【法院裁判】段某于2020年5月18日搬离系争房屋并交出钥匙,合同事实上已无法继续履行,胡某同意合同于该日解除,本院尊重当事人的意思自治,予以准许,2020年5月18日后的房屋租金应予退还,2020年5月5日至17日间的租金,因关停水电确实对房屋的使用造成一定的影响,本院予以酌减。(本案中原告主张租金为3200元,法院调整至1512元。)

案例 4－3－2　上海某生态环境工程有限公司与谢某房屋租赁合同纠纷案,上海市奉贤区人民法院(2020)沪0120民初14391号民事判决书。

【法院裁判】对于自2020年5月4日后的占有使用费,被告抗辩称原告在2020年7月17日至20日和2020年7月26日后,采取停电措施,故不应承担使用费。本院认为,合同解除后,被告应及时归还租赁厂房,被告未能及时返还产生的占有使用费,可以参照租金标准由被告承担;但考虑到2020年7月17日起原告采取停电的极端措施,对被告的使用造成极大影响,故自原告采取停电后的占有使用费由被告按租金标准的30%承担。

案例4－3－3 **上海某商业经营管理有限公司与沈某房屋租赁合同纠纷案，上海市宝山区人民法院(2020)沪0113民初20303号民事判决书。**

【法院裁判】2020年7月3日，上海某商业经营管理有限公司对系争商铺进行了停水停电且一直未恢复，虽有合同依据，但对系争商铺的实际使用产生了影响，对2020年7月3日之后的租金和房屋占有使用费应当进行调整。(本案中原告主张租金为159,376元，法院支持114,000元。)

案例4－3－4 **上海某资产管理有限公司与杨某房屋租赁合同纠纷案，上海市宝山区人民法院(2019)沪0113民初13282号民事判决书。**

【法院裁判】考虑到系争商铺已经于2018年3月停水停电，原租金标准应该进一步调低，且上海某资产管理有限公司对损失的扩大负有减损的义务，却一直未予以主动减少损失，故本院将杨某2018年3月以后供应支付的租金调整至12,000元。(本案中原告主张2018年3月之后的租金为78,324元，法院调整至12,000元。)

四、小结

通过以上规定与案例可以看出，虽然目前对于出租方以停止供电、供水等方式催交租金的行为并未采取禁止的态度，司法实务中也认可了承租方在此期间有支付租金的义务，但是如出租方主张该期间内全额租金的，人民法院一般不予支持。因此，笔者建议：

1. 在租赁合同中约定出租方可以采取停止供电、供水等方式的前提条件，如约定当承租方逾期支付租金超过一定时间，则出租方有权停止向承租方供应水电以及其他配套服务，以此给出租方停止供电、供水等合同上的依据。

2. 停止供电、供水前应当进行充分催告。由于此为较强硬的方式，且对承租方的权利影响较大，因此在出租方准备停止供电、供水之前，建议向承租方进行约2～3次的书面催告，并对拟停水停电的时间进行明确的警示，以给予承租方充足且必要的偿还租金与应急准备时间。

3. 确保催告通知送达承租方。对于催告通知，可考虑通过邮寄、专人交付、短信、微信、留置张贴等多种送达方式进行同步催告，以防承租方在停水电后以没有收到相应催告、无法及时作出应对反而向出租方索赔损失。

4. 尽可能缩短停水电的期间。通过上文数个案例可以看出,法院对于停水电期间承租方支付的租金通常都会进行酌减。如果出租方停水电期间较长,则要做好承担该段期间内租金无法全额得到支付的风险。

另外,从非法律后果的角度,笔者建议出租方还是谨慎选择时机和时长。停止供电、供水势必会对商铺的经营造成一定的影响。对于寒暑假、处于旅游旺季、客流量增加等的时期,如出租方在此期间进行停水电,虽然可能迫使承租方尽快还清欠付租金,但如停供期间太长,反而会导致损失的增加,也会伤及自身综合体的整体形象等。

专题四　教育“双减”对校外培训类房屋租赁合同的影响与应对建议

一、问题的提出

2021 年 7 月 24 日，中共中央办公厅、国务院办公厅联合发布《关于进一步减轻义务教育阶段学生作业负担和校外培训负担的意见》(以下简称《双减意见》)，就校外培训事项提出了从严审批学科类培训机构、严禁资本化运作、严控开班时间等要求。这不仅给校外培训行业带来了巨大的冲击和变革，同时也影响了与此有关房屋租赁合同的正常履行。

为此，笔者结合实务，以相关法律规定和司法裁判实务为分析样本，分析政策性质以及对租赁合同履行可能造成的影响等法律问题，以供参考。

二、中国民办教育协会的意见

中国民办教育协会(以下简称中民协)于 2021 年 8 月 9 日公开发布《关于校外培训机构房租有关问题的行业意见书》①，认为双减政策的公布构成情势变更。因此，在《双减意见》印发前，校外培训机构如已签订合同承租房屋，用于开展学龄前儿童线上培训或学龄前儿童线下学科类(含外语)培训、义务教育阶段学生和普通高中学生学科类培训，可根据《民法典》第 533 条相关规定主张构成情势变更，并与出租方重新协商变更租金标准、租赁期限等，也可以与出租方协商提前解除房屋租赁合同。出租方不应将此视为违约，不应收取违约金，并应退还押金和所预付的部分租金。

---

① 中国民办教育协会:《中国民办教育协会发布校外培训机构房租有关问题的行业意见书》，载中国民办教育协会网 2021 年 8 月 9 日，https://www.canedu.org.cn/site/content/5763.html。

中民协为国家一级社团法人单位,其提出的行业意见具有一定的影响力,但不具有法定的法律效力。关于承租方能否以"双减"政策的发布为由主张变更合同内容乃至退租这一问题,还应从政策的性质谈起。

三、"双减"政策的性质认定

(一)不可抗力、情势变更,还是商业风险?

1. 是否构成不可抗力?

不可抗力是指不可预见、不能避免、不能克服的客观风险,如以不可抗力为由主张解除合同的,须不可抗力因素已达到致使合同目的无法实现、合同无法继续履行,应予解除的程度。

案例4-4-1　上海浦东某股份有限公司诉某超市(集团)有限公司房屋租赁合同纠纷案,上海市第一中级人民法院(2017)沪01民终3383号民事判决书。

【法院裁判】一审法院认为,某超市、某股份公司间签订的租赁合同已经生效判决认定合法有效,双方均应恪守。某股份公司于2016年6月17日以国家税收政策发生重大变化,系不可抗力为由,发函通知解除双方间的租赁合同。合同法所指不可抗力是指不能预见、不能避免并不能克服的客观情况。税收政策变化与否不属于前述不可抗力的范畴,况且,某股份公司所指的开征土地增值税,并不影响双方间租赁合同继续履行,某股份公司并不因此具有《合同法》第93条、第94条的解除权,其发送给某超市的解除租赁合同通知书不发生解除合同的效力。

本院认为,《土地增值税暂行条例》自1994年开始实施,早于上诉人与被上诉人签订租赁合同及补充协议的时间。在双方履行期间,上诉人从未就其应承担的土地增值税是否发生变化及是否导致其合同目的无法实现向被上诉人提出异议,且从上诉人一审中提交的土地增值税缴费凭证看,即便存在上诉人需新缴土地增值税的事实,该节事实也不足导致租赁合同目的无法实现,故上诉人无权以此为由解除双方签订的租赁合同及补充协议。

房屋租赁合同中,出租方的合同目的为收取租金,而承租方的合同目的为按照约定的用途和方法使用房屋。至于承租方的目的能否实现,还应进一步分析房屋租赁合同的用途的具体约定。如仅约定为商铺、办公的，并未将用途限定为教育培训，从履约之逻辑角度来讲，似乎很难认定“双减”政策的出台导致承租方无法按照“商铺、办公”之用途使用房屋，故较难认定合同目的无法实现。而如将房屋用途明确约定为“校外培训”乃至限定培训机构品牌的，则因政策施行确实无法继续开班授课经营的，似乎存在导致合同目的无法实现的可能。

2. 是否构成情势变更或仅为合同履行过程中的商业风险？

不可抗力须同时具备不能预见、不能避免且不能克服三个构成要件，而情势变更则须同时具备不能预见、不能承受（对一方而言，如果继续履行将明显不公平）两个构成要件。从上述概念可以看出，不可抗力与情势变更的内涵存在交叉，且二者都需要“不可预见”这一要件。但情势变更的范围相较于不可抗力更广①。

情势变更与商业风险之间最显著的区别在于当事人在订立合同时“能否预见”“双减”政策实施带来的变化是否已超出缔约时的合理预期。

最高人民法院于 2009 年 7 月 7 日发布的《关于当前形势下审理民商事合同纠纷案件若干问题的指导意见》（法发〔2009〕40 号）第 3 条规定：“人民法院要合理区分情势变更与商业风险。商业风险属于从事商业活动的固有风险，诸如尚未达到异常变动程度的供求关系变化、价格涨跌等。情势变更是当事人在缔约时无法预见的非市场系统固有的风险。人民法院在判断某种重大客观变化是否属于情势变更时，应当注意衡量风险类型是否属于社会一般观念上的事先无法预见、风险程度是否远远超出正常人的合理预期、风险是否可以防范和控制、交易性质是否属于通常的‘高风险高收益’范围等因素，并结合市场的具体情况，在个案中识别情势变更和商业风险。”

例如，在房屋买卖领域，北京市高级人民法院民一庭《关于妥善处理涉及住房限购政策的房屋买卖合同纠纷案件若干问题的会议纪要》（2011）在论及限购政策时指出“住房限购政策在司法实践中不宜认定为《合同法》第 117 条②规定的不可抗力”，原因在于“国家对于房地产市场的宏观调控并非一个令所有市场

① 最高人民法院民法典贯彻实施工作领导小组：《中华人民共和国民法典合同编理解与适用一》，人民法院出版社 2020 年版，第 481 页。

② 现为《民法典》第 590 条。

主体猝不及防的突变过程，而是经历了一个从限贷到限购逐步加强和完善的发展过程。房屋买卖合同作为一种标的额相对较大、与买卖双方切身利益密切相关的合同，当事人在签订合同时对合同订立后可能出现的房地产市场风险及各种履行障碍均应当有一定程度的预见和判断”。

如国家对于某一领域的宏观调控是长期存在，并且逐步加强和完善，则很难认定当事人对该政策完全无法预见，甚至可进一步认定当事人对此应有预期和判断，故政策应属于“商业风险”范畴。

在教育减负领域，国家陆续出台了多项政策和意见。2017 年 3 月，教育部官网刊登了《60 多年国家颁了 9 道“减负令”》一文①，文中指出国家已多次发文给义务教育减负，严禁违规补课或校外文化课学习。2018 年 8 月，国务院办公厅发布《关于规范校外培训机构发展的意见》（国办发〔2018〕80 号）也对校外培训进行了严格规范。2019 年 7 月，教育部等六部门发布《关于规范校外线上培训的实施意见》（教基函〔2019〕8 号）对于线上教育进行严格规范和整顿。再到 2021 年 1 月，教育部党组书记、部长陈宝生在全国教育工作会议上的讲话《乘势而上　狠抓落实　加快建设高质量教育体系》，其中亦提出要“大力度治理整顿校外培训机构”。②

由此可见，国家对于校外培训领域、教育减负的严格监管一直存在，并不能说是完全不可预见。当然，本次“双减”政策力度之大、对于校外培训市场的冲击幅度之强可能远超出了以往政策，也远远超出了当事人的合理预期。这次的“双减”政策要求大幅压减学科类校外培训、严格压缩培训时长等，在此政策下，即便培训机构得以继续经营，也可能因教学内容、教学时长大幅受限，经营成本大幅升高、收入也大幅下降而导致入不敷出，继续履行租约义务将导致严重不公平。

（二）当然，值得注意的是，只有在租赁合同签订后施行的政策方能够对租赁合同的继续履行或解除造成影响

不论是不可抗力还是情势变更，其构成要件之一均为客观事实发生在合同

---

①　柯进、万玉凤：《60 多年国家颁了 9 道“减负令”》，转载自《中华教育报》，载中华人民共和国教育部网，http://www.moe.gov.cn/jyb_xwfb/s5147/201703/t20170308_298589.html。

②　陈宝生：《乘势而上　狠抓落实　加快建设高质量教育体系——在 2021 年全国教育工作会议上的讲话》，载中华人民共和国教育部网，http://www.moe.gov.cn/jyb_xwfb/moe_176/202102/t20210203_512420.html。

订立之后、合同义务履行完毕之前。如政策施行于合同订立之前,那么应当认定当事人已将政策因素带来的风险考量在内,不应支持解除或变更约定之主张。

案例 4-4-2 **北京某教育科技有限公司、兰州某房地产开发有限公司房屋租赁合同纠纷案,甘肃省兰州市中级人民法院(2021)甘 01 民终 1883 号民事判决书。**

【法院裁判】关于上诉人提出某政府要求将其幼儿园办成普惠性幼儿园的政策属于“重大情势变更”的问题。经查,关于普惠性幼儿园的政策各级政府早就已经出台,而且在上诉人签订本合同的时候,包括七里河在内的各地都在落实,上诉人是专业的机构,对此应该是清楚的,对发生的“重大情势变更”应当有预判,由此产生的后果属于商业风险,由上诉人自担。上诉人的该上诉理由不能成立。

四、小结

基于上述分析,笔者认为,在对“双减”政策进行定性时,宜重点关注该政策对于房屋租赁合同的履行造成的具体影响,针对个案进行分析认定。

对此,笔者分别对出租方与承租方提出如下建议,具体如下:

(一)对于出租方的建议

1. 谨慎与学科类培训机构签约。由于各地不再审批新的学科类培训机构,出租方可梳理意向租户中有无拟开展学科类培训机构的,进一步与该类租户就具体的租赁内容进行协商。

2. 具体分析政策施行后无法经营的原因。如培训机构因本身存在不符合资质、管理混乱、虚假宣传、与学校勾连牟利等严重不合规问题而被取缔,则应自行承担相应违法经营的后果,其较难以此为由要求免责。

3. 引导承租方开展其他培训业务。学科类培训机构确因政策原因经营困难的,出租方可引导、协助承租方开展非学科类培训业务或其他经营内容,维持基本经营,以避免因继续履行合同对于承租方明显不公平,导致解约。

4. 严格管理学科类培训机构。对于可继续开展学科类培训业务的机构,建议明确要求培训机构按照政策要求开展业务,依法调整培训时间、培训内容、收费标准、聘请人员等,并要求承租方出具合法经营承诺书等。

5. 关注预收费用的退还问题。由于国家限制了休息日、法定节假日、寒暑假补课，承租方已经出售了相应的培训课程并预收款项的，应要求承租方做好预收费用的退还，或经消费者同意转为其他培训费用的手续。尤其对于无法继续经营的承租方，应密切关注预收款的退还工作，避免承租方擅自退租跑路、消费者直接找商场退款等情形。

6. 引入非学科培训等新业态。对于非学科类培训机构，也宜进一步关注学科类、非学科类的划分细则，并针对具体规定进行预判和应对。鉴于国家大力提倡丰富学生的学习业余生活，后续业态上可适当考虑引入非学科类、青少年业余活动场地等的加入。

7. 积极关注新政策动态。"双减"政策将上海等 9 个城市作为试点。在此之前，上海已发布了《多措并举减轻学生作业和校外培训负担》一文，提出上海后续将针对性制定《上海市民办培训机构设立与管理实施办法》《上海市培训机构培训资金管理规定》《上海市民办培训市场信用管理办法》《上海市民办培训机构设置标准》等规章制度，建议进一步关注相关规定，以及后续上海针对"双减"政策落地出台的实施细则等。

(二) 对于承租方的建议

1. 积极与出租方协商变更或解约。政策施行后，各地尤其是试点城市陆续开展整顿活动，如培训机构确因此经营困难，可组织相关材料积极与出租方就租金、租期的调整等进行协商。

2. 积极配合政策调整，适时推动业务转型。学科类培训机构也可响应政策，拓宽非学科类培训业务范围，逐步转型，尽量减少损失、维持经营。

3. 妥善处理退费纠纷。已预收课程费用的，承租方应及时与消费者进行协商，通过结转费用类型等方式进行妥善处理，尽可能避免因大面积退款导致机构无法继续运营的情况。

专题五　商业租赁纠纷中出租方主张解约违约金结算法律问题

一、问题的提出

商业租赁合同中，为防范承租方违约风险，出租方一般会在合同中约定，当承租方违约导致租赁合同提前解除时，承租方应承担一定金额的解约违约金，乃至出租方有权没收保证金；如承租方已享有租金优惠，还应向出租方全额补足等。

发生纠纷后，当出租方依据上述约定向承租方主张解约违约金时，出租方主张的约定金额能否全部得到法院支持？如同时主张保证金及优惠租金返还会否得到支持？

为此，笔者结合实务，以相关法律规定和上海、杭州地区的司法裁判实务为分析样本，归纳分析两地法院对于上述问题的裁判尺度[①]，以供参考。

二、司法裁判实务梳理

（一）出租方主张约定的解约违约金

根据《民法典》第585条[②]规定，当出租方主张约定的解约违约金时，承租方一方可能以约定的解约违约金过高为由抗辩，请求法院予以酌减。

---

① 本文仅针对普通商业项目上关于商铺、写字楼等租赁争议的裁判尺度，而不包括大型酒店租赁、大型厂房租赁、定建租赁、名为合作开发实为租赁争议中的裁判尺度，后者较为复杂，宜个案把握。

② 《民法典》第585条规定："当事人可以约定一方违约时应当根据违约情况向对方支付一定数额的违约金，也可以约定因违约产生的损失赔偿额的计算方法。约定的违约金低于造成的损失的，人民法院或者仲裁机构可以根据当事人的请求予以增加；约定的违约金过分高于造成的损失的，人民法院或者仲裁机构可以根据当事人的请求予以适当减少。当事人就迟延履行约定违约金的，违约方支付违约金后，还应当履行债务。"

房屋租赁合同纠纷中,解约违约金的功能一般被认定为主要用于弥补因承租方违约导致合同提前解除给出租方造成的房屋空置损失,因此,在衡量该违约金标准时,法院往往会结合具体案情,尤其是房屋空置期、有无实际另行出租、出租方有无积极另行出租等情节,综合认定。

尽管上海、浙江等地区未对该承租方违约时应承担的解约违约金标准出台公开的司法意见,但一般情况下法院支持的违约金标准都不会超过6个月租金。

仅从笔者检索到的案例来看,如果约定的解约违约金高于6个月,此时法院往往根据合同履行情况、双方过错程度、出租方的损失状况(房屋的空置及另行出租情况)等,酌定调低违约金至2~4个月租金,但个别案件中也有不同的认定。

案例4-5-1　上海某实业发展有限公司、陈某与上海某传媒连锁有限公司房屋租赁合同纠纷案,上海市中级人民法院(2021)沪民终1563号民事判决书。

【法院裁判】一审法院经审理查明:租赁合同对违约责任作出约定:违反合同的一方,应向另一方按租赁场所当年月租金合计的四倍支付违约金。一审法院认为:现上海某实业公司未按约支付租金和电费,某传媒公司主张违约金,与法无悖,但违约金的金额应结合合同约定以及某传媒公司的实际损失酌情确定。合同终止后,某传媒公司次日即将系争房屋出租,尚未产生空置期的损失,但根据合同对逾期违约金作出的约定,可推定双方对逾期付款而产生的利息损失具有预期,现某实业公司拖欠5年电费及末月的租金,某传媒公司承担了一定的利息损失,据此酌情确定某实业公司应支付某传媒公司相当于三倍租金的违约金。

二审法院维持原判。

案例4-5-2　杭州某商业经营管理有限公司与杭州某餐饮管理有限公司房屋租赁合同纠纷案,浙江省杭州市下城区人民法院(2020)浙0103民初6432号民事判决书。

【法院裁判】本院经审理查明的事实如下:《房屋租赁合同》约定乙方的违约责任:在租赁期内,如乙方逾期支付房屋租金、物业管理费一个月以上的情形,则甲方有权采取停止供应水电的措施,并有权单方面终止本合同,收回该租赁物,同时乙方应当支付相当于当年六个月租金给甲方作为违约金。

本院认为,双方合同约定的违约金数额明显过高。经询,案涉租赁房屋被某餐饮管理公司转租给不同的商户,2021 年 1 月之后某经营管理公司陆续与实际承租商户重新签订租赁合同,相当于某经营管理公司已陆续收回房屋,故某经营管理公司遭受的房屋空置损失较小,但截至目前仍有部分房屋未收回,某经营管理公司仍有一定的经济损失,且某餐饮管理公司亦未举证证明其与某经营管理公司办理过房屋交接手续。本院结合本案实际情况,酌情确定一个月租金即 110,871.75 元作为违约金。超出部分,本院不予支持。

(二)同时主张违约金、没收保证金

商业租赁合同中约定的没收保证金一般认为是承租方的履约担保,性质是履约保证金。履约保证金在法律规定上主要来自《招标投标法》第 46 条第 2 款①、第 60 条第 1 款②以及《招标投标法实施条例》第 58 条③。

这一概念并未在《民法典》合同编中有明文规定,但实务中当事人往往把履约保证金作为合同违约条款进行约定,该约定并不必然无效,而往往被法院认为是违约金的计算方式之一。

因此,对于出租方关于解约违约金、没收保证金的同时主张,法院往往会将没收的租赁保证金的性质定性为解约违约金,并将二者合并考虑。因此在最终处理上,可能会先酌定解约违约金的金额,再从保证金中予以抵扣;或者直接支持没收保证金,而不再另外认定解约违约金的金额。

总体而言,如前文所述,法院在考量解约违约金时基本上会结合案件实际情况,将解约违约金定为 2 ~4 个月租金,不过在实际处理方式上较为灵活。

1. 部分法院先综合全案情况酌定解约违约金,再从保证金进行抵扣。

案例 4 -5 -3　姚某与杭州某商业管理有限公司合同纠纷案,浙江省杭州市拱墅区人民法院(2019)浙 0105 民初 9665 号民事判决书。

【法院裁判】某商业管理公司主张姚某支付违约金 78,199 元,本院认为,违

---

① 《招标投标法》第 46 条第 2 款规定:"招标文件要求中标人提交履约保证金的,中标人应当提交。"

② 《招标投标法》第 60 条第 1 款规定:"中标人不履行与招标人订立的合同的,履约保证金不予退还,给招标人造成的损失超过履约保证金数额的,还应当对超过部分予以赔偿;没有提交履约保证金的,应当对招标人的损失承担赔偿责任。"

③ 《招标投标法实施条例》第 58 条规定:"招标文件要求中标人提交履约保证金的,中标人应当按照招标文件的要求提交。履约保证金不得超过中标合同金额的 10%。"

约金应以实际损失为基础,兼顾当事人的过错程度、预期利益等因素综合确定,根据本案情况,本院酌定姚某支付某商业管理公司按正常租金两个月的标准的违约金,即43,704元,对超出部分不予支持,对某商业管理公司主张姚某支付逾期支付租金违约金本院亦不再予以支持。租赁保证金78,199元应在姚某应付款项中予以抵扣。

2.部分法院直接将租赁保证金认定为解约违约金,支持出租方不予退还,同时可能不再另行单独认定解约违约金金额。

案例4-5-4　上海某企业管理有限公司与方某房屋租赁合同纠纷案,上海市金山区人民法院(2020)沪0116民初13432号民事判决书。

【**法院裁判**】原告主张没收保证金20,542元,符合合同约定,本院予以支持。该笔款项的金额高于合同解除时两个月租金,性质为解除合同违约金。原告主张被告另支付两个月租金作为违约金,被告辩称同意原告没收保证金后已经起到了相当于不能履约的金额,本院采纳被告的辩解意见,对被告另行主张的两个月租金作为违约金不予支持。

案例4-5-5　上海某投资有限公司与上海某1食品有限公司、上海某2食品有限公司房屋租赁合同纠纷案,上海市长宁区人民法院(2021)沪0105民初3233号民事判决书。

【**法院裁判**】原告还主张要求被告某1公司支付相当于保证金金额的违约金151,482.66元,鉴于原告的该项主张实质上系要求被告某1公司承担违约责任,而根据原告确认,涉讼房屋已于2020年9月1日再次出租,本院上述已支持原告的不予返还保证金等诉讼请求应足以弥补原告因被告某1公司违约所受到的损失,故本院对原告的该项本诉诉讼请求不予支持。

3.在一些案例中,尽管法院已酌定解约违约金,也还是会另行支持出租方没收保证金,这往往是考虑到出租方的损失情况、承租方的过错程度等,但基本上支持范围也是在2~4个月租金,基本上不会超出6个月的标准。

案例4-5-6　上海某房地产开发有限公司与上海某信息科技有限公司房屋租赁合同纠纷案,上海市闵行区人民法院(2020)沪0112民初23858号民事判决书。

【**法院裁判**】就原告主张的相当于三个月租金的违约金,被告认为违约金的计算标准过高,本院在尊重当事人约定的前提下,考虑到原告方由此可能产生的实际损失,兼顾双方的合同履行情况,当事人的过错程度以及预期利益等综合因素,根据公平原则和诚实信用原则予以衡量,酌定被告向原告支付违约金21,669元。就原告收取的保证金65,007元,双方均同意在本案中一并处理。根据合同约定,原告有权没收该保证金。(注:本案中,法院判决的租赁保证金及违约金之和相当于四个月的租金。)

案例4-5-7　上海某文化传媒有限公司与上海某置业有限公司房屋租赁合同纠纷案,上海市第一中级人民法院(2021)沪01民终6869号民事判决书。

【法院裁判】一审法院认为,关于某置业公司要求没收租赁保证金84,000元并要求某文化传媒公司支付免租期租金45,173.33元的诉讼请求,均符合合同约定,一审法院予以支持。对于某置业公司要求某文化传媒公司支付解约违约金的诉讼请求,某文化传媒公司认为标准过高,故一审法院根据租赁合同的履行情况以及某文化传媒公司的过错程度,酌情将违约金调整为50,000元。[①]

二审法院维持原判。

(三)同时主张违约金、优惠租金返还

对于优惠租金,其性质一般认为是出租方对自身应当收取而自主选择放弃或迟延收取的合同价款,对出租方而言是一种附条件的不确定债权。由于合同中一般将承租方违约情形约定为该不确定债权的生效条件,因此对于出租方的优惠租金返还主张,一般有两种观点:一种认为是对迟延收取的合同价款的主张,因此是有别于违约金的另一种合同之债;另一种认为是对违约责任的主张,因此是违约金的计算方式之一。依据这两种观点,实务中法院对于出租方同时主张违约金、优惠租金返还的处理就有所不同。实务中一般采用一定期限内适用较低租金标准的优惠模式,一般约定1~2个月的租金优惠期,但有的情形下该期限也会约定更长,如1年。

在合同明确约定承租方违约时应返还优惠租金的情况下,存在以下情况:

1.法院一般对合同约定的租金优惠补足条款予以支持,且认为返还优惠租

---

① 本案中,法院判决的租赁保证金及违约金之和相当于四个半月的租金。

金与解约违约金是可以并存的。

案例 4-5-8　某网络技术有限公司与杭州某网络科技有限公司、牛某、马某房屋租赁合同纠纷案，浙江省滨江区人民法院(2020)浙 0108 民初 2969 号民事判决书。

【法院裁判】法院经审理查明：甲方向乙方出租位于杭州市滨江区滨兴路 1866 号阿里中心杭州××号楼××室房屋，合同期自 2019 年 8 月 24 日起至 2022 年 10 月 7 日止，装修期自 2019 年 8 月 24 日起至 2019 年 10 月 7 日止，每月租金单价(含税)83.65 元/平方米，每月租金总额(含税)41,635.96 元。在本合同生效且乙方完全履约无违约行为的前提下，甲方同意给予乙方含装修期及装修期后首月的租金优惠，如因乙方违约导致本合同提前终止或解除的，则甲方有权取消在本合同项下对乙方的优惠租金安排(无论乙方是否已实际享受)。装修期和装修期后首月的优惠租金单价均为含税 33.73 元/月，合计含税 41,635.96 元。本院认为：被告某网络科技公司存在违约情形，原告主张取消租金优惠并要求其支付装修期及装修期后首月租金损失 61,607.39 元，符合合同约定，本院予以支持。

2. 部分法院认为补足优惠租金已足额弥补出租方的损失，故不再另行支持合同约定的解约违约金，也即法院将取消优惠租金的性质认定为解约违约金，二者不可并存。但经检索，此类案例在实务中并不算多见。

案例 4-5-9　杭州某餐饮管理有限公司与杭州某经营管理有限公司、肖某房屋租赁合同纠纷案，浙江省杭州市中级人民法院(2018)浙 01 民终 9957 号民事判决书。

【法院裁判】一审法院认为，关于某经营管理公司要求某餐饮管理公司赔偿因其违约行为导致合同解除造成的损失，该院予以支持。关于赔偿的金额，因双方合同中对违约金作了双重约定，既约定了违约方应按照剩余租期租金总额的 20% 计算违约金，又约定了某餐饮管理公司应按照第二期租金的标准补足第一期租金 628,312 元，而某经营管理公司并无证据证明某餐饮管理公司的阻挠行为造成了其租金损失的扩大，该院认为综合考虑某餐饮管理公司违约导致的租金损失，某餐饮管理公司按第二期租金标准补足第一期租金 628,312 元已足够弥补某经营管理公司的损失，故仅支持某经营管理公司要求某餐饮管理公司补足租金628,312元的诉讼请求,对其要求某餐饮管理公司按照剩余租金总额20%的标准另行支付违约金的请求不予支持。

二审法院维持原判。

三、小结

尽管出租方可能会在合同中约定较高的解约违约金,但在司法实务中,法院往往会酌定调低违约金至2~4个月租金。对于在此以外是否可以另行主张租赁保证金或租金优惠补足,法院存在不同观点,但总体会将金额控制在前述范围内。因此,在签订合同时应当注意对违约金数额的约定,如约定较高的违约金(如超过六个月租金)将存在发生纠纷时该违约金条款无法落地得到支持的风险。

第五章

房屋征收补偿法律问题

专题一　房屋征收补偿款项归属与分配法律问题

一、问题的提出

某处房屋被征收，房屋的权利人在征收前均已去世，房屋由权利人的部分子女、孙子女实际居住，其中部分子女、孙子女申请了居困托底。对于征收补偿款项，包括房屋价值补偿款、签约补贴款、搬迁补贴款、安置补贴款、居困补贴款等，在无遗嘱继承的情况下，各子女、孙子女应如何进行分配？

为此，笔者结合实务，以上海地区的司法裁判实务为分析样本，对房屋征收补偿款项的归属与分配所涉及的相关法律问题进行梳理和分析，以供参考。

二、司法裁判实务梳理

经查阅和梳理上海地区法院的相关案例，笔者发现对于征收补偿款项的分割方式，法院往往是在公平合理原则的基础上，综合考虑系争房屋的性质、来源、建造情况、实际居住情况、身份关系、房屋评估及补偿情况、户外共有人配合签约补贴情况以及保障住房安置需要等各种因素后，酌情确定各方利益。由此可见，对于此类案件，法官享有一定的司法裁量权。从目前司法实务情况来看，尚难谓已有统一的分割比例标准或司法裁判尺度。

现选取上海地区关于征收补偿款项分配的若干司法案例整理如下：

案例5-1-1　李某1、姜某等与李某2、李某3共有物分割纠纷案，上海市第二中级人民法院(2020)沪02民终2807号二审民事判决书。

【法院裁判】一审法院认为，系争房屋系私有房屋，应为李某、张某的夫妻共同财产，现二人均已去世，故房屋价值部分应为遗产，相应李某名下的份额由其法定继承人张某、李某1、李某2、李某3继承，根据公证遗嘱的内容，张某名下在系争房屋上的份额由李某1继承,张某应继承李某名下的份额由李某1、李某2、李某3继承。系争房屋在征收前由李某1、姜某一家实际居住,故装潢补偿款、搬家补助费、家用设施移装补贴、均衡实物安置补贴、按期搬迁奖应由其享有。不予认定建筑面积的材料费补贴,应根据实际出资建造情况、房屋的实际使用情况予以酌定。集体签约奖、按期签约奖、首日生效签约奖系按户发放的奖励费,法院酌情予以分配。

本院认为,关于系争房屋的分割问题,一审法院将装潢补偿款、搬家补助费、家用设施移装补贴、均衡实物安置补贴、按期搬迁奖作为上诉人独享的部分,将不予认定建筑面积的材料费补贴、集体签约奖、按期签约奖、首日生效签约奖根据实际情况酌情确定,并将征收补偿利益的其他部分依法分割,本院认为上述处分方式与法无悖。一审法院综合确定的份额已经考虑了公平合理原则并适当照顾了实际居住人,故本院予以维持。

案例5-1-2　朱某1与朱某2、朱某3等法定继承纠纷案,上海市高级人民法院(2016)沪民申1417号再审民事裁定书。

【法院裁判】一审法院认为,依据征收补偿协议,其中体现房产价值的部分应作为遗产予以继承。该房屋价值补偿款包括评估价格、价格补贴、套型面积补贴三项,其中评估价格系房屋价值的直接体现,价格补贴、套型面积补贴与房屋建筑面积、房屋的实际状况存在关联。其他各类补贴、奖励费用中,搬家补助费、搬迁奖励费、家用设施移装费等与房屋实际居住人口有关,不应列入遗产范围;其中户外共有人配合签约补贴与其他法定继承人有关,对此一并予以考虑。因居住困难增加的货币补贴款,应属朱某3、朱某4及其他案外人所有,亦不属于本案遗产范围。故因房屋征收产生的补偿利益中体现房屋价值的部分,应作为被继承人的遗产在继承人中予以分割。在分割继承时,应着重考虑朱某3、朱某4等人作为实际居住人口和居住困难人口的合法权益,应满足其实际安置居住的需要。因此,该房屋征收补偿款及其他各类补贴、奖励费用,包括产权调换房屋等动迁利益,均可归朱某3、朱某4及其他案外人所有,对其中遗产范围法院酌情予以确定,并由朱某3、朱某4共同支付朱某2遗产折价款。

二审认为,本案当事人对作为遗产的房屋价值部分享有权利,其余补偿安置款的分配应综合考虑该房屋实际居住情况、补偿条件、补偿项目等因素,并应优先保障该房屋实际居住人口特别是居住困难人口的居住权益。鉴于此，本院认为，原审依据本案在案证据，结合该房屋征收补偿实际情况，对系争征收补偿安置款进行了厘定并予以分配，论理过程及判决结果均无不妥，本院予以认同。

再审法院认为，关于本案遗产范围，涉案房屋系被继承人朱某、王某的夫妻共同财产，原一、二审法院认为，该房屋被动迁后，所得各项动迁补偿款中只有体现该房产价值的部分才能作为遗产予以继承，其中评估价格系房屋价值的直接体现。其他各类补贴、奖励费用中，搬家补助费、搬迁奖励费、家用设施移装费等与房屋实际居住人口有关，不应列入遗产范围，因居住困难增加的货币补贴款亦不属于本案遗产范围，而是用于对该房屋实际居住使用人的安置保障等用途。原一、二审法院依据征收补偿协议，将其中体现房产价值的部分作为遗产予以处理分配，并在综合考虑房屋评估价格、户外共有人配合签约补贴以及实际居住人住房安置需要等情况的基础上，最终确定朱某1可得房屋征收补偿款数额，并无不妥。

案例5-1-3　张某1、张某2与张某3、张某4共有物分割纠纷上诉案，上海市第二中级人民法院(2020)沪02民终4361号二审民事判决书。

【法院裁判】征收补偿利益中的房屋价值补偿部分作为遗产由继承人继承，张某3仅要求分得500,000元，其余部分原则上可由张某1与张某5均分。房屋价值补偿部分以外的征收补偿利益则应优先保障居住安置的需求。张某1实际居住系争房屋，可以适当多分。张某1、张某2订购的某路房屋价值超过了其可以分得的征收补偿利益总额，故张某1、张某2应向其余被安置对象支付相应的征收补偿款。一审法院在结合当事人的意见，并以张某1、张某5及张某3三个家庭为单位的基础上，考虑系争房屋的性质、来源，被安置对象实际居住情况、身份关系等因素，酌情确定各方利益，其所持观点，本院予以认同。

案例5-1-4　蔡某1、陈某某、蔡某某与朱某1、朱某2等所有权确认纠纷上诉案，上海市第二中级人民法院(2017)沪02民终4005号二审民事判决书。

【法院裁判】一审法院认为，依照相关征收细则，人均面积和折算单价是居住困难户保障补贴的计算方式，且从计算方式“折算单价×居住困难户人数×22-被征收居住房屋补偿金额”看，征收房屋的补偿金额不包含在居住困难户保障补贴内,故原告的主张本院无法采纳。上海市某路某弄某号房屋被征收后,被征收人以及被认定为符合居住困难补偿资格的个人均有权获取征收补偿利益,但系争房屋为私房,因此分割时应考虑到被征收人、实际居住人和非居住人员间的差异。根据原告自述的居住及落户情况,原告的实际生活居住显然不以系争房屋为中心,且原告非系争房屋的被征收人,亦非实际居住人,且也不存在居住困难的情况,根据民事活动等价有偿、公平合理的基本原则结合该户具体情况,本院对原被告的征收利益进行酌定分配。

本院认为,被征收房屋系产权房,该房屋被征收所得利益的分割应考虑继承人、实际居住人及被认定为居住困难人员之间的差异,蔡某1方虽被认定为居住困难人员,但其并非实际居住人亦非继承人,故蔡某1方主张其可分得征收利益570,000余元,理由不能成立,一审法院不予采纳并无不妥。

案例5-1-5　解某1、解某2与解某3、解某4等所有权确认纠纷上诉案,上海市第二中级人民法院(2020)沪02民终3708号二审民事判决书。

【法院裁判】结合征收补偿利益各项补贴奖励事项发放的理由,居住协议签约奖励、早签多得益奖励等项目与系争房屋征收补偿协议的签署有关,显然不属于解某5、徐某的遗产范围。而作为解某5、徐某的法定继承人,解某1等人对协议的签署均有共同决定的权利,相应奖励也应由相关人员共同获得为宜,故本院在本案中对上述事宜一并予以处理。综合考虑系争房屋的历史来源、产权、居住使用情况,以及保障各家庭成员居住权益等各项因素,遵循公平公正的原则,本院酌情确定解某1、解某2另各可得70,000元。

三、小结

结合司法案例,对于征收补偿款项,应根据是否属于遗产范围进行不同处理:

1. 对于房屋价值部分的补偿应属于遗产范围,应根据《继承法》进行分配。

属于遗产范围的补偿即通俗所称的"三块砖",包括:(1)被征收房屋的房地产市场评估价格。(2)价格补贴。(3)特定房屋类型的套型面积补贴。

2. 征收补偿款项中除针对房屋价值补偿的部分,包括其他签约、搬迁、安置补贴等，系针对实际居住人的补偿，不属于遗产范围，该部分补偿则应根据补偿原因、对象等因素确定归属。

进一步的分配方案包括：(1)签约奖，一般是指共有人配合签约的奖励。(2)搬迁补贴、安置补贴，一般认为该部分补偿系针对实际居住人作出，故不属于遗产范围；不过司法实务中也有观点认为，非实际居住人的其他继承人也有权享有部分利益，在分割时予以酌情考虑。(3)居困补贴，因征收补偿环节与司法实务中对于居困补贴对象的认定标准不一致，实务中的处理较为复杂，如有法院认为，被认定为居住困难的对象也一并享有包括安置补贴在内的全部征收补偿利益；但也有法院认为，被认定为居住困难的对象仅可分割对应的居困保障补贴款，且不享有要求另行安置的权利。

如前所述，关于征收补偿款项的分配方案涉及多方利益，法官享有一定的司法裁量权，故上述分配方案仅系依据目前司法实务所作的初步归纳，并非代表绝对的分配方案，仅供参考。

专题二　租赁厂房被征收时出租方与承租方间征收补偿款项分配法律问题

一、问题的提出

租赁厂房被征收时涉及的征收补偿问题一直是实务中较为复杂的问题。具体的补偿款项包括哪些？征收补偿款项是否应当分配给承租方？如果应当分配，具体分配方式及数额如何确定？

为此，笔者结合实务，以上海地区的相关规定和司法裁判实务为分析样本，对租赁厂房被征收时出租方与承租方间征收补偿款项分配所涉及的相关法律问题进行梳理和分析，以供参考。

二、厂房被征收时的征收补偿：需区分国有土地和集体土地

由于我国立法权限的相关设计，我国将房屋征收补偿①区分为国有土地上房屋征收②和集体土地③上房屋征收，二者分别由条例和土地管理法两类法律规定

---

① 实务中对于征收补偿的通常做法是依据取得经济利益的原因将补偿分为：征收资产补偿、征收费用补偿和搬迁奖励。

② 《上海市国有土地上房屋征收与补偿实施细则》（上海市人民政府令第71号）第34条规定："（征收非居住房屋的补偿）征收非居住房屋的，被征收人、公有房屋承租方可以选择货币补偿，也可以选择房屋产权调换。征收非居住房屋的，应当对被征收人、公有房屋承租方给予以下补偿：（一）被征收房屋的市场评估价格；（二）设备搬迁和安装费用；（三）无法恢复使用的设备按重置价结合成新结算的费用；（四）停产停业损失补偿。被征收人、公有房屋承租方按期搬迁的，应当给予搬迁奖励。具体奖励标准由区（县）人民政府制定。"

③ 《上海市征收集体土地房屋补偿规定》（沪府规〔2021〕13号）第20条（非居住房屋的补偿）第2款规定："农村集体经济组织以土地使用权入股、联营等形式与其他单位、个人共同举办企业的非居住房屋，以及通过集体经营性建设用地入市取得土地使用权的非居住房屋，其货币补偿金额计算公式为：房屋建安重置价+相应的土地使用权取得费用。"第21条（非居住房屋的其他补偿）第1款规定："对于经批准用于生产经营的非居住房屋，还应当补偿下列费用：（一）设备搬迁和安装费用；（二）无法恢复使用的设备按照重置价结合成新结算的费用；（三）停产停业损失补偿。"

予以调整。那么根据厂房坐落地的土地属性，厂房征收分别适用两类法律规定中有关非居住房屋征收补偿的规定。

1. 如果厂房坐落于国有土地，则主要适用《国有土地上房屋征收与补偿条例》《上海市国有土地上房屋征收与补偿实施细则》等规定。

2. 如果厂房坐落于集体土地，则主要适用《土地管理法》《土地管理法实施条例》《上海市实施〈土地管理法〉办法》《上海市征收集体土地房屋补偿规定》等规定，如表 5－2－1 所示。

表 5－2－1　国有土地与集体土地上房屋征收的补偿

补偿项目	国有土地	集体土地
征收资产补偿	被征收房屋的市场评估价格； 无法恢复使用的设备按重置价结合成新结算的费用。	房屋建安重置价； 无法恢复使用的设备按照重置价结合成新结算的费用； 相应的土地使用权取得费用。
征收费用补偿	设备搬迁和安装费用； 停产停业损失补偿。	设备搬迁和安装费用； 停产停业损失补偿。
搬迁奖励	被征收人、公有房屋承租方按期搬迁的，应当给予搬迁奖励。	对于居住房屋：明确列举应当对宅基地使用权人或者居住房屋所有人补偿奖励费； 对于非居住房屋：未明确列举奖励费。

对比来看，可以发现两类规定主要在土地使用权补偿项目和搬迁奖励项目上存在差异：

1. 对于土地使用权补偿项目

国有土地上的非居住房屋征收未明确针对土地使用权的补偿项目，只是将土地使用权作为房屋价值评估中应当考虑的因素；集体土地上非居住房屋征收则规定了针对土地使用权的补偿项目。

2. 对于搬迁奖励项目

国有土地上房屋征收对于非居住房屋征收明确规定了应当给予搬迁奖励；集体土地房屋征收则区分了居住房屋[①]和非居住房屋：对于居住房屋，将搬迁奖

---

① 《上海市征收集体土地房屋补偿规定》（沪府规〔2021〕13 号）第 16 条（居住房屋的其他补偿）第 1 款规定："征地房屋补偿，还应当对宅基地使用权人或者居住房屋所有人补偿搬家补助费、设备迁移费、过渡期内的临时安置补助费、奖励费，具体标准由区人民政府制定。"

励明确列举为应当补偿的项目；对于非居住房屋，则未列举为应当补偿的项目。

三、承租方对征收补偿的主张路径：选择民事诉讼还是行政诉讼

当厂房同时成为租赁合同和行政征收的标的物时，发生了民事租赁法律关系和行政征收法律关系的交叉。此交叉情形下承租方应据何主张征收补偿的问题经常成为法律适用中的疑难点。

1. 就承租方是否有权利就租赁物被征收直接主张征收补偿利益的问题[①]，从民事租赁法律关系部分来看，《民法典》第 327 条规定："因不动产或者动产被征收、征用致使用益物权消灭或者影响用益物权行使的，用益物权人有权依据本法第二百四十三条、第二百四十五条的规定获得相应补偿。"该条明确了用益物权人因征收而获得补偿的权利。

案例5-2-1　上海某公司与上海市某镇某村村民委员会、上海某实业公司其他所有权纠纷案，上海市浦东新区人民法院(2017)沪 0115 民初 77227 号一审民事判决书。

【法院裁判】本院认为，租赁期间，因原告租赁的房屋被征收，原告由此取得的相关民事权益受法律保护。现原告主张涉讼房屋中涉及的设备搬迁补偿费 10,050 元、物资搬迁补偿费 30,520 元、停产停业损失补偿费 1,756,528.30 元、搬迁奖励费 526,958.49 元之请求，于法有据，本院应予支持……

案例5-2-2　安徽某公司、蚌埠市某局土地租赁合同纠纷案，最高人民法院(2019)最高法民终 703 号二审民事判决书。

【法院裁判】本院认为，本案的主要争议焦点为：安徽某公司起诉要求赔偿或补偿因原蚌埠某局划走案涉 27 亩土地产生的损失是否超过诉讼时效。针对焦点问题应着重审查：(1)该损失是否受诉讼时效限制；(2)本案是否存在诉讼时效中断事由。

关于安徽某公司主张的 27 亩土地的相关损失是否受诉讼时效限制问题。安徽某公司主张其通过与原蚌埠某局签订的《协议书》，获得了案涉土地用益物

---

① 就承租方主张征收补偿利益的民事依据来看，承租方可能存在三条路径：(1)主张租赁合同项下的合同责任；(2)主张侵权责任；(3)直接请求分配征收补偿款。前两条路径属于对征收补偿利益的间接主张，第三条路径则是对征收补偿利益的直接主张，本文主要聚焦于第三条路径。

权，其基于用益物权主张相关赔偿不存在超过诉讼时效问题。经查，安徽某公司与原蚌埠某局签订的《协议书》约定原蚌埠某局将面积约60,000平方米土地租赁给安徽某公司开发建设水上游乐园，租赁期限为20年。从该约定来看，安徽某公司与原蚌埠某局签订的该《协议书》应为土地租赁合同，安徽某公司通过该《协议书》取得的是该土地的租赁使用权而非土地用益物权。土地租赁使用权本质上属于债权。

部分法院依据《物权法》第121条（该条为《民法典》第327条的前身）认定承租方可获得一定的征收补偿利益，并就征收补偿款项直接对承租方进行分配。不过在租赁权是否属于用益物权问题上，实务中存在争议。基于物权法定原则，也有法院认为租赁权不属于用益物权，仅为债权。

如依据《民法典》第327条，承租方就租赁物取得征收补偿的权利被承认，但这一获得补偿权利是否具有独立性仍未被明确，而这关系到承租方取得补偿的具体主张方式，特别是能否直接参与行政征收补偿的问题。

2. 就承租方是否有权就征收补偿提起行政诉讼的问题，从行政征收法律关系部分来看，现行的行政征收法律规定并未涉及征收租赁房屋时的处理。

《城市房屋拆迁管理条例》（已失效）第13条第2款曾规定："拆迁租赁房屋的，拆迁人应当与被拆迁人、房屋承租方订立拆迁补偿安置协议。"该条款明确了房屋承租方能够成为征收补偿协议中的主体参与到行政征收法律关系中。但在取代该旧条例的《国有土地上房屋征收与补偿条例》中删去了该规定。

据此，承租方究竟应依靠何种途径取得征收补偿，或者说承租方是否有权直接参与征收补偿分配？由于国家法律层面对此不存在明确规定，地方上也因此做法各有差异。部分地方实务中规定承租方不应参与行政征收法律关系，涉及承租方的征收补偿纠纷应当立足于租赁法律关系，由出租方和承租方两方主体解决，如《广州市国有土地房屋征收与补偿实施办法》第31条第4款①。而部分地方实务中则存在相反规定，允许征收主体直接对承租方进行补偿，如《河北省国有土地上房屋征收与补偿实施办法》（河北省人民政府令〔2012〕第2

① 《广州市国有土地上房屋征收与补偿实施办法》（穗府规〔2021〕2号）第31条第4款规定："被征收房屋的生产、经营单位或个人不是被征收人的，被征收人负有清退被征收房屋的责任。被征收人与生产、经营单位或个人有合同约定的，依照约定分配停产停业损失补偿和搬迁费、临时安置费；没有约定的，由被征收人与生产、经营单位或个人协商分配。"

号)第15条①。总体而言,对于承租方能否直接参与征收补偿分配的问题,各地方规定不一,上海市则暂未检索到相关规定。

在实务上,对于承租方是否有权单独依据行政征收关系提起诉讼,就上海市而言,上海地方法院多数认为承租方主张征收补偿可通过民事诉讼途径,但无权提起行政诉讼,因其对行政征收行为缺乏诉的利益。

但2020年,最高人民法院在有关判例中对上述诉讼路径进行了突破,认可在特定情形下承租方有直接向征收主体提起行政诉讼的权利。认为原则上承租方主张征收补偿应当依据租赁法律关系提起民事诉讼,向出租方主张补偿或者赔偿。但如果行政征收主体在征收过程中并未对承租方享有的独立补偿利益进行处理,则承租方有权据此直接向行政征收主体提起行政诉讼。

案例5-2-3 **上海某公司诉某开发区管理委员会行政案,上海市第一中级人民法院(2019)沪01行终39号二审行政裁定书。**

【法院裁判】本院认为,公民、法人或者其他组织对行政机关提起行政诉讼,应当有具体的诉讼请求和事实根据,并应具有诉的利益……本案也无证据表明被上诉人系动迁人,或拆除行为系为推进动迁项目而实施,在拆除前已张贴告知,拆除后当日上诉人即知晓拆除行为的情况下,其不积极采取止损措施,仅在事后对相关行为提起行政诉讼并主张赔偿,其做法难谓正当。如上诉人认为其作为承租方,在相关动迁项目中应获得补偿,可另行通过民事诉讼等途径依法向有关主体主张,但其在本案中,对本案的被诉行为则缺乏诉的利益。

案例5-2-4 **广东省开平市某茶馆、广东省某政府案,最高人民法院(2020)最高法行再110号再审行政裁定书。**

【法院裁判】本院认为,《行政诉讼法》第25条第1款规定,行政行为的相对人以及其他与行政行为有利害关系的公民、法人或者其他组织,有权提起诉讼。所谓"有利害关系",可以理解为被诉行政行为有可能对起诉人的权利义务造成区别于其他人的特别损害或者不利影响,且起诉人无法通过其他有效方式寻求

---

① 《河北省国有土地上房屋征收与补偿实施办法》(河北省人民政府令〔2012〕第2号)第15条规定:"生产经营者依法承租房屋进行生产经营且租赁合同未到期所承租房屋被征收的,其停产停业损失补偿费应当依照生产经营者与被征收人的约定分配;无约定的,房屋征收部门可将生产经营者的停产停业损失直接补偿给生产经营者。"

救济。在房屋征收补偿案件中，一般而言，只有房屋所有权人才与征收行为和补偿行为有利害关系，可以针对征收行为或者补偿行为提起行政诉讼。房屋的市场化承租方通常并不与补偿行为有利害关系，其可以通过民事诉讼解决其与房屋所有权人之间的房屋租赁合同纠纷，并按照法律规定和租赁合同的约定来解决所租赁房屋上的添附以及因征收而造成的停产停业损失的补偿或赔偿问题。但是，补偿义务主体在知道或者应当知道存在房屋承租方且承租方具有独立的补偿利益后，既不在其与房屋所有权人签订的安置补偿协议或者作出的补偿决定中给付上述独立的补偿利益，也不另行与承租方签订安置补偿协议或者作出补偿决定解决上述独立的补偿利益问题，则房屋承租方有权以自己名义主张上述独立的补偿利益。

对于承租方主张征收补偿利益的路径，立法上缺乏明确规定，从检索到的案例来看，原则上应通过民事路径进行主张，特殊情况下可以通过行政路径。但由于法院自由裁量权的存在，不同地区法院对上述路径的认可程度可能存在差异。

四、征收补偿款项如何分配

在明确承租方有权获得征收补偿的基础上，进一步的问题是：承租方能够就征收补偿的哪些部分进行主张？法院对该主张的支持情况如何？法院的自由裁量权运用情况如何？下文将梳理相关司法裁判实务案例。

对司法实务中的具体项目分类与法律规定略有差异，主要依据取得经济利益的原因，将厂房征收补偿分为三部分：一是征收资产补偿，包括无法搬迁的土地、房屋、建筑物和构筑物，以及确因搬迁而发生损失的机器设备而生的补偿。二是征收费用补偿，包括搬迁前期费用和搬迁过程中发生的停工费用、机器设备调试修复费用以及物资的拆卸、包装和运输、解聘员工补偿费等费用。三是基于征收政策发生的奖励费用，包括速迁费、征收奖励费等。

当承租方向出租方主张被租赁厂房的征收补偿时，如何分配该征收补偿的问题往往会在出租方和承租方之间发生争议。鉴于上海地区承租方多通过民事诉讼途径主张征收补偿利益，本专题也据此从民事司法裁判实务的角度进行分析。

（一）租赁合同如对征收补偿款项分配一般有约定则从约定，但如何“约定”有“讲究”

一般而言，对于承租方的征收补偿主张，法院的裁判原则是首先审查双方是否在租赁合同中对征收补偿进行约定及约定是否明确，如有明确约定则遵照约定。如无约定或者约定不明确，则一般认可承租方的征收补偿主张。其中合同的何种内容属于“明确约定”尤为重要。

案例 5-2-5 **刘某与上海某公司房屋租赁合同纠纷案，上海市浦东新区人民法院（2021）沪 0115 民初 46208 号一审民事判决书。**

【法院裁判】关于原告主张的机器折旧费、装潢费、停产停业损失费、搬迁奖励费、营业执照损失费合计 113,650 元，本院认为，根据双方《租房协议》第 5 条约定，承租期间如遇地区拆迁，原告应无条件终止合同自动搬迁，不享受任何动迁待遇。原告自行预先放弃了动迁待遇，应当履行承诺。原告称该条款不公平，但原告作为完全民事行为能力人，在签约前应当对合同条款进行审慎考虑，并应当对自己的签字行为承担法律后果，其认为合同条款不公平，未能提供任何证据证明，本院难以采纳。

案例 5-2-6 **上海某公司与费某房屋租赁合同纠纷案，上海市第一中级人民法院（2019）沪 01 民终 14346 号二审民事判决书。**

【法院裁判】上海某公司同时认为其与费某租赁合同中约定如遇动迁“双方不承担任何经济责任”，即意味着费某无权向上海某公司主张权利，本院认为该约定从字面意思理解，如遇动迁，合同自动终止，双方互不承担违约责任，无法推出费某不能主张其应得的补偿（如有），故对上海某公司的该上诉理由不予采纳。

对于厂房租赁合同中涉及征收的处理，双方一定要针对征收补偿款项的分配做明确约定。如果合同中明确约定承租方放弃动迁待遇，则视为承租方对征收补偿利益的预先弃权，承租方事后再进行主张难以获得法院支持。如果约定过于模糊，如约定“征收时双方不承担任何经济责任”，则可能被法院认定为是对租赁合同违约责任的约定，而非征收款项的约定，此时视为约定不明或者没有约定的情形，承租方的征收补偿主张很可能得到法院的支持。

（二）租赁合同如无相关约定则可能由法院综合考虑各种因素后，酌定分配征收补偿款项

1. 征收资产补偿原则上按物权归属分配

对于建筑物等资产的征收补偿，如无明确约定，应当依照物权归属进行分配。但由于补偿协议的双方主体不包括承租方，补偿款项往往直接分配到出租

方，而法院对该事实也往往予以默认。因此，承租方向出租方主张征收资产补偿需要承担证明责任。

案例5-2-7　上海某厂诉上海某公司房屋租赁合同纠纷案，上海市第一中级人民法院（2018）沪01民终12470号二审民事判决书。

【法院裁判】当事人对自己提出的诉讼请求所依据的事实或者反驳对方诉讼请求所依据的事实有责任提供证据加以证明。没有证据或者证据不足以证明当事人的事实主张的，由负有举证责任的当事人承担不利后果。上海某厂主张拆迁补偿安置费用中的房屋类下第10项活动房、第11项彩钢板房，装饰装修类下方管铁门、双面夹芯板、铝卷门，附属设施类下第1项砼场地、第2项砼道路、第6项上水管、第8项彩钢板棚由其在租赁关系建立后建设、添附，但根据上海某厂提供的证据，尚不足以证明其主张的上述设施设备系由其添设所有，故其要求上海某公司支付动迁安置款中的上述部分缺乏依据，难以支持。

2. 征收费用补偿原则上按"实际经营人"分配，但法院可能综合考虑各种因素予以调整

对于厂房征收中的费用补偿部分，法院一般遵照"实际经营人"或"实际经营"原则处理，将该补偿项目分配给承租方。但该部分款项也可能由法院综合考虑各种因素后在承租方和出租方之间予以调整。

案例5-2-8　陆某等与吴某房屋租赁合同纠纷案，上海市第一中级人民法院（2019）沪01民终13361号二审民事判决书。

【法院裁判】一审法院查明事实，停产停业损失补偿1,256,560元（3590.17m^2 × 350元/m^2）。

本院认为，关于停产、停业损失补偿款以及提前清退租赁物的补偿应由谁享有的问题，停产、停业补偿款虽然系针对实际经营人的补偿，但是考虑到动迁单位在计算该项金额时还是根据房屋面积来确定，难以认定为完全因被上诉人而获得；且本案中被上诉人在承租涉案房屋后亦是转租收益，退一步来说，上诉人出租房屋收取租金也属于经营行为。因此，本院根据合同无效的责任以及双方合同实际履行情况等因素，酌定上诉人给付被上诉人停产、停业损失补偿款879,592元。

案例5-2-9 **上海某公司与尤某房屋租赁合同纠纷案,上海市奉贤区人民法院(2019)沪0120民初23010号一审民事判决书。**

【法院裁判】至于停产停业损失费,根据我国现行法律政策规定,拆迁安置补偿款中的停产停业损失费应归属被拆迁房屋内的实际经营人所有。结合本案,被告已经领取的停产停业损失费278,157元,是以房屋建筑面积905.98平方米参照补偿方案进行计算,该笔补偿款包含了原、被告签订的《房屋、场地租赁协议书》中建筑面积为400平方米,但因租赁期限于2017年1月30日到期,原告于2017年2月10日搬离租赁房屋,属于到期搬离,且即便原告在租赁期间内配合评估机构进行评估,原告也未能提供相关证据证明因评估等相关工作给原告造成了实际的经营损失,故原告提出的要求被告酌情支付停产停业损失50,000元的诉讼主张,缺乏相应的事实和法律依据,本院难以支持。

实务中由于征收费用补偿项目的计算依据会包括房屋面积,法院可能会据此认可厂房所有权人(出租方)对费用补偿项目的贡献。且由于出租方的出租行为亦为一种“经营行为”,法院进而可能认可出租方亦具有“实际经营人”的身份。因此法院也可能不会全部支持承租方获得征收费用补偿的主张。

3.征收奖励费用原则上归属于出租方,但法院可能综合考虑各种因素予以调整

司法实务上对于征收奖励费用的归属问题,原则上法院认为系对被征收人的速迁奖励。但由于承租方的配合行为对获得速迁奖励亦有贡献,发生争议时法院也可能据此支持承租方获得部分征收奖励的主张。

案例5-2-10 **陆某等与吴某房屋租赁合同纠纷案,上海市第一中级人民法院(2019)沪01民终13361号二审民事判决书。**

【法院裁判】至于提前清退租赁物的补偿,该费用系拆迁人对产权人及时退租而进行的奖励,拆迁人也是在收到案涉房屋钥匙和相关租赁合同后才将该款项支付给上诉人。上诉人取得上述奖励既基于其自身对动迁事宜的主动推进,亦有赖于被上诉人的积极配合,故该部分补偿应由双方共同享有,因此,上诉人应支付被上诉人提前清退租赁费336,875元。

五、小结

对于租赁厂房征收补偿过程中发生的争议总结如下:

1. 对于主张征收补偿的请求权基础确定问题，应区分厂房的坐落土地性质，据此选择适用的请求权基础规范。

2. 对于提起何种诉讼主张征收补偿款的问题，多数法院认为，原则上承租方主张征收补偿应通过民事诉讼途径，因其对行政征收行为缺乏诉的利益而无权提起行政诉讼。

3. 对于厂房征收补偿款的分配问题，一般有约定从约定，但如约定不明或无约定的，法官将综合各种因素进行调整分配：资产补偿一般按物权归属分配，征收费用补偿和奖励原则上归属“实际经营人”，但法官可能在出租承租双方间予以调整。

据此，笔者提出如下建议：

1. 在签订租赁合同时，双方主体应在合同中明确约定发生征收时的补偿款项分配。

2. 如在租赁履行过程中发生征收，双方主体可在补偿方案的签订过程中积极协商对双方（尤其是承租方）的补偿款项分配。

3. 如最终发生诉讼争议，双方主体可从物权归属、实际经营、搬迁配合等角度为各自相应主张和抗辩进行举证。

专题三　公有出租居住房屋征收补偿款项归属法律问题

一、问题的提出

国有土地上的公有出租居住房屋征收补偿款项分配问题一直以来都是上海地区征收补偿纠纷的特色且疑难问题。如公有出租居住房屋(以下简称公有房屋)承租方死亡后,如何确定新的承租方?公有房屋承租方的共同居住人如何认定?公有房屋拆迁补偿款依法应归属于谁?是不是在其中的户口都可以分得款项?

为此,笔者结合实务,以上海地区的相关规定和司法裁判实务为分析样本,对公有房屋征收补偿款项分配所涉及的相关法律问题进行梳理和分析,以供参考。

二、公有房屋的征收补偿款项是否属于原承租方的遗产?依法应归属于谁?

(一)承租方在征收补偿开始前死亡的情形

《上海市房屋租赁条例》(2010 修正)第 41 条第 1 款规定:“房屋租赁期间租赁当事人死亡或者依法变更、终止的,租赁关系按照下列规定处理:……(二)居住房屋承租方死亡的,其生前共同居住人可以继续履行租赁合同。公有居住房屋承租方死亡的,其生前的共同居住人在该承租房屋处有本市常住户口的,可以继续履行租赁合同;其生前的共同居住人在该承租房屋处无本市常住户口或者其生前无共同居住人的,其生前有本市常住户口的配偶和直系亲属可以继续履行租赁合同……”

《上海市国有土地上房屋征收与补偿实施细则》第 44 条规定:“……公有房屋承租方所得的货币补偿款、产权调换房屋归公有房屋承租方及其共同居住人共有。”

根据上述规定，公有居住房屋承租方死亡的，由其生前的共同居住人、其生前的配偶或直系亲属作为承租方继续履行合同。相应地，国家针对公有居住房屋作出的征收补偿也只发放给具备承租方或共同居住人身份的人。进一步可看出，在原承租方死亡后，能够继续履行合同、享有承租权的主体，与我国继承法所规定的法定继承人范围并不完全一致，且我国法律亦未赋予承租方生前指定本人死亡后的承租方的权利。

究其原因，则是一般认为国家为公有居住房屋的产权人，而承租方仅享有承租使用权，该权利并不属于承租方的个人合法财产范围，故在承租方死亡后，承租权利不作为承租方的遗产进行继承和分割。

案例5－3－1　陈某1与陈某2、胡某等共有纠纷上诉案，上海市第二中级人民法院(2019)沪02民终10556号二审民事判决书。

【法院裁判】一审法院认为，涉案房屋为公有承租房屋，承租方龚某去世后涉案房屋征收利益不属于龚某的遗产，而应在同住人间进行分配。

本院认为，一审法院所作判决正确，本院予以维持。

案例5－3－2　刘某1与刘某2、张某等共有物分割纠纷案，上海市杨浦区人民法院(2019)沪0110民初19192号一审民事判决书。

【法院裁判】系争房屋为公有住房，并非父母遗留的遗产，公房的征收本身是对承租方及符合条件的共同居住人的征收补偿安置。

(二)承租方在征收补偿开始后死亡的情形

征收开始后，只有承租方才有权签订征收补偿协议，对于征收补偿协议约定发放并属于承租方的征收补偿款项，则属于承租方的个人合法财产。如承租方在征收协议签订后死亡的，则属于其的那部分征收补偿款可作为遗产由其继承人进行分割。

案例5－3－3　张某1、张某2等与张某3、张某4等共有纠纷案，上海市第二中级人民法院(2020)沪02民终7435号二审民事判决书。

【法院裁判】陈某在征收补偿协议签订后去世，其应得的征收补偿款份额应按继承处理，当事人提供的陈某遗嘱均不符合遗嘱有效的法定条件，陈某的上述遗产应按法定继承由其继承人继承。

三、公有居住房屋承租方在征收开始前死亡,如何确定新的承租方?

根据《上海市房屋租赁条例》及《上海市房地资源局关于贯彻实施〈上海市房屋租赁条例〉的意见(二)》相关规定,一般应按下列步骤确定新的承租方:

1. 原承租方生前的共同居住人协商一致的,应确定共同推举的人为新承租方。实务中,征询通过后一般由物业公司、征收事务所和调解员组成的调解小组做好公房承租方变更的调解工作。

2. 如果不能协商一致,则出租方(一般为物业公司)可以指定新承租方,但是指定时有一定的前提和顺位条件。整体上认定承租方的大致顺位为"先配偶次子女,后父母再其他。"

具体操作上,出租方一般依据下述规定确定承租方的变更问题:

根据《关于公有居住房屋变更、分列租赁户名的若干规定》(沪房规范〔2019〕3 号)(以下简称《公房变更租赁户名规定》)第 3 条第 3 款第 1 项规定:"……出租人受理公房变更租赁户名申请后,经审核符合政策规定但当事人协商不一致的,应当在 30 日内按照下列情形书面确定承租人:(1)承租人死亡或户口迁离本市,在本处有本市常住户口的共同居住人协商不一致的,按下列顺序确定承租人:a. 原承租人的配偶;b. 原承租人的子女(按他处住房情况,本处居住时间长短);c. 原承租人的父母;d. 其他人(按他处住房情况,本处居住时间长短)。(2)承租人死亡,其生前在本处无本市常住户口的共同居住人的,按下列顺序确定承租人:a. 原承租人的配偶;b. 原承租人的子女(按他处住房情况);c. 原承租人的父母;d. 原承租人的其他直系亲属(按他处住房情况)出租人在指定承租人后应及时通知其办理变更租赁户名手续。当事人对出租方确定的承租方资格有异议的,应当通过司法途径解决。"

《公房变更租赁户名规定》亦规定,对于物业公司指定的承租方,如其他当事人对于承租方的认定有异议,可通过司法途径解决。实务中,有异议的承租方可能会向法院提起民事诉讼,要求撤销出租方(或物业公司)确认承租方的行为。

案例 5-3-4　周某 1 与上海某物业公司、周某 2 用益物权确认纠纷案,上海市第一中级人民法院(2020)沪 01 民终 12100 号二审民事判决书。

【法院裁判】系争房屋原属于公房性质,在 2015 年原承租方死亡后某物业公司指定被上诉人周某2为系争房屋承租方，并无证据证明上诉人对此曾提出过异议。现系争房屋已经交付拆迁单位，公房租赁关系已经终止，上诉人再主张撤销系争房屋承租方变更为周某2的行为，本院难以支持。上诉人认为其为系争房屋原始受配人、对系争房屋拆迁补偿分配存在争议，可另行解决。

从笔者检索情况来看，尚未检索到法院判决撤销经出租方（或物业公司）认定的承租方的实务案例。

四、公有居住房屋中承租方的共同居住人如何认定

《上海市国有土地上房屋征收与补偿实施细则》第51条第3项规定："共同居住人，是指作出房屋征收决定时，在被征收房屋处具有常住户口，并实际居住生活一年以上（特殊情况除外），且本市无其他住房或者虽有其他住房但居住困难的人。"

上海市高级人民法院发布的《关于房屋动拆迁补偿款分割民事案件若干问题的解答》（沪高法民一〔2004〕3号，以下简称《上海高院解答》）第3条第2款规定："他处虽有住房但居住困难的情况，是指在他处房屋内人均居住面积不足法定最低标准的情况。这里所指的他处房屋的性质，仅限于福利性质取得的房屋，包括原承租的公有房屋、计划经济下分配的福利房、自己部分出资的福利房，房款的一半以上系用单位的补贴所购买的商品房，公房被拆迁后所得的安置房（包括自己少部分出资的产权安置房），以及按公房出售政策购买的产权房等。"

案例5-3-5　胡某与沈某1、沈某2等共有物分割纠纷案，上海市杨浦区人民法院（2020）沪0110民初4371号一审民事判决书。

【法院裁判】系争房屋系公房，承租方为沈某3。2019年11月，系争房屋被征收。胡某虽然户籍在系争房屋内，且在居住困难户认定结果公示单中被认定，但其长期未在系争房屋内居住，系空挂户口，不属于同住人。且系争房屋征收补偿协议明确，经认定该户不符合居住困难户的条件，故胡某无权获取系争房屋的征收补偿款。

案例5-3-6　黄某1诉黄某2公有房屋居住权纠纷一案，上海市黄浦区人民法院（2011）黄民四（民）初字第549号一审民事判决书。

【法院裁判】根据已经查明的事实，原告在1992年原本市某路596弄45号

房屋被动迁时,已由动迁部门对其进行了住房安置,原告属于他处有房且居住并不困难的人。之后原告的户口虽报入系争房屋内,但此节并不表明原告具有系争房屋共同居住人的条件。

前述【案例5-3-1】所述(2019)沪02民终10556号民事判决书中,一审法院指出:"同住人是指在征收许可证核发之日,在被征收居住房屋处有本市常住户口,已实际居住一年以上,且本市无其他住房或者虽有其他住房但居住困难的人。他处房屋的性质,仅限于福利性质取得的房屋。他处虽有住房但居住困难的情况,是指在他处房屋内人均居住面积不足法定最低标准的情况。陈某在涉案房屋无户籍,不属于涉案房屋同住人。"二审法院予以认可。

《上海高院解答》对实务情况进行总结,归纳了若干种可认定为同住人的情形,现摘录如下,可供了解:

"四、在公房内居住的未成年人问题如何解决?

答:对在公房内居住的未成年人实际承担监护义务的人,可以就该房屋的拆迁补偿款适当多分。承租方或同住人允许他人未成年子女在自己承租的公房内居住的,一般可认定为属于帮助性质,并不当然等于同意该未成年人取得房屋的权利份额。因此,在这种情况下,该未成年人无权主张分割房屋拆迁补偿款,除非其能够证明其居住权并非基于他人的帮助而取得。当事人对该未成年人入住的相关问题另有约定的,依约定处理。

五、除前述条款列举的以外,还有哪些人员可被视为同住人?

答:(一)有权对公有居住房屋拆迁货币补偿款主张权利的,一般是指被诉公有居住房屋的承租方和本解答第三条所指的同住人。有下列情形之一的人,也视为同住人:

1.具有本市常住户口,至拆迁许可证核发之日,因结婚而在被拆迁公有住房内居住的,即使居住未满一年,也视为同住人。但其在该处取得拆迁补偿款后,一般无权再主张本市其他公房拆迁补偿款的份额;

2.一般情况下,在本市无常住户口,至拆迁许可证核发之日,因结婚而在被拆迁公有住房内居住满五年的,也视为同住人,可以分得拆迁补偿款;

3.在按拆迁公有居住房屋处有本市常住户口,因家庭矛盾、居住困难等原因在外借房屋住,他处也未取得福利性房屋的;

4.房屋拆迁的,因在服兵役、读大学、服刑等原因,户籍被迁出被拆公有居住房屋，且在本市他处也没有福利性房屋的。

（二）有下列情形之一的人，不能被视为同住人，无权分得公有居住房屋拆迁货币补偿款：

1. 将本来享有的他处公有住房权利（本解答第二条所列的住房困难的情况除外）予以处分，居住在被拆公有居住房屋的；

2. 获得单位购房补贴款后已有能力购房而不购房，仍居住在被拆公有居住房屋的共同居住人；

3. 已在本市他处公有房屋拆迁中取得货币补偿款。"

五、小结

笔者通过对上海地区案例的分析和对政策的梳理，对本文开头所提出的问题进行了回答：

1. 当承租方在征收补偿开始前死亡，征收补偿款项不是遗产；在征收补偿开始后死亡的，征收补偿款项可作为遗产由继承人分割。

2. 当公有居住房屋承租方死亡后，能协商一致的，生前的共同居住人共同推举出新承租方；不能协商一致的，出租方可指定新承租方，一般按"先配偶次子女，后父母再其他"的顺序指定。

3. 共同居住人的认定比较复杂，一般为在被征收房屋中有常住户口且实际居住生活一年以上、本市无其他住房或者虽有其他住房但居住困难的人。对其中居住的未成年人实际承担监护义务的人，可适当多分。其他同住人情形亦在文中列举，不再赘述。

在实务中可看出，绝大多数法院都是按政策的相关规定进行认定的。因此，在处理该类纠纷时，也应紧扣政策规定作为案件处理的核心思路。

专题四　宅基地房屋征收补偿款项分配的法律问题

一、问题的提出

A 系其老家宅基地使用权人，但该宅基地上房屋系他人重建并居住，宅基地使用权人与地上物所有权人分离。如遇征收，A 作为非地上物所有权人，在征收补偿中可能拿到的份额为多少？

对于宅基地使用权人，其原则上应享有宅基地使用权对应的征收补偿。那么，宅基地使用权补偿款项在宅基地房屋征收补偿中占比多少？其他款项分配情况如何？

为此，笔者结合实务，以上海地区的相关规定和司法裁判实务为分析样本，对宅基地房屋征收补偿款项分配所涉及的相关法律问题进行梳理和分析，以供参考。

二、法律分析

在我国的正式法律和行政法规中，涉及宅基地房屋补偿的主要有《土地管理法》第 48 条①和《土地管理法实施条例》第 32 条②。从这两条规定来看，国家法

---

① 《土地管理法》第 48 条规定："……征收土地应当依法及时足额支付土地补偿费、安置补助费以及农村村民住宅、其他地上附着物和青苗等的补偿费用，并安排被征地农民的社会保障费用。……征收农用地以外的其他土地、地上附着物和青苗等的补偿标准，由省、自治区、直辖市制定。对其中的农村村民住宅，应当按照先补偿后搬迁、居住条件有改善的原则，尊重农村村民意愿，采取重新安排宅基地建房、提供安置房或者货币补偿等方式给予公平、合理的补偿，并对因征收造成的搬迁、临时安置等费用予以补偿，保障农村村民居住的权利和合法的住房财产权益……"

② 《土地管理法实施条例》第 32 条规定："省、自治区、直辖市应当制定公布区片综合地价，确定征收农用地的土地补偿费、安置补助费标准，并制定土地补偿费、安置补助费分配办法。地上附着物和青苗等的补偿费用，归其所有权人所有。社会保障费用主要用于符合条件的被征地农民的养老保险等社会保险缴费补贴，按照省、自治区、直辖市的规定单独列支。申请征收土地的县级以上地方人民政府应当及时落实土地补偿费、安置补助费、农村村民住宅以及其他地上附着物和青苗等的补偿费用、社会保障费用等，并保证足额到位，专款专用。有关费用未足额到位的，不得批准征收土地。"

律和行政法规明确了地上附着物及安置补助的补偿项目，但并未明确宅基地使用权这一补偿项目，而是使用土地补偿费项目，且将土地补偿费标准和分配办法的制定权限交给了省、自治区和直辖市。

那么具体到上海市，土地补偿费的相关规定主要是《上海市征收集体土地房屋补偿暂行规定》（沪府发〔2011〕75 号）（已失效①，以下简称《暂行规定》）和《上海市征收集体土地房屋补偿规定》②（沪府规〔2021〕13 号）（以下简称《补偿规定》），二者系近期的新旧法规更替关系，如表 5－4－1 所示。

表 5－4－1　《暂行规定》与《补偿规定》就土地补偿费规定的变化

补偿项目	《暂行规定》	《补偿规定》	变化
房屋补偿	第 10 条第 2 款第 1 项和第 2 项：房屋的补偿方式；补偿金额的计算方法。	第 11 条第 1 款第 3 项：房屋的补偿方式和补偿金额的计算方法。	《补偿规定》将《暂行规定》中涉及房屋的两个条款合并，系对可能引发歧义的条款的修正。且明确补偿金额的计算方法指的是房屋补偿项目。
宅基地使用权补偿	第 10 条第 2 款第 4 项和第 5 项：土地使用权基价；价格补贴。	第 11 条第 1 款第 2 项：同区域新建商品住房每平方米建筑面积的土地使用权基价、价格补贴。	《补偿规定》将《暂行规定》中涉及宅基地使用权补偿的两个条款合并，系对可能引发歧义的条款的修正，且明确价格补贴与土地使用权补偿项目的关联性，并明确了土地使用权基价的计价依据。
安置补助	第 15 条：征地房屋补偿，还应当对宅基地使用人或者居住房屋所有人补偿搬家补助费、设备迁移费、过渡期内的临时安置补助费，具体标准由区（县）人民政府制定。	第 11 条第 1 款第 6 项：搬家补助费、设备迁移费、过渡期内的临时安置补助费、奖励费等有关费用标准。	《补偿规定》将《暂行规定》中第 15 条的安置补助费移到第 11 条（征地房屋补偿方案公告）中，明确了各项安置补助为动迁补偿方案的项目之一。

上海市该法规明确了包括“土地使用权基价”等内容的补偿方案，为宅基地

① 根据《上海市人民政府关于延长〈上海市征收集体土地房屋补偿暂行规定〉有效期的通知（2019）》（沪府规〔2019〕38 号），该法规有效期至 2021 年 9 月 30 日。此处予以参考。

② 该规定自 2021 年 10 月 1 日起施行。

使用权补偿项目确定了依据。且从其修订逻辑来看,可以认定动迁补偿方案应包括宅基地使用权补偿项目、房屋补偿项目和安置补助项目,其中宅基地使用权补偿项目又分为土地使用权基价和价格补贴两个部分。

三、司法裁判实务梳理

由于前述上海地方法规并未体现出补偿方案内宅基地使用权补偿、房屋补偿和安置补助各项目的份额分配,为一探实务中各项目的具体分配情况,笔者进而对上海地区的相关司法案例进行了检索。

案例5-4-1　叶某某、顾某1与顾某2、何某某等分家析产纠纷案,上海市金山区人民法院(2020)沪0116民初827号一审民事判决书。

【法院裁判】本院经审理查明,2012年6月27日,原告叶某某与金山区亭林镇动迁安置办公室签订一份《拆迁补偿安置协议》,约定坐落于亭东村×××号房屋建筑面积156平方米,其中土地基价、价格补贴和房屋补偿共计286,813元,棚舍及其他附属物(含装饰等)补偿58,800元,搬家补助费3120元,设备迁移费1880元,速迁费6000元,奖励费6000元、过渡费29,952元,共计392,565元。

本院认为,农村宅基地房屋的动迁补偿一般分为房屋补偿和宅基地使用权补偿。地上物的补偿,应当归属房屋权利人。对于宅基地使用权补偿款的分割,因农村宅基地使用权具有很强的身份属性,系农村集体经济组织无偿提供给本集体成员享有的,并且按户计算。当一户出现人口减少,宅基地仍是由一户中剩余的成员共同使用,宅基地使用权的补偿款则由该户剩余的成员共同所有。本案中,宅基地使用权审核表上仅登记为原告叶某某一人,故该部分宅基地使用权补偿款180×(600+350)=171,000元归原告叶某某一人所有。

本案中,总额392,565元的征收补偿款中:(1)属于宅基地使用权补偿的为171,000元,占比约44%。(2)属于房屋补偿的为174,613元(286,813-171,000+58,800),占比约44%。(3)属于安置补助的为46,952元(3120+1880+6000×2+29,952),占比约12%。

案例5-4-2　吴某1与杜某某、吴某2等分家析产纠纷案,上海市松江区人民法院(2020)沪0117民初9736号一审判决书。

【法院裁判】拆迁款分配问题。考虑宅基地房屋特性、动迁补偿协议确定的内容及九亭动迁办的意见,可以区分三部分:即宅基地使用权补偿、地上物补偿、其他补助。该房屋动迁时共获得动迁补偿款1,386,519元,其中的土地使用权基价及价格补贴190,080元,系参考原宅基地房屋的建筑面积176平方米计算得出,应当由系争房屋的宅基地使用权人均等享有,宅基地使用权人之一的吴某3在动迁交房后死亡,故其亦享有宅基地使用权的补偿款,本案中上述动迁款项应当由原告吴某1、被告杜某某、吴某2及被继承人吴某某4人均等享有,原告享有47,520元(190,080÷4)。动迁款中的房屋按建安重置结合成新计算补偿款281,455元,系对地上建筑物、构筑物及添附的补偿,故应属原宅基地使用权核准人口即原告吴某1、被告杜某某、吴某2及被继承人吴某某享有。

本案中,总额1,386,519元的征收补偿款中:(1)属于宅基地使用权补偿的为190,080元,占比约14%。(2)属于房屋补偿的为281,455元,占比约20%。(3)属于安置补助的不明。

案例5-4-3　龚某某、施某某与仇某某法定继承纠纷案,上海市宝山区人民法院(2009)宝民一(民)初字第3754号一审民事判决书。

【法院裁判】本院认为,能够反映在总额164,540元的安置补偿款中,属于对房屋及地上物的补偿包括房屋补偿款3142元、附属物补偿款898元;属于对宅基地使用权的补偿包括价格补贴21,000元、土地权基价补贴48,000元;属于对特定安置对象的补偿包括奖励费3000元、搬家补助费500元、回购房补贴87,000元、困难补助1000元。

本案中,总额164,540元的征收补偿款中:(1)属于宅基地使用权补偿的为69,000元(21,000+48,000),占比约42%。(2)属于房屋补偿的为4040元(3142+898)元,占比约2%。(3)属于安置补助的为51,500元(3000+500+87,000+1000),占比约56%。

案例5-4-4　周某某与顾某某析产继承纠纷案,上海市宝山区人民法院(2010)宝民一(民)初字第3135号一审民事判决书。

【法院裁判】经审理查明,2008年2月29日,拆迁人宝山区杨行镇动拆迁办公室(甲方)与被拆迁人顾某某(乙方)签订《上海市征用集体所有土地房屋拆迁补偿安置协议》,明确乙方所有的房屋坐落于东街村某处,建筑面积387.5平方米;房屋建安重置总价结合成新为192,532元;被拆迁房屋同区域新建多层商品住房每平方米建筑面积的土地使用权基价 1088 元、价格补贴 350 元/建筑面积，该两项总价 557,225 元；杂项和其他附属物补偿款 125,712 元。

本院认为，农村宅基地房屋的动迁补偿一般分为房屋补偿和宅基地使用权补偿。综合考虑被告顾某某目前的生活状况、原告周某某的居住状况和在他处宅基地房屋亦有权利等相关因素，本院酌情确定由原告周某某取得动迁补偿款 22 万元。

本案中，总额 875,469 元（192,532 + 557,225 + 125,712）的征收补偿款中：(1)属于宅基地使用权补偿的为 557,225 元，占比约 64%。(2)属于房屋补偿的为 192,532 元，占比约 22%。(3)属于安置补助的为 125,712 元，占比约 14%。

四、小结

从统计到的实务案例来看，上海地区征收补偿中各项目占比波动较大，宅基地使用权补偿项目占比范围为 14% ~64%，房屋补偿项目占比范围为 2% ~44%，安置补助项目占比范围为 12% ~56%。

结合《补偿规定》中的相关规定来看，各项目分配份额的确定可能受到补偿方案制定阶段拆迁地所在区位、地上物市场价值、所在区县补助政策等因素的综合影响。

而当涉及司法诉讼，由于拆迁补偿争议往往涉及分家析产，在该类案件中，法院也可能根据《民法典》（涉及继承份额分配、共有财产认定及分割等）的相关规定，发挥法院自由裁量权，对各项目数额予以调整。

第 六 章

存量房买卖法律问题

专题一　买受方未确定购房资格导致的合同解除与违约责任法律问题

一、问题的提出

购房资格相关政策中，户籍常被作为重要影响因素。

如某非本地户籍购房者在自身社保缴纳正常的情况下，与出卖方签订《房屋买卖合同》，约定双方应于某一期限内办理产权过户手续，并且约定任何一方未按约履行合同义务逾期超过20日的，守约方有权单方解除合同。然而就在双方提前办理过户时得知，买受方由于社保缴纳年限不足无法办理，但其下个月即享有购房资格。

此后，买受方一直尝试与出卖方沟通继续履行合同，但出卖方怠慢、拖延，并于合同约定的过户时间后20天即向买受方发送合同解除通知并起诉至法院，请求解除合同并要求支付交易总额20%的违约金。

就此，买受方认为虽在签署合同时未确认其购房资格，在约定的过户时间没有办法办理过户，但在之后的20天内其已具备购房资格，是可以过户的，是因为出卖方故意回避、拒不配合的行为导致无法办理过户手续。出卖方恶意解约行为明显，还要求如此高额的违约金，买受方无法接受。那么，在买受方欠缺购房资格的案例中，关于合同解除及违约责任部分法院一般是如何处理的呢？

为此，笔者结合实务，以相关法律规定和司法裁判实务为分析样本，对买受方未确定购房资格导致的合同解除与违约责任所涉及的相关法律问题进行梳理和分析，以供参考。

二、关于合同解除的法律分析

(一)法律分析

《民法典》第577条规定:“当事人一方不履行合同义务或者履行合同义务不符合约定的,应当承担继续履行、采取补救措施或者赔偿损失等违约责任。”此二条就约定解除和法律后果作了明确规定。

《全国法院民商事审判工作会议纪要》第47条也明确了约定解除条件:“合同约定的解除条件成就时,守约方以此为由请求解除合同的,人民法院应当审查违约方的违约程度是否显著轻微,是否影响守约方合同目的的实现,根据诚实信用原则,确定合同应否解除。违约方的违约程度显著轻微,不影响守约方合同目的的实现,守约方请求解除合同的,人民法院不予支持;反之,则依法予以支持。”

(二)司法裁判实务梳理

1. 如当前合同继续履行并不存在障碍,则双方应遵从诚实信用原则,继续履行合同。

案例6-1-1 **梅某等诉惠某等房屋买卖合同纠纷案,上海市松江区人民法院(2016)沪0117民初14770号一审民事判决书。**

【法院裁判】原告目前已经具备了缔约时没有的在本市的购房资格。自2016年6月28日始,系争房屋即可办理变更权利人的转移登记。目前不存在继续履行原告与被告之间协议的法律上或事实上的其他障碍。基于此,对原告有关继续履行协议的诉讼请求,本院予以支持。

案例6-1-2 **曹某、祝某与潘某、童某房屋买卖合同纠纷案,上海市浦东新区人民法院(2018)沪0115民初37503号一审民事判决书。**

【法院裁判】限购仅是房地产调控政策的行政性措施,违反该政策导致的后果仅是房地产部门暂不予办理物权变更登记,并不导致合同根本无法履行,双方仍应遵从诚实信用原则、以有利于合同履行的方式继续履行合同,在符合条件时办理过户手续。

2. 如当前状态下,就合同继续履行存在着法律上或者事实上不可克服的障碍,导致合同实际上已无法按约履行的,属于合同目的不能实现,则合同应当解除。

案例 6-1-3　肖某与林某、罗某房屋买卖合同纠纷案，上海市松江区人民法院(2013)松民三(民)初字第 1003 号。

【法院裁判】关于原告要求解除《上海市房地产买卖合同》以及被告迁出系争房屋的请求，本院认为，至本案最后一次庭审时，被告仍不能提供符合办理过户条件的个人所得税缴纳证明或社会保险缴纳证明，根据现行的房地产调控政策，系争房屋目前无法过户至被告名下，且原、被告双方约定的过户时间也已经远远超过，故本案合同目的无法实现，原告有权要求解除合同。

三、关于违约责任的法律分析

(一)法律分析

《民法典》第 585 条第 2 款规定："约定的违约金低于造成的损失的，人民法院或者仲裁机构可以根据当事人的请求予以增加；约定的违约金过分高于造成的损失的，人民法院或者仲裁机构可以根据当事人的请求予以适当减少。"

最高人民法院《关于审理买卖合同纠纷案件适用法律问题的解释》(法释〔2020〕17 号)第 20 条规定："买卖合同因违约而解除后，守约方主张继续适用违约金条款的，人民法院应予支持；但约定的违约金过分高于造成的损失的，人民法院可以参照民法典第五百八十五条第二款的规定处理。"《商品房买卖合同司法解释》第 12 条规定："当事人以约定的违约金过高为由请求减少的，应当以违约金超过造成的损失 30% 为标准适当减少；当事人以约定的违约金低于造成的损失为由请求增加的，应当以违约造成的损失确定违约金数额。"

上述条文就违约金及违约金过高或过低的调整做了明确规定。

《全国法院民商事审判工作会议纪要》第 50 条也明确了违约金过高标准及举证责任："认定约定违约金是否过高，一般应当以《合同法》第 113 条①规定的损失为基础进行判断，这里的损失包括合同履行后可以获得的利益。除借款合同外的双务合同，作为对价的价款或者报酬给付之债，并非借款合同项下的还款义务，不能以受法律保护的民间借贷利率上限作为判断违约金是否过高的标准，而应当兼顾合同履行情况、当事人过错程度以及预期利益等因素综合确定。主张违约金过高的违约方应当对违约金是否过高承担举证责任。"

---

① 现为《民法典》第 584 条。

《关于当前形势下审理民商事合同纠纷案件若干问题的指导意见》第7条也提出："人民法院根据合同法第一百一十四条[①]第二款调整过高违约金时，应当根据案件的具体情形，以违约造成的损失为基准，综合衡量合同履行程度、当事人的过错、预期利益、当事人缔约地位强弱、是否适用格式合同或条款等多项因素，根据公平原则和诚实信用原则予以综合权衡，避免简单地采用固定比例等'一刀切'的做法，防止机械司法而可能造成的实质不公平。"

（二）司法裁判实务梳理

1. 确认自身是否具有购房资格是买受方的合同义务，未尽到该义务还是应承担违约责任的。但违约金的数额应当综合实际损失、合同履行情况、当事人过错程度以及预期利益等因素，根据公平、诚实信用原则予以确定。

案例6-1-4　刘某、李某诉戴某房屋买卖合同纠纷案，上海市松江区人民法院（2017）沪0117民初8458号一审民事判决书。

【法院裁判】本案中，原告作为购买人，应对自身是否属于限购对象作充分了解，此系其合同义务之一，故其对本次交易无法继续履行负有责任。被告要求原告承担合同解除的违约责任，符合双方合同约定，应予支持。审理中，被告提出反诉主张原告支付630,000元违约金、定金损失700,000元。本院依法参照原告违约给被告造成的损失，考虑到原告已自愿扣除50,000元定金，兼顾合同的履行情况、当事人的过错程度以及预期利益等因素，根据公平、诚实信用原则予以调整，酌定反诉被告承担违约金350,000元。对于被告主张的定金损失700,000元，本院认为，被告反诉主张的定金损失及违约金，究其性质，均为因原告违约给被告造成的损失，被告一并主张，缺乏依据。此外，根据审理查明的事实以及被告庭审中的自述，被告未能继续履行与王某、刘某之间房屋买卖合同并导致的定金损失，很大程度上是受到贷款新政的影响，故即便原告违约对于被告的定金损失存在一定影响，因本院已支持被告关于违约金的主张，对其定金损失主张，本院也不再支持。

2. 在买受方具备购房资格后，出卖方应积极配合买受方完成相关手续，否则承担相应违约责任。

---

① 现为《民法典》第585条。

案例6－1－5 **梅某等诉惠某等房屋买卖合同纠纷案，上海市松江区人民法院(2016)沪0117民初14770号一审民事判决书。**

【**法院裁判**】对于原告作为买方主张被告向其支付的迟延过户的违约金，一方面，原告与被告签订该协议之时，原告不符合购房政策要求，系争房屋无法过户至其名下。另一方面，被告在得知系争房屋满足过户条件时已在该协议约定期限内积极催促原告办理过户事宜。原告并无充分证据证明应归责于被告的原因，导致其迟延取得系争房屋的产权证。故对原告的该项诉讼请求，本院不予支持。

可见，如在协议约定期内买受方具备了购房资格、房屋能够过户至其名下，出卖方积极配合办理过户手续的，不承担违约责任。

四、小结

合同解除的核心原因在于合同目的无法实现，即缔结合同的根本追求难以达成。虽然对于约定解除权的行使，应当尊重合同双方的意思自治，但机械的法律适用并不可取。法院还是会审慎探究双方当事人的合同目的，综合民事立法意图，判断违约所致后果是否已实际损害了守约方合同目的的实现，从而判断合同应否解除。

在本专题开篇的案例中，买受方于2021年2月1日就已经取得购房资格，此时，合同的继续履行不存在法律上或事实上的障碍。出卖方出卖房屋以获取合同约定之价款的合同目的能够实现。根据合同约定，出卖方形式上虽享有合同解除的权利，但根据民法中权利不得滥用的原则，权利的行使应处于合理的限度内。在合同目的实现无虞的情况下，解除合同有悖于民法促进交易的本意。

关于违约金，首先，买受方负有明确自身具备购房资格与否的义务。本专题开篇案例中，买受方因自身不具备购房资格而未能按约办理过户手续，应当承担逾期违约金的责任。但买受方签订合同前已在其能力范围内就购房资格问题向有关部门多方确认，并无故意。在确认能够取得购房资格的日期之后，买受方积极联系出卖方试图继续履行合同。逾期违约金的数额应当综合实际损失、合同履行情况、当事人过错程度以及预期利益等因素，根据公平、诚实信用原则予以确定。

对此,笔者提出如下建议:

1. 在签订房屋买卖合同前,无论是买卖双方还是中介方,都应积极核实确认买受方是否有购房资格。例如,核查社保缴纳记录时,务必前往社保部门打印纸质单据,仔细审核缴费期限及其连续性等,不要仅听凭窗口人员的口头陈述。

2. 在合同签订后发现买受方不具有购房资格时,买受方应当积极采取补救措施以期在合理期限内促成合同的继续履行;出卖方应当在约定期限内采取适当措施积极主张权利,在买受方具备购房资格时配合其完成相关手续。其中,相应的步骤务必留存充分的证据。

专题二　无购房资格情况下协议代持购房的法律问题

一、问题的提出

无购房资格情况下，双方协议代持购房如何操作、是否有效？为此，笔者结合实务，以相关规定和司法裁判实务为分析样本，对无购房资格情况下协议代持购房所涉及的相关法律问题进行梳理和分析，以供参考。

二、司法实务中对代持协议效力的裁判观点

在没有购房资格的情况下，拟购房人 A 与有购房资格人 B 签订代持协议，以 B 名义进行购房，A 作为借名人进行出资，房屋登记在 B 出名人的名下。如借名人 A 和出名人 B 之间就房子的权属产生争议，就要对双方之间形成的代持协议的效力进行判断，法院的裁判观点总结如下。

（一）部分法院认为代持协议如是双方真实意思表示则有效，但基于相对性，只能及于协议双方，并不发生物权变动的效果；且借名人不能仅凭代持协议要求将房屋转让过户至自己名下，也不能对抗第三人的强制执行

案例 6－2－1　**李某、石某执行异议之诉案，辽宁省沈阳市中级人民法院（2021）辽 01 民终 5016 号二审民事判决书。**

【法院裁判】上诉人李某与被上诉人马某之间签订有委托代持合同，该合同的性质实际为借名买房行为。双方之间形成代持合同的意思表示真实，因此涉案房产登记在马某名下并非登记错误。依据合同相对性原则，合同仅在签约相对方之间具有法律约束力，并不产生物权变动的效果。因此二审法院认为，一审法院不支持李某要求确认涉案房屋为其所有的诉请并无不当。

案例6-2-2 **于某、洪某执行审查类案，广东省江门市中级人民法院(2021)粤07执复33号执行裁定书。**

【法院裁判】于某、洪某与黄某、杨某就系争房产形成了房产代购及代持的关系。双方之间形成的代持协议并没有违反法律强制性规定，是双方当事人之间的真实意思表示，是有效约定。但是该约定只在双方当事人之间产生法律效力，并不发生物权变动的效果，不能根据该协议就认定借名人于某、洪某是案涉房产的所有权人，其享有的是基于双方之间协议产生的债权请求权而不是物权。于某、洪某与出名人黄某、杨某之间形成代持协议，是自愿选择的，应当预见和承担由此带来的法律后果。

案例6-2-3 **林某与方某1、方某2确认合同无效纠纷案，广东省深圳市罗湖区人民法院(2019)粤0303民初32852号一审民事判决书。**

【法院裁判】限购政策并不属于法律或行政法规，更不属于法律或行政法规效力性的强制性规定，故规避限购政策的民事法律行为，并不据此认定无效；借名人以出名人的名义购买了房产，也相应占用出名人的购房资格，并不属于损害国家、集体或社会共同利益的情形。原告所持的合同无效理据不足，法院不予支持。

(二)部分法院认为代持协议虽是双方之间的真实意思表示，但因该协议违反了我国现行的限购政策，损害了社会公共利益，所以该代持协议无效

案例6-2-4 **熊某与侯某所有权确认纠纷案，广东省高级人民法院(2014)粤高法民申字第1692号申诉、申请民事裁定书。**

【法院裁判】根据我国《合同法》第52条第4项规定，损害社会公共利益的合同无效。住房问题关系国计民生，既是经济问题，更是影响社会稳定的重要民生问题。房价过高、上涨过快，加大了居民通过市场解决住房问题的难度，增加了金融风险，不利于经济社会协调发展。房产限购、限贷令作为严格限制各种名目的炒房和投机性购房，遏制部分城市房价过快上涨的重要政策措施，体现了社会公共利益。熊某和案外人徐某为了规避当时的政策，借用侯某名义购买了案涉房屋并申请了首套购房贷款。这种委托关系损害了社会公共利益，根据上述法律的规定应属无效。二审判决认为熊某与侯某之间借名买房的委托关系合法有效不当，予以纠正。

案例6-2-5　蔡某、某银行股份有限公司某支行案外人执行异议之诉案，山东省德州市（地区）中级人民法院（2021）鲁14民终384号二审民事判决书。

【法院裁判】即使上诉人与丁某之间顶名购房协议是真实的，也因规避国家限购政策、违背公共管理秩序，该顶名购房协议应认定无效，不能排除强制执行。

三、最高人民法院的最新判决：代持协议无效

（2020）最高法民再328号判决书认为：在借名人因为没有购房资格的情况下与出名人达成代持房屋的协议违反了我国现行的限购政策，损害了我国的社会公共利益，因此无效。

案例6-2-6　辽宁某气体液化设备有限公司、徐某案外人执行异议之诉再审案，最高人民法院（2020）最高法民再328号再审民事判决书。

【法院裁判】被申请人徐某在当时已有两套住房的情况下仍借第三人曾某之名另行买房，目的在于规避国务院和北京市的限购政策，通过投机性购房获取额外不当利益。司法对于此种行为如不加限制而任其泛滥，则无异于纵容不合理住房需求和投机性购房，鼓励不诚信的当事人通过规避国家政策红线获取不当利益，不但与司法维护社会诚信和公平正义的职责不符，而且势必导致国家房地产宏观调控政策落空，阻碍国家宏观经济政策落实，影响经济社会协调发展，损害社会公共利益和社会秩序。故徐某与曾某为规避国家限购政策签订的《房产代持协议》因违背公序良俗而应认定无效，徐某依据规避国家限购政策的借名买房合同关系，不能排除对案涉房屋的执行。

此外，虽然最高人民法院《关于适用〈中华人民共和国物权法〉若干问题的解释（一）》[①]第2条规定："当事人有证据证明不动产登记簿的记载与真实权利状态不符、其为该不动产物权的真实权利人，请求确认其享有物权的，应予支持。"但司法解释的该条规定系适用于利用虚假资料骗取登记、登记机关人员错误登记、非基于法律行为导致物权变动后未及时更正登记等情况下，已经过法定程序

---

① 该条已经废止，相关内容现规定在最高人民法院《关于适用〈中华人民共和国民法典〉物权编的解释（一）》第2条。

取得权利的真实权利人与登记簿记载不一致导致的登记错误等情形。本案徐某借用曾某名义签订商品房买卖合同、办理相关手续，故意将案涉房屋登记在曾某名下，不属于前述法律规定的登记错误情形。

关于案涉房屋过户至徐某名下后是否能够排除执行。徐某与曾某之间的借名买房合同虽因规避国家限购政策、违背公序良俗而应认定为无效，但徐某在其后因消除了限购政策障碍并经相关行政机关确认符合申购朝阳区存量住宅条件，已经具备购房资格，从而消除了合同无效事由，案涉借名买房合同的效力得以补正。……徐某于2020年8月26日取得案涉房屋的不动产权证书，成为房屋的所有权人。至此，在对曾某的执行程序中，辽宁某气体液化设备有限公司主张继续执行已经归属于徐某的案涉房屋，已然不具有事实基础和法律依据，不应予以支持。

四、司法实务中对代持协议解除后如何返还房款的裁判观点

从上述诸多案例可以看出，虽然法院对于代持协议的效力判断有所不同，但是有一点是趋同的，即签订代持买房的双方不能根据双方达成的代持协议在没有购房资格的情况下要求登记机关将房屋的所有权进行变更登记。

因此，笔者看到许多借名人只能主张解除代持协议并要求出名人返还房款等，笔者在此做简单整理如下。

（一）是否按照市场价进行房款分配或差价补偿，法院裁判不一

案例6-2-7　陆某与范某财产损害赔偿纠纷案，江苏省高级人民法院（2020）苏民申7041号申诉、申请民事裁定书。

【再审裁判】因陆某于2018年将案涉房屋出售给案外人，故其应当按该协议书约定向范某等人支付出售房屋取得的相应收益。又因陆某未提供充分证据证明其主张的售房价格系真实合理的交易价格，一审、二审法院以陆某出售案涉房屋时的市场价格为依据，判令陆某赔偿范某的可得利益损失，裁判结果并无不当。

【二审裁判】（2019）苏05民终5937号二审民事判决书。

范某、张某、杨某、周某与陆某于2017年9月18日所签订的协议书系双方的真实意思表示，该协议合法有效。根据该协议，范张杨周四人出资购买案涉房屋，陆某系该房屋的代理持证人，并约定了转卖房屋所得的分配方式。陆某已对

该协议予以确认,并承诺5年内不出售案涉房屋以及如5年内出售案涉房屋的利润分配事宜。后陆某以166万元将案涉房屋出售给案外人徐某,该合同解除后又于两个月后以90万元将案涉房屋出售给案外人王某并办理过户手续,该行为已违反了协议中的承诺,应当按承诺向范张杨周四人分配因出售房屋所得的利润。

关于四人的损失。二审法院认为,该损失系可得利益损失,陆某虽以90万元出售案涉房屋,但该价格明显低于市场价格,结合陆某曾以166万元出售案涉房屋,在四人起诉后又解除该合同,以90万元出售案涉房屋的情况,以90万元计算案涉房屋价格显失公平。根据评估,案涉房屋交易时的市场价格为163.38万元,故以此价格计算可得利益损失较为合理。

案例6-2-8　魏某1与魏某2房屋买卖合同纠纷案,北京市丰台区人民法院(2020)京0106民初17558号一审民事判决书。

【法院裁判】依法成立的合同,对当事人均具有法律约束力,当事人应当按照约定履行自己的义务。双方之间关于借名买房的约定不违反相关政策、不侵害社会公共利益,亦不违反法律、行政法规的强制性法律规定,应为合法有效,双方均应依约履行。现魏某2在案涉房屋上设定抵押,致使魏某1不能办理房屋所有权转移登记手续,导致其合同目的不能实现,故魏某1有权要求解除双方之间的借名买房合同关系。魏某1要求解除双方口头订立的《借名买房协议》的诉讼请求,于法有据,本院予以支持。

对于因房屋升值所产生的收益,魏某2应补偿魏某1相应的房屋增值损失。根据双方认可的房屋价值,魏某1主张的房屋差价损失未超过房屋实际差价,法院予以支持。

案例6-2-9　步某与张某合同纠纷案,山东省济宁市任城区人民法院(2018)鲁0811民初1499号一审民事判决书。

【法院裁判】原告就其主张,提供证人证言、选房流程、银行汇款凭证、退款银行记录等证据证实双方存在借名买房合同。原告通过自己银行账户以张某或邢某的名义向济宁市保安服务总公司缴纳房款和税费,该行为明显系购买案涉房屋的出资行为,符合实际出资人的要件,即就借名买房合同有关义务原告已经实际履行,被告对此并未提出异议,视为接受。

法院委托鉴定机构所评估案涉房屋价值的估价时点与被告返还房款、合同解除时间均不吻合,以该评估价作为增值参考价,不尽合理。案涉房屋限定购买人身份,购买价格具有一定人身依附性,而非单纯市场价,以后期市场价与购买价的差价计算增值,则显失公平。另外,合同订立时亦未约定转让费用,案涉房屋尚未建成,房款系陆续支付,房屋价格受诸多因素影响,以该差价作为原告损失,也明显超出被告订立合同时应当预见因违反合同造成的损失范围。故原告要求按照评估价值与被告购买价值的差价作为其损失,理由不当,本院不予支持。

(二)如借名人已经享受了房屋升值价值或法院就该部分房屋升值价值进行分配之后,还要求出名人支付利息的,法院可能不予支持

案例6-2-10 **刘某与李某合同纠纷案,北京市朝阳区人民法院(2019)京0105民初13371号一审民事判决书。**

【法院裁判】涉案房屋的全部出资均由刘某所出,其在房屋交付后进行了装修并入住多年。虽然双方并未对房屋返还的时间、条件,购房款的偿还方式,装修等附属物的归属或装修款处理等问题进行约定,结合涉案房屋的购买及后续事实,法院可认定双方已形成借名买房关系。李某所称由刘某垫付房款的主张不合常理。

李某交付了购房款、入户手续费等费用共295,849元,现李某亦同意退还上述费用,人民法院不持异议。刘某入住房屋后进行了相应装修,李某作为涉案房屋的登记所有权人,实际享受了房屋的权属利益、升值利益和添附利益,该部分利益由法院合理分配。刘某要求李某支付购房款利息的诉讼请求并无相应依据,本院不予支持。

五、小结

一般认为在没有违反法律、行政法规强制性规定的前提下,应尊重当事人意思自治,允许当事人订立或者口头约定合同内容,并赋予其法律效力。但(2020)最高法民再328号的意义不可小觑,其从社会公共利益角度的认定代持无效,对后续司法裁判存在多大影响,笔者都将持续关注。在此情形下,笔者提出如下建议:

1. 慎重签订代持协议,尤其是当借名人名下有多套房产且已经没有购房资格的情况。

2. 如已经签署或即将签署,应当签订书面的代持协议并留存好全流程的证据文件(包括但不限于付款凭证、按揭还款单、双方沟通的证据等);如需要以出名人的名义支付房款的,借名人在汇款的时候一定要注明该笔钱款的转账用途是用于出名人代为购买该套房产,以此证明双方之间形成的是借名买房的房屋代持关系,该房屋并不归现在的产权人所有;且协议中约定清楚如出名人擅自出售房屋等的,出售所得的,特别是房屋溢价部分、装修等添附利益的分配方式。

3. 在符合购房资格的条件时及时办理房屋变更登记,以度过这段尴尬、高风险、不稳定的代持阶段。

专题三　房产新政导致买受方无购房资格的相关法律问题

一、问题的提出

一对均拥有上海户籍的夫妻离异前有一套商品住房，离异时该房屋归丈夫所有，即妻子在离异后名下实际无房，那么妻子能否再行购买住房？

2021 年 1 月 22 日，上海市住建委、房管局、税务局等八部门联合发布的《关于促进本市房地产市场平稳健康发展的意见》（沪建房管联〔2021〕48 号，以下简称《促进房地产市场发展意见》）正式实施。《促进房地产市场发展意见》关于上述问题有不同的新规定："严格执行住房限购政策。夫妻离异的，任何一方自夫妻离异之日起 3 年内购买商品住房的，其拥有住房套数按离异前家庭总套数计算"（以下简称"夫妻离异限购新政"）。

《促进房地产市场发展意见》施行后，就购房资格而言主要包括两大问题：一是对上述"夫妻离异限购新政"究竟应如何理解，实务中如何认定？二是买受方在签署存量房买卖合同之后被限购的，是否有权主张解除购房合同或主张继续履行合同？

为此，笔者特前往上海市浦东新区不动产登记事务中心咨询窗口进行了咨询，并结合上海地区司法裁判实务进行分析，以供参考。

二、上海市浦东新区不动产登记事务中心咨询窗口对夫妻离异限购新政的解释

1. 以上述案例为例，依据《促进房地产市场发展意见》，在离异之日起三年内，妻子所拥有住房套数按离异前家庭总套数计算，即应认定妻子"拥有一套商品住房"。

2. 依据上海市人民政府办公厅2012年发布的《关于进一步严格执行房地产市场调控政策完善本市住房保障体系的通知》(沪府办发〔2012〕7号)第4条规定,“严格执行住房限售政策,明确操作要求……(三)本市户籍居民家庭的子女成年后,确因婚姻等需要、且该子女无产权住房,才可在本市限购1套住房,并严格按照现有政策执行”。妻子在离异后三年内因名下已有一套住房,故不享有购房资格;在三年到期后,视为名下没有房屋,才享有购买1套住房的资格。

3. 由上可看出,“夫妻离异限购新政”堵住了之前出现的以“假离婚”的方式达到规避限购政策之目的的政策漏洞。具体在实务处理中,仍建议向当地不动产交易中心进行咨询,以具体的咨询意见为准。

三、法律分析

(一)合同签订后新发布的限购政策一般认定为不可归责于双方当事人的履约障碍,但不认为是不可抗力

北京市高级人民法院民一庭《关于妥善处理涉及住房限购政策的房屋买卖合同纠纷案件若干问题的会议纪要》(2011)第2条明确指出,“因此,住房限购政策在司法实践中不宜认定为《合同法》第117条规定的不可抗力”,原因在于“国家对于房地产市场的宏观调控并非一个令所有市场主体猝不及防的突变过程,而是经历了一个从限贷到限购逐步加强和完善的发展过程。房屋买卖合同作为一种标的额相对较大、与买卖双方切身利益密切相关的合同,当事人在签订合同时对合同订立后可能出现的房地产市场风险及各种履行障碍均应当有一定程度的预见和判断”。

上海市第一中级人民法院民二庭课题组撰写的《楼市调控背景下房屋买卖新类型纠纷实务问题研究》(以下简称《上海一中院实务研究》)则进一步认为应总体上将限购新政把握为“商业风险”。

司法实务中,有一审法院在认定时将新出台的限购政策定性为“不可抗力”,并判决解除购房合同、买卖双方互不承担责任,但在二审中,二审法院在维持原判的同时,在定性上回避了“不可抗力”的说法。如上海市第一中级人民法院作出的(2016)沪01民终13748号“向某诉周某房屋买卖合同纠纷上诉案”二审民事判决书、(2011)沪一中民二(民)终字第1745号“顾某与肖某、董某房屋买卖合同纠纷上诉案”二审民事判决书。

(二)签约后被限购的,买受方能否要求解除合同?出卖方能否要求赔偿/补偿损失?

1. 买受方主张解除购房合同并要求归还购房款或定金的,一般予以支持。

最高人民法院 2011 年《全国民事审判工作会议纪要》(法办〔2011〕442 号,以下简称《2011 年会议纪要》)第 20 条规定:"房屋买受人在合同签订后由于相应住房限购政策的实施而无法办理房屋所有权转移登记的,买受人以不可归责于双方当事人的原因导致合同目的无法实现为由,请求解除合同,返还所支付的购房款和定金的,可以支持。当事人并主张赔偿损失的,原则上不予支持。"

最高人民法院《2015 年全国民事审判工作会议纪要》(以下简称《2015 年会议纪要》)第 28 条规定,北京市高级人民法院民一庭《关于妥善处理涉及住房限购政策的房屋买卖合同纠纷案件若干问题的会议纪要》(2011 年)(以下简称《北京高院 2011 年会议纪要》)第 3 条等地方规定基本上持相同意见。

2. 出卖方以买受方单方解除购房合同为由要求承担补偿责任的,则视情况予以支持。

《2011 年会议纪要》认为,应当"区分基本住房、改善性住房和投资性住房予以公平处理"。第 21 条规定:"人民法院对因国家宏观调控政策调整导致双方当事人解除房屋买卖合同后的损失,应适当区分基本住房、改善性住房和投资性住房予以公平处理,依法保护普通民众特别是弱势群体和低收入阶层的利益。对购买基本住房或改善性住房的,出卖人在解除合同后请求买受人赔偿损失的,原则上不予支持;对购买投资性住房的,出卖人在合同解除后请求买受人承担相应补偿责任的,人民法院应当依据公平原则进行处理,合同约定定金的补偿数额原则上以定金数额为限,没有约定定金的,原则上不超过合同标的额的 10%。"

《上海一中院实务研究》认为:"针对'二手房',符合以下要件的,可以免除买受人导致合同解除的违约责任,但出卖人可举证证明其实际损失,由买受人赔偿:一是合同签订的时间在政策发布之前;二是最后一项导致受到政策制约的过户时间在系争合同(包括定金合同)签订之前;三是买受人不存在导致其遭遇政策限制的迟延履行行为;四是买受人在政策发布后及时告知出卖人(以 3 日为宜),并要求解除合同(定金合同按照定金罚则处理);合同签订在政策出台后的,严格按照合同约定处理，买受人应承担合同解除的违约责任（出卖人明知的情形除外）。”

3. 签约后出台的限购政策仅限制不予办理过户登记，但不影响合同效力，当事人能否主张继续履行合同、待买受方获得购房资格后再办理过户手续？

《北京高院2011年会议纪要》第6条（对“京十五条”实施前签订的合同要求继续履行的处理原则）规定：“本纪要第5条涉及案件中，买受人家庭不具备‘京十五条’规定的购房资格，但买卖双方在该规定实施（2011年2月17日）之前已经订立房屋买卖合同，且已经支付购房款并实际占有使用房屋，解除合同会导致当事人间利益明显失衡的，对买受人要求继续履行合同并办理房屋过户登记的诉讼请求，可予支持；不符合前述条件的，按本纪要第5条第1项的内容处理。法院对当事人提交的证明上述事实的证据应当严格审查，全面审核，判决支持买受人要求办理房屋过户登记诉讼请求的，应当在判前向受理法院的主管院庭长汇报，必要时可向二审法院汇报；原则上不宜以出具正式调解书的方式确认由出卖人为买受人办理房屋过户登记手续。买受人在相应的住房限购政策实施前已经提起诉讼要求办理房屋过户登记，尚未审结的，不受该政策规定的住房限购条件的限制。”

但北京市高级人民法院民一庭在2017年发布的《关于妥善处理涉及“3·17新政”的房屋纠纷案件若干问题的会议纪要》（以下简称《北京高院关于3·17新政会议纪要》）中则将允许过户登记的口径进一步收紧调整，第6条（新政前已签订合同的处理）规定：“买受人在‘3·17新政’实施前已经提起诉讼要求办理房屋过户登记，符合当时的购房政策条件，案件尚未审结的，对该房屋过户登记法院可以支持。当事人主张在‘3·17新政’相关政策出台之前已经订立房屋买卖合同，但不符合‘3·17新政’后的购房条件，请求判决继续履行合同并办理房屋过户登记的，原则上不予支持。但如个案中确存在明显利益重大失衡情形的，法院应函询相关行政主管部门意见予以确定。”

上述讨论的均为房屋买卖合同签订后并在正常履行的过程中遭遇新发布的限购新政导致买受方丧失购房资格的情形，但如“房屋买卖合同依约定期限能够实际履行，因一方当事人的原因致合同处于迟延履行状态，在此期间由于住房限购政策的实施导致合同无法继续履行的，对守约方要求解除合同，并要求另一方承担赔偿损失等违约责任的诉讼请求,应予支持”①。

四、司法裁判实务梳理

(一)房屋买卖合同签订后,买受方因新发布的限购政策丧失购房资格、主张解除合同的,法院一般予以支持;出卖方应将收受的购房款或者定金返还买受方。但对于出卖方所提出的要求买受方承担实际损失等诉请,从司法审判实务的梳理结果来看,法院予以支持的可能性较低

案例6-3-1 **谢某与杜某间房屋买卖合同纠纷案,上海市嘉定区人民法院(2016)沪0114民初5360号一审民事判决书。**

【法院裁判】合同签订后,上海市政府发布《关于完善本市住房市场体系和保障体系促进房地产市场平稳健康发展的若干意见》,原告据此丧失购房资格并于4月初向被告提出解除合同。原告未继续履行合同,并非原告主观不愿继续履行,而系由于新的购房政策出台,导致原告无法购房,合同没有继续履行的必要。对于合同无法继续履行,原、被告均无过错。原告主张被告退还定金20万元,本院予以支持。至于被告辩称合同无法履行致使其产生损失,因合同无法履行的责任不在原告,且被告并未证明其损失已实际产生,故本院不予采信。

案例6-3-2 **程某与施某房屋买卖合同纠纷案,上海市松江区人民法院(2016)沪0117民初7389号一审民事判决书。**

【法院裁判】原告符合购房政策是居间协议能够履行的根本条件,本案中原告被新颁布的购房政策所限购,故合同根本无法履行并不能归责于原、被告任何一方。如前所述,合同无法履行不能归责于原、被告任何一方,原告主张被告双倍返还定金、赔偿房屋差价损失、定金利息损失的诉请缺乏事实和法律依据,本院不予支持。

---

① 北京市高级人民法院民一庭《关于妥善处理涉及住房限购政策的房屋买卖合同纠纷案件若干问题的会议纪要》(2011)第3条第2款。

(二)买受方虽在签约后因新政导致丧失购房资格,但并不意味着将绝对导致购房合同的解除,司法实务中亦存在法院根据案件具体情况、判令允许继续履行购房合同的情形

1. 买受方虽因新政出台而被限购,但已与出卖方约定将买受方变更为享有购房资格的人员,故出卖方应配合继续履行购房合同。

案例6-3-3　沈某与朱某、蔡某房屋买卖合同纠纷案,上海市浦东新区人民法院(2016)沪0115民初69551号一审民事判决书。

【法院裁判】原告与朱某、叶某某签署《上海市房地产买卖合同》后,由于叶某某、朱某限购,原告与朱某签署了《承诺书》,并重新签订的《上海市房地产买卖合同》(第二版),变更了买受方等内容。上述《承诺书》和《上海市房地产买卖合同》(第二版)均系双方真实意思表示,且不违反法律、行政法规的强制性规定,合法、有效,双方当事人均应遵循合同的约定,全面履行义务。[二审后维持原判,案号为(2017)沪01民终2220号]

2. 限购新政仅导致房地产部门暂不予办理物权变更登记,不导致合同根本无法履行,且买受方对于政策变化并无过错,故出卖方无权解除购房合同。

案例6-3-4　曹某、祝某与潘某、童某房屋买卖合同纠纷案,上海市浦东新区人民法院(2018)沪0115民初37503号一审民事判决书。

【法院裁判】双方在签订买卖协议时也无法预计到政策变化因素,现因2016年3月的相关政策对购房资格的年限做出调整,导致反诉原、被告客观上不能在原约定的期限届满之时办理系争房屋的过户手续,此政策的变化并非双方签订合同时所能预料,反诉被告并无主观过错。限购仅是房地产调控政策的行政性措施,违反该政策导致的后果仅是房地产部门暂不予办理物权变更登记,并不导致合同根本无法履行,双方仍应遵从诚实信用原则、以有利于合同履行的方式继续履行合同,在符合条件时办理过户手续。判决:一、被告潘某、童某应于本判决生效之日起10日内协助原告曹某办理上海市浦东新区拱海路×××弄×××号×××室房屋的过户手续,产权登记至原告曹某名下当日原告曹某支付被告潘某、童某上述房屋尾款10万元。

3. 房屋买卖双方在签约时即知晓买受方限购,故特别约定一个较晚的过户期限或直接约定待满足过户条件后再办理登记手续,法院一般尊重当事人约定,

而不予支持解除合同。

案例 6-3-5　蔡某与左某房屋买卖合同纠纷案，上海市浦东新区人民法院(2016)沪 0115 民初 68363 号一审民事判决书。

【法院裁判】虽然签订上海市房地产买卖合同时，被告属于限购对象，但并不影响合同效力。原、被告双方在签约时均明知系争房屋的交易限制及被告的限购情况，故而一致约定迟至 2017 年 12 月 31 日办理房屋交易过户手续，现被告已依约付清定金及首期房款，双方亦办理了房屋交接手续，合同处于正常履行中。虽然双方签订的上海市房地产买卖合同第 9 条约定了合同解除权，但判断房屋能否过户，合同能否实际履行，应以约定的过户时间为准，在 2017 年 12 月 31 日之前，被告是否符合限购资格，既受现行政策的影响，也可能受到将来政策的影响，也可能由于原告自身身份情况的变化，而产生变化。本案中，交易中心尚未出具不予过户的通知，未具备合同约定的解除条件，故原告不具有合同约定的解除权。现原告要求解除合同，本院不予支持。

案例 6-3-6　徐某诉陈某房屋买卖合同纠纷案，上海市第一中级人民法院(2017)沪 01 民终 2911 号二审民事判决书。

【法院裁判】被上诉人签约时虽尚不符合购房资格条件，但限购政策并非法律、法规强制性规定，因此，上述合同、补充协议并不存在合同法规定的合同无效情形，可见上诉人该项主张于法无据。从事实上讲，双方在 2014 年 9 月 23 日即签订买卖合同，却约定于 2016 年 4 月 30 日前过户，时间跨度之久显然与一般的房屋买卖交易时间流程有异，同时结合补充协议中的内容表述、被上诉人的社保缴纳情况，本院认为，上诉人称其对被上诉人在签约时的限购情况并不知情，显有悖常理，上诉人现以被上诉人违反“限购令”为由主张合同无效或解除合同，实有悖诚信。综上，本院认为，双方签订的《上海市房地产买卖合同》及《买卖合同之补充协议》应属合法有效合同。

（该案中还存在因出卖方拖延履约导致买受方遭遇 2016 年 3 月 25 日新政导致限购的情节，在此种情况下，一审法院不仅认为买受方对此不存在过错，亦直接判令出卖方继续履行房屋过户登记手续，二审法院亦予以支持。）

(2017)沪 01 民终 2911 号判决书中进一步指出：“网签合同系基于行政管理需要所作登记备案手续，重新办理网签对上诉人的合同权利义务并无实质影响，属于上诉人履行买卖合同的附随义务，而非双方之间签订新的买卖合同。双方合同系约定在2016年4月30日前办理过户手续，被上诉人在同年2月具备购房资格后即在当月由本人以及通过中介公司请求上诉人配合办理交易过户手续，合乎约定和情理，上诉人如能积极予以配合，则双方房屋买卖合同即可顺利履行完毕。然而，上诉人以其自身行为充分表明其拒绝配合履行合同，从而直接导致被上诉人根据2016年3月25日限购新政无法正常履行买卖合同的后果产生，上诉人的行为实属恶意阻却合同履行之举，其上述两点理由均无法律和事实依据，本院不予采纳。双方之间的合同、补充协议既属合法有效合同，双方即应按照约定诚信履行，现被上诉人已将剩余房款交至法院，合同履行已无障碍。一审关于合同如何履行的判决正确，本院予以确认，不再赘述。”

一审法院在(2016)沪0112民初11592号一审民事判决书中指出，“因徐某在陈某社保已满2年的情况下未及时配合陈某重新进行网签合同，然在合同约定的过户期限届满前又遭遇限购新政的出台，双方因此涉讼。但涉案房屋交易发生于限购新政出台之前，而陈某于2016年1月底已缴满2年社保，并不属于‘3·25新政’的限购对象。且在双方合同履行过程中，陈某作为买受方并无违约行为，故作为卖售人的徐某应配合陈某继续履行涉案房屋买卖合同。”遂判决：徐某于上述房屋抵押登记涤除后10个工作日内协助陈某将上述房屋的产权办理过户至陈某名下，过户期间发生的相关税费等费用，由陈某负担。同日，陈某向徐某支付剩余房款2,050,000元以及自2016年2月1日起至2016年4月30日止的租金18,000元，合计2,068,000元。

五、小结

限购政策的法律性质一般认为是合同的履行障碍而非不可抗力，因此限购政策不影响房屋买卖合同的效力。

从司法实务来看，房屋买受方被限购后的主要救济途径为向法院起诉请求解除合同和请求继续履行合同，依据具体情形法院对此有不同处理方式。

对于房屋买受方请求继续履行合同的，从前文可看出，上海地区审判实务中存在这种情形：当合同签订后出台的新政导致买受方被限购时，法院可能在认定买受方对此无过错的情况下，不解除购房合同，仍判决出卖方协助买受方办理过户手续。这其实与上文中提到的《北京高院2011年会议纪要》第6条、北京市高级人民法院《关于3·17新政会议纪要》第6条规定的精神一致。作出这样的判决,笔者认为离不开法院与不动产登记中心的充分、密切沟通以及对于案情的全面审查。很显然,这是对买受方较为有利的一种裁判结果,尽管审判实务中尚不多见,但对于买受方仍有诉讼上的指导意义,买受方可尽可能从己方无过错、出卖方有过错、解除合同将导致利益重大失衡等角度举证、论证。

专题四　签约后买受方可否要求出卖方配合更名的法律问题

一、问题的提出

在房屋买卖中,已经签署的买卖合同或网签合同中常约定“在买卖合同履行期限之内,甲方同意配合乙方变更本买卖合同的买受方……”那么买受方是否有变更新买受方的权利?出卖方是否有必须同意且配合更名的义务?

为此,笔者结合实务,以相关规定和司法裁判实务为分析样本,对签约后买受方可否要求出卖方配合更名所涉及的相关法律问题进行梳理和分析,以供参考。

二、法律分析

购房合同更名实际上是合同权利义务的概括转让,《民法典》对此有相关规定。

《民法典》第555条规定:“当事人一方经对方同意,可以将自己在合同中的权利和义务一并转让给第三人。”

《民法典》第556条规定:“合同的权利和义务一并转让的,适用债权转让、债务转移的有关规定。”

《民法典》第551条规定:“债务人将债务的全部或者部分转移给第三人的,应当经债权人同意。债务人或者第三人可以催告债权人在合理期限内予以同意,债权人未作表示的,视为不同意。”

因此,首先,合同权利义务可以概括转让,但需要经对方当事人同意;其次,合同权利义务的概括转让适用债权债务概括转让的规定;最后,取得对方当事人同意时可以催告,但对方当事人沉默则视为不同意。

三、司法裁判实务梳理

(一)对于买受方提出的更名主张,部分法院认为,虽然有合同约定,但更名系属合同权利义务的转让,需经出卖方同意。如出卖方不同意的,则法院不会支持买受方的变更要求

案例6-4-1　孙某房屋买卖合同纠纷案,上海市青浦区人民法院(2017)沪0118民初20682号一审民事判决书。

【法院裁判】被告提出根据补充条款约定可以变更买受方,原告应予配合的主张,本院认为案涉合同为双务有偿合同,对买受方及出售人的权利义务均进行了明确约定,双方互为权利义务人,且被告作为买受方仍余大部分房款未支付,如变更买受方应属权利义务概括转移,需取得买卖双方及受让人共同同意,并对受让人的购房资格、原买受方已付房款的归属、收房买受方后续房款支付等涉及权利义务转让的重大事项协商一致,现原告明确表示不同意变更买受方,权利义务概括转移无法实现,故对被告的主张本院不予采信。

案例6-4-2　王某与陈某房屋买卖合同纠纷案,上海市青浦区人民法院(2017)沪0118民初1039号一审民事判决书。

【法院裁判】原告作为具有完全民事行为能力的成年人,其在购买涉诉房屋前理应对相关购房政策和规定进行充分了解,并应当审慎地签订系争房屋买卖合同。且双方在买卖合同的补充条款中亦是明确约定了原告应确保自身具有当前政策下的购房资格,虽然补充条款中亦约定了"如乙方变更买受方可以继续履行本合同的,甲方应配合重新签订合同并办理过户手续"。但本院认为该条款的适用的选择权在于被告方,该条款的设置绝非推定为被告方必须接受原告方提出的任意变更买卖人的合同主体变更的请求。现双方都要求解除上述合同,本院予以准许。

案例6-4-3　汪某、何某与虞某房屋买卖合同纠纷案,上海市浦东新区人民法院(2017)沪0115民初63996号一审民事判决书。

【法院裁判】法院认为,居间协议是预约合同关系,其直接指向的是本约即房屋买卖合同的缔结,如无特别申明,双方的合同权利义务应以房屋买卖合同的规

定为据。原、被告在居间协议中虽约定了变更买受方的条款，但在买卖合同中没有特别约定原告享有变更买受方的权利。另外，合同权利义务的概括转让应征得合同相对方的同意，本案中变更买受方条款适用的选择权在于被告，该条款的设置绝非推定为被告必须接受原告提出的任意变更买卖人的合同主体变更的请求。原告发函要求变更买受方属于双方协商内容，而被告回函明确拒绝，属于双方协商未成，不能约束于被告。据此，被告不同意变更买受方的行为并不构成违约。

案例 6-4-4　胡某与刘某房屋买卖合同纠纷案，天津市津南区人民法院(2018)津 0112 民初 963 号一审民事判决书。

【法院裁判】受天津市房屋限购政策影响，原告丧失购房资格，原、被告之间的房屋买卖合同无法继续履行。双方补充协议中虽有关于“因国家政策调控，打协议时可随时变更姓名”的约定，但当时双方对政策内容均不知情，且如按照该约定履行将导致合同主体发生变更，买受方由原告变更为案外人，建立新的买卖合同关系，使合同履行增加更多不确定性。故本院认为原、被告无法按照该约定履行合同。现原、被告之间的房屋买卖合同因政策调整原因不具备继续履行条件，原、被告均具有合同解除权，故本院对原、被告要求解除双方之间的房屋买卖合同的主张予以支持。合同解除后，原告应将被告给付的房屋钥匙、水电卡等材料返还被告。

案例 6-4-5　唐某、高某房屋买卖合同纠纷案，廊坊市中级人民法院(2019)冀 10 民终 516 号二审民事判决书。

【法院裁判】原被告签订的《房屋买卖合同》、《房屋交易居间服务合同》是双方真实意思表示，合法有效。从合同约定的履行方式及原告支付贷款服务费的内容看，剩余房款应是通过贷款方式支付，现原告以受限购政策影响为由请求解除合同，考虑到剩余房款须通过贷款解决，虽然合同约定原告无购房资格被告应无条件配合乙方变更购房人姓名，此约定应视为合同权利义务的转让，庭审中原告表示“不同意变更也没有适当的人员可以变更”，在缺少双方合意的情况下无法强制履行，故原告申请解除《房屋买卖合同》应予支持。

(二)对于买受方提出的更名主张,部分法院认为由于合同中已作出相应约定,应由出卖方配合买受方变更买受方

案例6-4-6　汤某与李某房屋买卖合同纠纷案,上海市第一中级人民法院(2020)沪01民终1963号二审民事判决书。

【法院裁判】2015年10月25日汤某代黄某与李某签订《房地产买卖居间协议》、《房屋买卖合同》以及根据汤某指示,其儿媳柳某于2015年11月7日持公证委托代黄某与李某网签《上海市房地产买卖合同》,表明汤某行使了其与黄某所签出售协议中,汤某有权变更买受方的合同权利,即通过李某与黄某直接签订买卖合同的形式实现买受方由汤某变更为李某。现(2018)沪0117民初13059号民事生效判决书已作出系争房屋产权恢复登记至黄某名下的判决,系争房屋过户登记至李某名下已不存在履行障碍,李某要求黄某协助办理过户的诉请,具有事实和合同依据,一审法院予以支持。(二审维持原判)

案例6-4-7　王某与邓某等房屋买卖合同纠纷案,上海市第一中级人民法院(2020)沪01民终6751号二审民事判决书。

【法院裁判】法院认为,根据居间协议第4.5条约定,上诉人可以增加、减少或者变更居间协议约定的买受方。即上诉人可以采取变更买受方或者概括转让居间协议项下买受方权利义务的方式促进买卖合同关系继续履行,但上诉人亦未采取相应措施。综合上述分析,上诉人并无证据证明被上诉人明知上诉人不具购房资格的问题,上诉人也未行使居间协议赋予的权利以促进买卖合同关系继续履行。故本院认为,系争房屋买卖合同关系未能继续履行的责任在于上诉人,被上诉人并无违约行为。由此,上诉人以双方存在过错为由要求被上诉人退还定金的诉讼请求,缺乏事实基础,本院予以驳回。

四、小结

如房屋买卖双方需在合同中约定更名事项,笔者建议对相关约定的表述予以明确,如“乙方享有自行另外变更买受方的权利,甲方负有同意且协助变更的义务”或“如乙方需变更买受方,需通知甲方并取得甲方同意”,以此避免合同条款的解释空间过大,进而降低将来发生争议时对双方当事人的不确定性。

专题五　出卖方因房价上涨解约导致的合同解除与违约责任法律问题

一、问题的提出

就房屋买卖合同相关法律问题,从买受方角度,较为常见的问题是由于房价上涨,出卖方以各种理由推脱拟拒不履行买卖合同,企图达到涨价或解除合同的目的。那么,作为已按约履行的买受方,应该如何维护自己的合法权益?

为此,笔者结合实务,以相关法律规定和上海地区司法裁判实务为分析样本,对出卖方因房价上涨解约导致的合同解除与违约责任所涉及的相关法律问题进行梳理和分析,以供参考。

二、法律分析

房屋买卖合同订立后,如出卖方以房屋价格上涨等为由提出解除合同的,就我国现行法律框架内,相关的规定主要包括:

(一)房屋买卖合同经依法订立并生效的,则对合同各方当事人产生拘束力,各方均应按约履行

1.《民法典》合同编

第509条规定:"当事人应当按照约定全面履行自己的义务。当事人应当遵循诚信原则,根据合同的性质、目的和交易习惯履行通知、协助、保密等义务。当事人在履行合同过程中,应当避免浪费资源、污染环境和破坏生态。"

第580条规定:"当事人一方不履行非金钱债务或者履行非金钱债务不符合约定的,对方可以请求履行,但是有下列情形之一的除外:(一)法律上或者事实上不能履行;(二)债务的标的不适于强制履行或者履行费用过高;(三)债权人在合理期限内未请求履行。有前款规定的除外情形之一,致使不能实现合同目

的的，人民法院或者仲裁机构可以根据当事人的请求终止合同权利义务关系，但是不影响违约责任的承担。”

2.《全国法院民商事审判工作会议纪要》(法〔2019〕254 号)

第 48 条规定:“【违约方起诉解除】违约方不享有单方解除合同的权利。但是，在一些长期性合同如房屋租赁合同履行过程中，双方形成合同僵局，一概不允许违约方通过起诉的方式解除合同，有时对双方都不利。在此前提下，符合下列条件，违约方起诉请求解除合同的，人民法院依法予以支持:(1)违约方不存在恶意违约的情形;(2)违约方继续履行合同，对其显失公平;(3)守约方拒绝解除合同，违反诚实信用原则。人民法院判决解除合同的，违约方本应当承担的违约责任不能因解除合同而减少或者免除。”

3. 上海市高级人民法院《关于审理“二手房”买卖案件若干问题的解答》(2005 年 12 月 16 日施行)

第 6 条:“合同签订后，一方不愿意再履行买卖合同，而另一方坚决要求继续履行的，如何处理? 答:按照约定全面履行合同义务是合同履行的一项基本原则。因此，除合同另有约定或出现可单方解除合同的法定情形外，无论是合同签订后的预期违约还是合同履行期届满后的实际违约，如另一方坚决要求继续履行的，除符合《合同法》第 110 条[①]规定外，应责令双方继续履行。在履行义务的同时，另一方还有其他损失的，应当赔偿损失。”

第 9 条:“买卖合同成立后，出卖人未能自动履行产权过户义务。对此，实践中买受方既有主张确权的，也有要求出卖人履行产权过户义务的，如何处理? 答:在买卖合同履行过程中，双方间存在的是债权债务关系，买受人只能依据合同约定，要求出卖人履行合同义务，包括按约将标的物的所有权移转给买受人。买受人不能依据买卖合同而直接取得标的物的所有权，实践中也可能由于出现法律上或者事实上不能履行等法定情形，而导致买受人不能实际取得标的物所有权的情况发生。同时，确权之诉系对民事权利是否存在、如何归属等加以确认，而如前述，在出卖人未自动履行所有权移转义务前，买受人尚未取得标的物

---

① 参见《合同法》第 110 条规定:“当事人一方不履行非金钱债务或者履行非金钱债务不符合约定的，对方可以要求履行，但有下列情形之一的除外:(一)法律上或者事实上不能履行;(二)债务的标的不适于强制履行或者履行费用过高;(三)债权人在合理期限内未要求履行。”(现行《民法典》第 580 条第 1 款)

的所有权，其依据合同约定要求确认房屋所有权归其所有，缺乏基础。因此，对出卖人不履行产权过户义务的，买受人不能直接要求确认房屋产权归其所有，只能按合同约定要求出卖人履行产权过户义务。”

(二)当出卖方订立多份房屋买卖合同时，不同买受方的权利应如何认定

我国未明确设立不动产多重买卖的认定规则，可参照最高人民法院《关于审理涉及国有土地使用权合同纠纷案件适用法律问题的解释》(2020 修正)进行理解及把握。该司法解释第 9 条规定：“土地使用权人作为转让方就同一出让土地使用权订立数个转让合同，在转让合同有效的情况下，受让方均要求履行合同的，按照以下情形分别处理：(一)已经办理土地使用权变更登记手续的受让方，请求转让方履行交付土地等合同义务的，应予支持；(二)均未办理土地使用权变更登记手续，已先行合法占有投资开发土地的受让方请求转让方履行土地使用权变更登记等合同义务的，应予支持；(三)均未办理土地使用权变更登记手续，又未合法占有投资开发土地，先行支付土地转让款的受让方请求转让方履行交付土地和办理土地使用权变更登记等合同义务的，应予支持；(四)合同均未履行，依法成立在先的合同受让方请求履行合同的，应予支持。未能取得土地使用权的受让方请求解除合同、赔偿损失的，依照民法典的有关规定处理。”

(三)预告登记——限制出卖方将房屋另行过户给第三人的法定权利

《民法典》第 221 条规定：“当事人签订买卖房屋的协议或者签订其他不动产物权的协议，为保障将来实现物权，按照约定可以向登记机构申请预告登记。预告登记后，未经预告登记的权利人同意，处分该不动产的，不发生物权效力。预告登记后，债权消灭或者自能够进行不动产登记之日起九十日内未申请登记的，预告登记失效。”

《不动产登记暂行条例实施细则》第 85 条规定：“有下列情形之一的，当事人可以按照约定申请不动产预告登记：……(二)不动产买卖、抵押的……预告登记生效期间，未经预告登记的权利人书面同意，处分该不动产权利申请登记的，不动产登记机构应当不予办理。预告登记后，债权未消灭且自能够进行相应的不动产登记之日起 3 个月内，当事人申请不动产登记的，不动产登记机构应当按照预告登记事项办理相应的登记。”

第 86 条第 1 款和第 2 款规定：“申请预购商品房的预告登记，应当提交下列材料：(一)已备案的商品房预售合同；(二)当事人关于预告登记的约定；(三)其

他必要材料。预售人和预购人订立商品房买卖合同后，预售人未按照约定与预购人申请预告登记，预购人可以单方申请预告登记。”

三、司法裁判实务梳理

1. 对于出卖方提出的解约主张，如买受方不同意解除合同的，可要求继续履行合同，并要求出卖方办理房屋过户手续。

案例6－5－1　顾某与蔡某、江某等房屋买卖合同纠纷案，上海市第一中级人民法院(2019)沪01民终10660号二审民事判决书。

【法院裁判】被告江某、被告蔡某交付了系争房屋。系争房屋自2019年1月起可以办理过户手续。但是被告蔡某、被告江某、被告章某拒绝履行本协议约定的主要义务，所以，被告蔡某、被告江某、被告章某是违约方。现原告顾某要求被告蔡某、被告江某、被告章某继续履行合同、协助其办理系争房屋过户手续的诉讼请求，本院予以支持。

预购合同系双方真实意思表示，该合同已经包含房屋买卖的主要条款，且不违反法律行政法规的强制性规定，故预购合同合法有效，双方均应按约履行。双方在预购合同中约定办理过户手续前需另行签订上海市房地局的《上海市房地产买卖合同》示范文本，该约定系履行预购合同的配合义务，而非缔结新的合同，亦不能以此推论在双方未签订示范文本前蔡某没有办理过户手续的义务。

2. 如双方已签订房屋买卖合同(实务中常见为带有中介方的居间买卖协议)，尚未办理存量房买卖合同网签手续的，亦不影响认定房屋买卖合同关系成立。

案例6－5－2　陈某1诉陈某2房屋买卖合同纠纷案，上海市第一中级人民法院(2017)沪01民终15093号二审民事判决书。

【法院裁判】陈某1与陈某2、周某于2016年7月20日签订的《房屋买卖合同》已完备了房屋买卖合同的主要条款，虽然双方约定了在签订《房屋买卖合同》后90日内签订网签示范文本的买卖合同，但该示范文本仅为备案所需，双方签订的《房屋买卖合同》应为本约。

3. 在继续履行房屋买卖合同存在轻微障碍的情形下，如买受方同意解除合同的条件，则法院会裁判解除合同，出卖方仍应承担相应的违约责任。

案例6－5－3 黄某与金某、潘某等房屋买卖合同纠纷案，上海市浦东新区人民法院(2018)沪0115民初37863号一审民事判决书。

【法院裁判】原告已按约支付全部购房款，被告有义务按照合同约定在政策允许过户时配合原告办理房屋产权过户手续。但鉴于系争房屋因他案被司法查封，至今未解封，目前尚不具备办理过户登记的条件，原、被告一致同意解除《动迁安置房买卖协议》，本院予以支持。

当然，如果该轻微障碍并不影响房屋买卖合同的继续履行，尤其不影响卖方将房屋过户给买方的，如买方不同意解除合同的，则应继续履行。

案例6－5－4 冯某与张某等房屋买卖合同纠纷案，上海市第一中级人民法院(2020)沪01民终11763号二审民事判决书。

【法院裁判】根据法律规定，当事人就迟延履行约定违约金的，违约方支付违约金后，还应当履行债务。本案中，在冯某有较明显违约行为的情况下，张某、王某并未行使单方解除权，而是要求继续履行合同并办理产权过户手续。现张某、王某已将全部购房款均支付完毕，且系争房屋除本案财产保全措施外没有其他权利限制措施，本次过户并不存在现实障碍，且冯某亦同意协助过户，故一审法院对于张某、王某要求将系争房屋产权过户至其名下的诉请予以支持，张某、王某自愿承担过户过程中产生的税费，一审法院予以确认。[二审后维持原判，案号为(2020)沪01民终11763号]

4. 但如果出卖方已将标的房屋另行出售、且已办理过户手续的，则合同因无法继续履行而解除，出卖方应承担违约责任。

案例6－5－5 郁某与王某房屋买卖合同纠纷案，上海市第二中级人民法院(2020)沪02民终11198号二审民事判决书。

【法院裁判】在系争房屋的限售期届满且王某提出过户交易的情况下，郁某却与案外人签订房屋买卖合同，并办理了过户手续，郁某的行为显属违约，由此造成王某的经济损失，郁某应该承担责任，现转让合同实际已无法履行，故王某要求解除转让合同、返还购房款及支付相应利息、赔偿损失、支付办理原产权登记等费用的诉讼请求，应予支持。

5. 合同解除后，出卖方除应退还购房款本金外，应承担购房款利息、房屋差价违约金等损失，买受方应归还出卖方已交付的房屋。

前述【案例6－5－3】所述(2018)沪0115民初37863号民事判决书中指出:“……原告要求被告返还购房款350万元的请求应予支持。原告要求被告支付已给付金额按照中国人民银行同期贷款利率按实际付款之日起计算的利息,被告对此无异议,与法不悖,本院予以支持。对于原告要求被告支付违约金70万元的请求,被告对此无异议,该主张未超出合同约定的违约金标准,与法不悖,本院予以支持。至于协议解除后,对被告已向原告交付的房屋,原告同意在本案处理相关解除事宜的同时,对系争房屋予以返还,并无不可,本院予以准许,返还房屋的时间由本院酌情确定。”

前述【案例6－5－5】所述(2020)沪02民终11198号民事判决书中指出:“但王某主张的利息自转让合同书签订之日(2012年2月8日)起算及按5年期贷款利率6.80%的标准计算,缺乏依据,一审法院调整为自系争房屋产权核准登记至案外人名下之日(2019年4月29日)起算,2019年8月19日之前按中国人民银行发布的金融机构人民币同期同类贷款基准利率计,2019年8月20日以后按全国银行间同业拆借中心公布的贷款市场报价利率计。

“王某主张的损失金额系按照房屋市场价格减去其支出的购房款后估算而来,但王某对房屋市场价未提供任何依据,且经济适用住房在限售期届满后进行转让时需对政府所有的40%产权支付相应对价,双方对此是明知的,故王某的损失应为郁某与案外人约某的合同价格减去王某支出的购房款及郁某实际购买政府40%产权所支付的价款。”

四、小结

如上述分析,出卖方违约提出解约时,原则上不予支持,但在出卖方已将房屋另行出售并办理过户手续的,则原合同实际上无法履行,仍应解除。

因此,笔者提出如下建议:

1. 签约时设立“预告登记”条款,并在条件成熟时(如办理网签备案手续后)办理预告登记手续。

然而,由于我国物权法律将预告登记的条件设置为“按照约定”①,而实务中

① 辛正郁:《“物权法”疑难问题再思考:该如何“按照约定”申请预告登记|民商辛说》,载微信公众号“天同诉讼圈”2016年4月26日,https://mp.weixin.qq.com/s/n8ZlpU42pj_Z6WRxguvzuQ。

对此的理解为合同中有办理预告登记的特别约定,并多按此操作①,又因通行的存量房买卖合同示范文本中条款的缺失、非法律专业人士的忽视、卖方市场的局限等原因,房屋买卖合同中一般不会作此特别约定,预告登记的实施情况亦难谓普遍。

2. 如出卖方已将房屋私下另行转移给第三方,则买受方更应立即提起诉讼,通过诉讼、财产保全等手段,尽可能地挽回损失。

房屋买卖合同签订后,如出卖方有拖延履约、联络不上等反常情形的,应警惕可能出现违约情形,买受方宜尽快提起诉讼,要求继续履行合同,同时申请将标的房屋查封,以限制出卖方将房屋另行过户给第三人。此时诉讼及保全标的包括房屋的约定价值,应按此计算并缴纳案件受理费、保全费等。

---

① 载微信公众号“上海市自然资源确权登记事务中心”2022 年 7 月 20 日,http://djzx3. ztnt. net/wxfront/questionInfo. html? id = 31。“常见问题:存量房买卖能做预告登记吗?需要带哪些资料?答:可以办理预告登记,买卖双方持买卖合同、身份证到房屋所在区的不动产登记中心提出申请,限购政策实行期间,买方还需提供户口簿、婚姻关系证明等供查验。单方申请的,其网签买卖合同中须有办理预告登记的约定条款。”

专题六　企业购房政策及涉税法律问题（含买卖双方应缴税费案例）

一、问题的提出

就宏观政策而言，房市常以调控购房资格为由对市场进行控制。其中，个人名义购房资格常为热议。但就企业而言，以企业名义买房需要满足的条件、限制，交易时涉及何种税费等问题常遇实务经验匮乏之困扰。

为此，笔者结合实务，以相关法律规定和司法裁判实务为分析样本，对企业购房政策及涉税所涉及的相关法律问题进行梳理和分析，以供参考。

二、企业购房相关政策（以上海为例）

（一）企业购房的实体条件

上海地区企业[①]购房的主要依据为2018年7月3日起施行的《关于规范企业购买商品住房的暂行规定》（沪建房管联〔2018〕381号），其中第1条和第2条规定："一、企业在本市购买商品住房必须同时符合以下条件，购房时间以合同网签备案日期为准：1. 企业设立年限已满5年；2. 企业在本市累计缴纳税款金额已达100万元人民币；3. 企业职工人数10名及以上，且按照规定在该企业缴纳社保和公积金满5年。企业近年缴纳税款金额满500万元以上的，购房时不受上述企业设立年限和员工人数等条件的限制。二、企业购买的商品住房再次上市交易年限从'满3年'提高至'满5年'。"

从上述规定可看出，上海地区对企业购房在设立年限、缴纳税金、员工人数

① 限于研究范围，下述"企业"或"公司"均指依据中国公司法规设立的境内有限公司或股份公司，不包括合伙企业等其他形态。

及缴纳社保的年限等方面提出了限制，这实际上是要求购房企业应为长期存续且有实际经营业务的企业，避免借有名无实的空壳企业之名义规避个人限购政策。在上海地区限购政策日趋严格的今天，个人通过另行新设企业实现即时购房目的存在一定难度。

从上述规定上看，规定并未限制满足上述条件的企业的购房套数，亦未限制是一手房或二手房。实际操作时，还应详细咨询所属地区不动产交易部门的具体实施意见。如笔者在检索案例的过程中发现对企业购买二手住房是不作《关于规范企业购买商品住房的暂行规定》中所涉的购入资格限制的。

案例6－6－1　朱某与上海某医药科技有限公司房屋买卖合同纠纷上诉案，上海市第二中级人民法院（2019）沪02民终5606号二审民事判决书。

【法院裁判】二审中，就本案双方当事人争议的购房政策问题，本院向上海市黄浦区房地产交易中心、上海市房屋管理局、上海市住房和城乡建设管理委员会进行了询问，得到的回复是上海住房和城乡建设管理委员会于2018年7月2日发布的《关于规范企业购买商品住房的暂行规定》中所涉的限购政策只针对企业购买新建商品住房即一手房的情况，对于企业购买二手住房不作购入资格限制。

（二）企业购房涉及税费问题

上海市人民政府印发《关于本市贯彻〈中华人民共和国契税暂行条例〉的若干意见》的通知（沪府规〔2020〕9号）第2条规定："本市契税的适用税率为3%。"

财政部、国家税务总局《关于全面推开营业税改征增值税试点的通知》（财税〔2016〕36号）附件3：营业税改征增值税试点过渡政策的规定第5条规定："个人将购买不足2年的住房对外销售的，按照5%的征收率全额缴纳增值税；个人将购买2年以上（含2年）的非普通住房对外销售的，以销售收入减去购买住房价款后的差额按照5%的征收率缴纳增值税；个人将购买2年以上（含2年）的普通住房对外销售的，免征增值税。上述政策仅适用于北京市、上海市、广州市和深圳市。"

上海市房屋管理局《关于促进本市房地产市场平稳健康发展的意见》（沪建

房管联〔2021〕48 号)第 4 条规定:“调整增值税征免年限。将个人对外销售住房增值税征免年限从 2 年提高至 5 年。”

《关于调整本市普通住房标准的通知》(沪房管规范市〔2014〕6 号)规定:“可以享受优惠政策的普通住房,应同时满足以下条件:一、五层以上(含五层)的多高层住房,以及不足五层的老式公寓、新式里弄、旧式里弄等;二、单套建筑面积在 140 平方米以下;三、实际成交价格:低于同级别土地上住房平均交易价格 1.44 倍以下,坐落于内环线以内的低于 450 万元/套,内环线与外环线之间的低于 310 万元/套,外环线以外的低于 230 万元/套。”

财政部、国家税务总局《关于调整房地产交易环节税收政策的通知》(财税〔2008〕137 号)第 3 条规定:“对个人销售住房暂免征收土地增值税。”

《关于个人出售住房所得征收个人所得税有关问题的通知》(财税字〔1999〕278 号)第 4 条规定:“对个人转让自用 5 年以上、并且是家庭唯一生活用房取得的所得,继续免征个人所得税。”

上海市税务咨询热线回答:“对于本市的普通住宅,适用个人所得税核定征收政策的,征收率为 1%;对于本市的非普通住宅,适用个人得税核定征收政策的,征收率为 2%。”

财政部、国家税务总局《关于调整房地产交易环节税收政策的通知》(财税〔2008〕137 号)第 2 条规定:“对个人销售或购买住房暂免征收印花税。”

为使读者更能整体、直观地了解企业购房所涉及的相关税费问题,笔者以“企业向个人购买总价为 1000 万元的房屋(房屋购置原价 300 万元)”为例,将相关税费列示如表 6-6-1 所示。

表 6-6-1 企业向个人购买总价为 1000 万元的房屋(房屋购置原价 300 万元)相关税费

单位:万元

		税种	税率/核定征收率	转让价格	可税前扣除项目	计税依据	应交税额
买方(公司)	(1)	契税	3%	1000	0.00	952.381	28.571
	(2)	印花税	0.05%	1000	0.00	952.381	0.476

续表

		税种		税率/核定征收率	转让价格	可税前扣除项目	计税依据	应交税额
卖方（个人）	(1)	增值税	普通住宅且满5年	—	—	—	—	免征
			普通住宅且不满5年	5%	1000	0.00	952.381	47.619
			非普通住宅且满5年	5%	1000	300.00	666.667	33.333
			非普通住宅且不满5年	5%	1000	0.00	952.381	47.619
	(2)	城建税及教育费附加、地方教育附加	普通住宅且满5年	增值税×10%	1000	—	—	免征
			普通住宅且不满5年	增值税×10%	1000	—	—	4.762
			非普通住宅且满5年	增值税×10%	1000	—	—	3.333
			非普通住宅且不满5年	增值税×10%	1000	—	—	4.762
	(3)	印花税		0.05%	1000	—	—	暂免征收
	(4)	土地增值税		30%～60%	1000	—	—	暂免征收
	(5)	个人所得税	普通住宅且满5年且是家庭唯一用房	1%	1000	—	—	暂免征收
			普通住宅满5年但不是家庭唯一用房	1%	1000	—	1000	10.000
			普通住宅不满5年但是家庭唯一用房	1%	1000	47.62	952.381	9.524
			非普通住宅且满5年且是家庭唯一用房	2%	1000	—	—	暂免征收
			非普通住宅满5年但不是家庭唯一用房	2%	1000	33.33	966.667	19.333
			非普通住宅不满5年但是家庭唯一用房	2%	1000	47.62	952.381	19.048

如卖方系个人的，则需缴纳的税费将依据所转让住宅的性质（普通住宅/非普通住宅）、是否满五年、是否系家庭唯一住房而存在较大的差异。笔者将其主要分为8种情形，并将8种情形对应的应纳税总额列示如表6－6－2所示（具体以房屋交易时税务部门认定金额为准）：

表6－6－2 个人之间转让房屋缴纳税费的8种情形

应纳税总额		买方	卖方（个人）
情形1	普通住宅＋满五年＋家庭唯一住房	29.048	0.000
情形2	普通住宅＋满五年＋非家庭唯一住房	29.048	10.000
情形3	普通住宅＋未满五年＋家庭唯一住房	29.048	61.910
情形4	普通住宅＋未满五年＋非家庭唯一住房	29.048	61.910
情形5	非普通住宅＋满五年＋家庭唯一住房	29.048	36.670
情形6	非普通住宅＋满五年＋非家庭唯一住房	29.048	56.000
情形7	非普通住宅＋未满五年＋家庭唯一住房	29.048	71.430
情形8	非普通住宅＋未满五年＋非家庭唯一住房	29.048	71.430

三、上海外地区的企业购房政策规定

经笔者检索，发现目前上海外地区的政策基本都规定暂停向企业出售房屋。

2018年6月23日，西安市人民政府办公厅发布《关于进一步规范商品住房交易秩序有关问题的通知》（市政办发〔2018〕61号）规定："一、强化商品房预售许可及交易管理……（四）在住房限购区域范围内，暂停向企事业单位及其他机构销售住房（含商品住房和二手住房）。"

2018年6月25日，长沙市人民政府办公厅发布《关于进一步加强房地产市场调控工作的通知》（长政办函〔2018〕75号）规定："……三、进一步加强商品住房（含新建商品住房和二手住房）购买资格审查，在我市限购区域（除浏阳市、宁乡市以外的行政区域）购买商品住房须符合以下规定：……（七）暂停企业在限购区域内购买商品住房，已购买的商品住房须取得不动产权属证书满5年后方可转让。"

2018年6月26日，杭州市住房保障和房产管理局官方微信"杭州住保房管"

公告称，杭州市住保房管部门宣布，暂停向企事业单位及其他机构销售住房（含商品住房和二手房）。

2018 年 7 月 31 日，深圳政府在线网站发布《关于进一步加强房地产调控促进房地产市场平稳健康发展的通知》，暂停企事业单位、社会组织等法人单位在深圳购买商品住房，停止办理企事业单位、社会组织等法人单位购买新建商品住房和二手住房网签手续。

2018 年 8 月 3 日，江阴市住建局印发《关于进一步加强房地产市场管理的通知》，该通知第 1 条规定："禁止企事业单位以单位名义或利用职工团购等方式炒卖商品住房。房地产开发企业发现此类情况应及时向主管部门汇报，隐瞒不报或为其提供便利的，暂停该房地产开发企业的商品房买卖合同网签权限。"

2018 年 8 月 13 日下午，南京市房地产市场综合执法办公室下发了《关于调整我市企事业单位住房限购政策的通知》，要求对企业参与购房行为进行限制。限制对象为所有企事业单位及其他机构，涵盖本市和外地企事业单位以及其他机构。文件于 8 月 13 日 19 时后开始执行，对采取摇号方式销售的楼盘，以房产部门购房资格核验时间为准，对非摇号方式销售的楼盘，以认购协议签订时间为准。

2019 年 1 月 5 日，海口市人民政府发布《关于严格落实琼办发〔2018〕29 号文件精神进一步稳定房地产市场的通知》，该通知第 1 条规定："暂停向企事业单位、社会组织及个体工商户出售商品住宅（经批准的企业人才周转房除外）。"

四、小结

综上，上海地区规定的限制是希望购房的企业应为长期存续且有实际经营业务的企业，而外省市则基本暂停向企业出售房屋。

在实务中，应密切注意对企业购房资格政策的变化，在交易时谨慎选择交易对象，以防出现企业作为买方无购房资格的风险。

同时，鉴于企业购房后在出售环节的税负远高于个人，因此企业应当谨慎考量购房后的房产持有负担，如有再出售安排的应当通盘筹划。

第 七 章

房地产
其他法律问题

专题一 《民法典》对房地产领域的影响与应对建议

一、问题的提出

2020年5月28日，十三届全国人大三次会议审议通过了《民法典》，这是新中国成立以来第一部以“法典”命名的法律。《民法典》分为总则、物权、合同、人格权、婚姻家庭、继承、侵权、附则八个部分，全篇共1260条，总字数逾10万。该法典自2021年1月1日起施行。

《民法典》对房地产领域的相关问题作出了许多新规定，包括土地使用权续期、业主的建筑物区分所有权、物业服务合同、居住权、抵押权、承租方优先购买权、承租方优先承租权等方面。本文将结合《合同法》(已失效)、《物权法》(已失效)等法律，对比和分析《民法典》关于房地产领域的规定及其影响，并作出应对建议，以供参考。

二、土地使用权续期(见表7-1-1)

表7-1-1 《民法典》关于土地使用权续期的修改

《物权法》	《民法典》
第149条 住宅建设用地使用权期间届满的，自动续期。 非住宅建设用地使用权期间届满后的续期，依照法律规定办理。该土地上的房屋及其他不动产的归属，有约定的，按照约定；没有约定或者约定不明确的，依照法律、行政法规的规定办理。	第359条 住宅建设用地使用权期限届满的，自动续期。续期费用的缴纳或者减免，依照法律、行政法规的规定办理。 非住宅建设用地使用权期限届满后的续期，依照法律规定办理。该土地上的房屋及其他不动产的归属，有约定的，按照约定；没有约定或者约定不明确的，依照法律、行政法规的规定办理。

影响与应对建议：

1. 住宅建设用地使用权有期限

业主对房屋享有的所有权是无期限的，但是对房屋所在的建设用地的使用权是有期限的。因此，购房者在购买房屋时应当特别关注房屋建设用地使用权的剩余期限。

2. 住宅建设用地使用权自动续期

《民法典》第 359 条区分了住宅建设用地使用权与非住宅建设用地使用权，明确住宅建设用地使用权期限届满后自动续期。

3. 配套细则尚待明确

上述条款对住宅建设用地使用权续期费用的规定尚不完善。关于续期费用的缴纳方式、减免标准、续期周期等具体规定有待相关法律法规进一步完善。

三、业主的建筑物区分所有权

（一）业主大会表决程序（见表 7－1－2）

表 7－1－2 《民法典》关于业主大会表决程序的修改

《物权法》	《民法典》
第 75 条　业主可以设立业主大会，选举业主委员会。 地方人民政府有关部门应当对设立业主大会和选举业主委员会给予指导和协助。	第 277 条　业主可以设立业主大会，选举业主委员会。业主大会、业主委员会成立的具体条件和程序，依照法律、法规的规定。 地方人民政府有关部门、居民委员会应当对设立业主大会和选举业主委员会给予指导和协助。
第 76 条　下列事项由业主共同决定： （一）制定和修改业主大会议事规则； （二）制定和修改建筑物及其附属设施的管理规约； （三）选举业主委员会或者更换业主委员会成员； （四）选聘和解聘物业服务企业或者其他管理人； （五）筹集和使用建筑物及其附属设施的维修资金； （六）改建、重建建筑物及其附属设施； （七）有关共有和共同管理权利的其他重大事项。	第 278 条　下列事项由业主共同决定： （一）制定和修改业主大会议事规则； （二）制定和修改管理规约； （三）选举业主委员会或者更换业主委员会成员； （四）选聘和解聘物业服务企业或者其他管理人； （五）使用建筑物及其附属设施的维修资金； （六）筹集建筑物及其附属设施的维修资金； （七）改建、重建建筑物及其附属设施； （八）改变共有部分的用途或者利用共有部分从事经营活动； （九）有关共有和共同管理权利的其他重大事项。

续表

《物权法》	《民法典》
决定前款第五项和第六项规定的事项，应当经专有部分占建筑物总面积三分之二以上的业主且占总人数三分之二以上的业主同意。决定前款其他事项，应当经专有部分占建筑物总面积过半数的业主且占总人数过半数的业主同意。	业主共同决定事项，应当由专有部分面积占比三分之二以上的业主且人数占比三分之二以上的业主参与表决。决定前款第六项至第八项规定的事项，应当经参与表决专有部分面积四分之三以上的业主且参与表决人数四分之三以上的业主同意。决定前款其他事项，应当经参与表决专有部分面积过半数的业主。且参与表决人数过半数的业主同意。
第 79 条　建筑物及其附属设施的维修资金，属于业主共有。经业主共同决定，可以用于电梯、水箱等共有部分的维修。维修资金的筹集、使用情况应当公布。	第 281 条　建筑物及其附属设施的维修资金，属于业主共有。经业主共同决定，可以用于电梯、屋顶、外墙、无障碍设施等共有部分的维修、更新和改造。 建筑物及其附属设施的维修资金的筹集、使用情况应当定期公布。紧急情况下需要维修建筑物及其附属设施的，业主大会或者业主委员会可以依法申请使用建筑物及其附属设施的维修资金。

影响与应对建议：

1. 提高业主启动表决的门槛

根据《物业管理条例》第 12 条第 1 款①的规定，业主大会会议应由专有部分占建筑物总面积过半数的业主且占总人数过半数的业主参加，即需要全体业主“双过半”参加表决。而根据《民法典》第 278 条的规定，业主大会会议应由“双三分之二以上”的业主参加表决。

2. 适当降低使用维修资金的表决门槛

根据《物权法》第 76 条的规定，使用维修资金需要专有部分占建筑物总面积三分之二以上的业主且占总人数三分之二以上的业主同意，即需要全体业主的“双三分之二以上”同意。而根据《民法典》第 278 条的规定，应由“双三分之二以上”业主参加表决，且参加表决的业主“双过半”同意，即只需全体业主的“双

① 《物业管理条例》第 12 条第 1 款规定：“业主大会会议可以采用集体讨论的形式，也可以采用书面征求意见的形式；但是，应当有物业管理区域内专有部分占建筑物总面积过半数的业主且占总人数过半数的业主参加。”

三分之一”同意就能通过表决。

3. 维修资金的筹集、使用情况应当定期公布

《民法典》第281条明确了维修资金的筹集、使用情况应当定期公布，且根据《民法典》第943条[①]的规定，维修资金使用情况的公布主体应当是物业服务人。该条款规定了物业服务人的信息公开义务，有利于保障业主的知情权。

4. 新增“紧急情况下使用维修资金的特别程序”

在紧急情况下，业主大会或者业主委员会可以依法申请使用维修资金。

(二) 共有部分产生的收入(见表7-1-3)

表7-1-3 《民法典》关于共有部分产生的收入的修改

《物权法》	《民法典》
—	第282条　建设单位、物业服务企业或者其他管理人等利用业主的共有部分产生的收入，在扣除合理成本之后，属于业主共有。

影响与应对建议：

小区共有部分产生的收入(如电梯广告)在扣合理成本后应当归全体业主共有，建设单位、物业服务企业或其他管理人应注意这点，避免因擅自使用该部分收入而产生纠纷。

四、物业服务合同

《民法典》相较《合同法》新增第24章物业服务合同，具体为第937条至第950条(因篇幅较大，在此不做原文摘录)。

影响与应对建议：

1. 确定物业服务合同的性质

《民法典》新增第24章物业服务合同是一项重大突破，使物业服务合同从无名合同正式转为有名合同，消除了关于物业服务合同性质的分歧。

① 《民法典》第943条规定：“物业服务人应当定期将服务的事项、负责人员、质量要求、收费项目、收费标准、履行情况，以及维修资金使用情况、业主共有部分的经营与收益情况等以合理方式向业主公开并向业主大会、业主委员会报告。”

2. 明确物业服务合同的一般规定

该章节详细规定了物业服务合同的定义、合同形式、内容、效力、期限、续订、解除和中止等。

3. 明确业主的义务

业主的义务包括：支付物业费义务、告知、协助义务、赔偿损失义务。

4. 明确物业服务人的义务

物业服务人的义务包括：一般义务、信息公开义务、禁止整体转委托，以及物业服务合同终止后的移交义务、后合同义务等。

五、居住权（见表7－1－4）

表7－1－4 《民法典》关于居住权的修改

《物权法》	《民法典》
—	第366条 居住权人有权按照合同约定，对他人的住宅享有占有、使用的用益物权，以满足生活居住的需要。 第367条 设立居住权，当事人应当采用书面形式订立居住权合同。 居住权合同一般包括下列条款： （一）当事人的姓名或者名称和住所； （二）住宅的位置； （三）居住的条件和要求； （四）居住权期限； （五）解决争议的方法。 第368条 居住权无偿设立，但是当事人另有约定的除外。设立居住权的，应当向登记机构申请居住权登记。居住权自登记时设立。 第369条 居住权不得转让、继承。设立居住权的住宅不得出租，但是当事人另有约定的除外。 第370条 居住权期间届满或者居住权人死亡的，居住权消灭。居住权消灭的，应当及时办理注销登记。 第371条 以遗嘱方式设立居住权的，参照适用本章的有关规定。

影响与应对建议：

1. 居住权的设立

(1)当事人应当通过书面形式订立居住权合同或通过遗嘱方式设立居住权。

(2)我国不动产物权变动采用登记生效主义，居住权必须经过登记方可设立，未登记的，不发生物权效力。

(3)居住权于居住期限届满或居住权人死亡时消灭，且居住权不得转让或继承。

2. 居住权的影响

“居住权”是《民法典》新增的一类用益物权，是一种支配权、绝对权、财产权。相比于租赁权而言，居住权的长期性和物权属性增加了权利人的稳定感，弥补了“房屋所有权”和“租赁权”之间的空隙。

另外，该权利的设立有利于实现“以房养老”模式。一方面，老年人可以通过转让房屋的所有权获得经济收入；另一方面，居住权的设立可以保障老年人在房屋中居住至去世为止。

六、抵押权(见表7－1－5)

表7－1－5 《民法典》关于抵押权的修改

《物权法》	《民法典》
第191条　抵押期间，抵押人经抵押权人同意转让抵押财产的，应当将转让所得的价款向抵押权人提前清偿债务或者提存。转让的价款超过债权数额的部分归抵押人所有，不足部分由债务人清偿。 抵押期间，抵押人未经抵押权人同意，不得转让抵押财产，但受让人代为清偿债务消灭抵押权的除外。	第406条　抵押期间，抵押人可以转让抵押财产。当事人另有约定的，按照其约定。抵押财产转让的，抵押权不受影响。 抵押人转让抵押财产的，应当及时通知抵押权人。抵押权人能够证明抵押财产转让可能损害抵押权的，可以请求抵押人将转让所得的价款向抵押权人提前清偿债务或者提存。转让的价款超过债权数额的部分归抵押人所有，不足部分由债务人清偿。

影响与应对建议：

1. 抵押人可以自由转让抵押房屋

根据《民法典》第406条的规定，除当事人另有约定外，抵押人转让抵押房屋的，不再需要抵押权人的同意，但应当通知抵押权人。

2. 抵押权人可以要求将转让所得价款提前清偿债务或提存

抵押权人能够证明转让行为可能损害抵押权的,可以要求抵押人将转让所得价款提前清偿债务或提存。

七、格式条款

(一)订立规则(见表7-1-6)

表7-1-6　《民法典》关于格式条款订立规则的修改

《合同法》及相关司法解释	《民法典》
《合同法》第39条第1款　采用格式条款订立合同的,提供格式条款的一方应当遵循公平原则确定当事人之间的权利和义务,并采取合理的方式提请对方注意免除或者限制其责任的条款,按照对方的要求,对该条款予以说明。	第496条第2款　采用格式条款订立合同的,提供格式条款的一方应当遵循公平原则确定当事人之间的权利和义务,并采取合理的方式提示对方注意免除或者减轻其责任等与对方有重大利害关系的条款,按照对方的要求,对该条款予以说明。提供格式条款的一方未履行提示或者说明义务,致使对方没有注意或者理解与其有重大利害关系的条款的,对方可以主张该条款不成为合同的内容。
《合同法解释(二)》第9条　提供格式条款的一方当事人违反合同法第三十九条第一款关于提示和说明义务的规定,导致对方没有注意免除或者限制其责任的条款,对方当事人申请撤销该格式条款的,人民法院应当支持。	

影响与应对建议:

1. 修改未履行提示说明义务的法律后果

当提供格式条款的一方未履行提示说明义务时,格式条款从"可撤销"变为"不成为合同内容"。"可撤销"意味着以合同成立为前提且在被撤销前系属有效,撤销前相对人仍受到该未尽提示说明义务的格式条款的约束;"不成为合同内容"意味着该条款直接被排除在合同范围之外,对当事人不产生法律上的约束力。可见,《民法典》更有利于保护格式条款相对方的利益。

2. 扩大提示说明义务范围

《民法典》对于格式条款提供方的提示说明义务范围在原有法律规定的基础上增加了"与对方有重大利害关系的条款"这一规定,由此需要进行提示或说明的格式条款的范围更广泛了,但该规定未明确什么是"有重大利害关系",对此法院在审判时有一定的自由裁量权。

(二)无效情形(见表7-1-7)

表7-1-7 《民法典》关于格式条款无效情形的修改

《合同法》及相关司法解释	《民法典》
《合同法》第40条　格式条款具有本法第五十二条和第五十三条规定情形的,或者提供格式条款一方免除其责任、加重对方责任、排除对方主要权利的,该条款无效。 《合同法解释(二)》第10条　提供格式条款的一方当事人违反合同法第三十九条第一款的规定,并具有合同法第四十条规定的情形之一的,人民法院应当认定该格式条款无效。	第497条　有下列情形之一的,该格式条款无效: (一)具有本法第一编第六章第三节*和本法第五百零六条**规定的无效情形; (二)提供格式条款一方不合理地免除或者减轻其责任、加重对方责任、限制对方主要权利; (三)提供格式条款一方排除对方主要权利。

*《民法典》第一编第六章第三节为有关民事法律行为效力的相关规定,主要包括无民事行为能力人实施、违反法律法规强制性规定、违背公序良俗、恶意串通损害他人合法权益、以虚假意思表示实施的民事法律行为无效。

**《民法典》第506条规定:"合同中的下列免责条款无效:(一)造成对方人身损害的;(二)因故意或者重大过失造成对方财产损失的。"

1.具有《民法典》总则中规定的无效情形时格式条款无效

根据《民法典》总则的规定,格式条款存在以下无效事由:(1)相对方为无民事行为能力人的,格式条款无效;①(2)双方以虚假意思表示订立的格式条款无效;②(3)违反法律法规强制性规定、违背公序良俗的格式条款无效;③(4)双方恶意串通损害他人合法权益的格式条款无效。④

2.适当放宽格式条款的无效条件

《合同法》对"免除其责任、加重对方责任"的格式条款一律认定为无效,《民法典》则规定"不合理地"减免自己责任、加重对方责任时,格式条款方为无效。换言之,如是合理地减免格式条款提供方责任、加重相对方责任的格式条款是合法有效的,相较于此前"一刀切"的规定,《民法典》增加了"不合理地"这一条件在一定程

① 《民法典》第144条规定:"无民事行为能力人实施的民事法律行为无效。"

② 《民法典》第146条规定:"行为人与相对人以虚假的意思表示实施的民事法律行为无效。"

③ 《民法典》第153条规定:"违反法律、行政法规的强制性规定的民事法律行为无效。但是,该强制性规定不导致该民事法律行为无效的除外。违背公序良俗的民事法律行为无效。"

④ 《民法典》第154条规定:"行为人与相对人恶意串通,损害他人合法权益的民事法律行为无效。"

度上缓和了对无效格式条款的认定，赋予了法院根据个案自由裁量的权力。

八、中介费(见表7-1-8)

表7-1-8　《民法典》关于中介费的修改

《合同法》	《民法典》
—	第965条　委托人在接受中介人的服务后，利用中介人提供的交易机会或者媒介服务，绕开中介人直接订立合同的，应当向中介人支付报酬。

影响与应对建议：

《民法典》明确规定了委托人订立合同的，必须向中介机构支付中介费。该条款禁止了委托人绕开中介机构私自订立合同，有利于保障和规范中介行业的发展。

九、承租方优先购买权(见表7-1-9)

表7-1-9　《民法典》关于承租方优先购买权的修改

<table>
<tr><th>《合同法》及相关司法解释</th><th>《民法典》</th></tr>
<tr><td>《合同法》第230条优先购买权　出租人出卖租赁房屋的，应当在出卖之前的合理期限内通知承租人，承租人享有以同等条件优先购买的权利。</td><td rowspan="2">第726条　出租人出卖租赁房屋的，应当在出卖之前的合理期限内通知承租人，承租人享有以同等条件优先购买的权利；但是，房屋按份共有人行使优先购买权或者出租方将房屋出卖给近亲属的除外。
出租人履行通知义务后，承租方在十五日内未明确表示购买的，视为承租人放弃优先购买权。
第727条　出租人委托拍卖人拍卖租赁房屋的，应当在拍卖五日前通知承租人。承租人未参加拍卖的，视为放弃优先购买权。
第728条　出租人未通知承租人或者有其他妨害承租人行使优先购买权情形的，承租人可以请求出租人承担赔偿责任。但是，出租人与第三人订立的房屋买卖合同的效力不受影响。</td></tr>
<tr><td>《最高人民法院关于审理城镇房屋租赁合同纠纷案件具体应用法律若干问题的解释》(以下简称《租赁合同司法解释》)第24条　具有下列情形之一，承租方主张优先购买房屋的，人民法院不予支持：
(一)房屋共有人行使优先购买权的；
(二)出租方将房屋出卖给近亲属，包括配偶、父母、子女、兄弟姐妹、祖父母、外祖父母、孙子女、外孙子女的；
(三)出租方履行通知义务后，承租方在十五日内未明确表示购买的；
(四)第三人善意购买租赁房屋并已经办理登记手续的。</td></tr>
</table>

影响与应对建议：

《民法典》将《租赁合同司法解释》第 24 条中的部分内容纳入第 726 条，明确了承租方行使优先购买权的例外情形。当出租方向房屋共有人或近亲属出售房屋时，承租方的优先购买权不能对抗房屋共有人或近亲属的购买权。

十、承租方优先承租权（见表 7－1－10）

表 7－1－10 《民法典》关于承租方优先承租权的修改

《合同法》	《民法典》
—	第 734 条　租赁期限届满，承租人继续使用租赁物，出租人没有提出异议的，原租赁合同继续有效，但是租赁期限为不定期。 租赁期限届满，房屋承租人享有以同等条件优先承租的权利。

影响与应对建议：

《合同法》中仅规定承租方享有优先购买权但没有规定其享有优先承租权。《民法典》第 734 条新增“承租方优先承租权”，以法律形式明确了承租方在同等条件下享有优先续租的权利。

专题二　《上海市土地交易市场管理办法》新旧版对比与解读

一、问题的提出

2008 年上海市出台了《上海市土地交易市场管理办法》(沪府发〔2008〕14 号,以下简称《管理办法》),《管理办法》是上海市实施建设用地使用权入市交易的重要法律依据。

原《管理办法》于 2020 年 4 月底到期,上海市政府于当年修订并发布了新《管理办法》(沪府规〔2020〕7 号)。新《管理办法》的修订内容主要包括根据《土地管理法》等国家相关法律法规、结合市场交易管理实际所进行的调整变化。

《管理办法》作为上海市土地使用权交易行为的重要依据,本文将对其此次修订内容进行逐项梳理①,以供参考。

二、目的和依据(表 7－2－1)

表 7－2－1　《管理办法》关于目的和依据的修改

上海市土地交易市场管理办法 (2020 年 5 月 1 日施行)	上海市土地交易市场管理办法 (2008 年 3 月 1 日施行,2020 年 4 月 30 日废止)
第一条　为规范建设用地使用权交易行为,优化土地资源配置,实现土地高质量利用,促进廉政建设,根据《中华人民共和国土地管理法》《中华人民共和国城市房地产管理法》等,结合本市实际,制定本办法。	第一条　为规范国有土地使用权交易行为,优化土地资源配置,提高土地利用效率,促进廉政建设,根据《中华人民共和国土地管理法》、《中华人民共和国城市房地产管理法》、《中华人民共和国城镇国有土地使用权出让和转让暂行条例》等法律、法规的规定,结合本市实际,制定本办法。

① 加粗为变化部分,删除线为删除部分。

三、定义和原则(见表7-2-2)

表7-2-2 《管理办法》关于定义和原则的修改

上海市土地交易市场管理办法 (2020年5月1日施行)	上海市土地交易市场管理办法 (2008年3月1日施行,2020年4月30日废止)
第二条　本办法所称的土地交易市场,是指由市政府批准设立的汇集和发布土地交易信息、公开实施土地交易活动、办理土地交易事务的固定场所。 本市土地交易,遵循公开、公平、公正的原则,营造统一开放、竞争有序、诚信守法的土地交易市场环境。	第二条　本办法所称的土地交易市场,是指由市政府批准设立的汇集和发布土地交易信息,公开实施土地交易活动,办理土地交易事务的固定场所。

影响与应对建议:

将公平、公正、公开及诚信守法等作为土地交易的原则,表示上海在加强对土地交易市场诚信的监管。

四、管理部门和承办机构(见表7-2-3)

表7-2-3 《管理办法》关于管理部门和承办机构的修改

上海市土地交易市场管理办法 (2020年5月1日施行)	上海市土地交易市场管理办法 (2008年3月1日施行,2020年4月30日废止)
第三条　市规划和自然资源局负责组织实施和监督管理土地交易活动。 区规划和自然资源局依据本办法的规定,实施相关管理工作。 市土地交易事务中心是本市土地交易市场的承办机构,按照本办法的规定,具体实施土地交易活动。	第三条　市房地资源局负责组织实施和监督管理土地交易活动。 区县土地管理部门依据本办法的规定,实施相关管理工作。 市房地产交易中心是本市土地交易市场的承办机构,按照本办法的规定具体实施土地交易活动。

影响与应对建议:

1. 本条根据实际情况,规范、统一主管部门及承办机构的名称。

2. 后续就土地交易事宜与政府机关沟通时,需注意对接正确的管理部门。

五、市土地交易中心的职责(见表7-2-4)

表7-2-4 《管理办法》关于市土地交易中心的职责的修改

上海市土地交易市场管理办法 (2020年5月1日施行)	上海市土地交易市场管理办法 (2008年3月1日施行,2020年4月30日废止)
第四条 市土地交易事务中心履行以下职责: (一)提供土地交易活动专门场所,为土地交易代理、信息咨询等中介机构提供服务场所; (二)汇集、发布本市土地交易信息; (三)接受委托,组织实施土地交易活动; (四)从事与土地交易相关的其他事务。	第四条 市房地产交易中心履行以下职责: (一)提供土地交易活动专门场所,为土地交易代理、信息咨询等中介机构提供服务场所; (二)汇集、发布本市土地交易信息; (三)接受委托组织实施土地交易活动; (四)从事与土地交易相关的其他事务。

影响与应对建议:

交易中心职责未调整。

六、事务公开(见表7-2-5)

表7-2-5 《管理办法》关于事务公开的修改

上海市土地交易市场管理办法 (2020年5月1日施行)	上海市土地交易市场管理办法 (2008年3月1日施行,2020年4月30日废止)
第五条 市土地交易事务中心应当将土地交易规则、运作程序、服务内容、工作守则和监督办法等在土地交易市场及相关网站公布,接受社会监督。	第五条 市房地产交易中心应当将土地交易规则、运作程序、服务内容、收费标准、工作人员守则和工作人员监督办法等在显要位置张挂公布,接受社会监督。
—	第十五条 市房地产交易中心接受委托提供土地交易服务的,可以根据物价部门核定的标准收取相应服务费用。收取的服务费用应当严格管理,依法接受审计。

影响与应对建议:

目前土地交易市场操作中并未收取交易服务费用,故删除收费标准要求和老办法第15条。

七、评标专家管理(见表7-2-6)

表7-2-6 《管理办法》关于评标专家管理的修改

上海市土地交易市场管理办法 (2020年5月1日施行)	上海市土地交易市场管理办法 (2008年3月1日施行,2020年4月30日废止)
第六条　市规划和自然资源局应当建立土地招标的评标专家库。实施建设用地使用权招标活动前,应当在公证处的公证下,随机抽取评标专家。	第六条　市房地资源局应当建立土地招标的评标专家库。实施土地使用权招标活动前,应当在公证处的公证下,随机抽取评标专家。

影响与应对建议:

选取评标专家的方式未调整。

八、在土地交易市场进行交易的范围(见表7-2-7)

表7-2-7 《管理办法》关于在土地交易市场进行交易的修改

上海市土地交易市场管理办法 (2020年5月1日施行)	上海市土地交易市场管理办法 (2008年3月1日施行,2020年4月30日废止)
第七条　下列建设用地使用权交易,应当在土地交易市场进行: (一)国有建设用地使用权和集体经营性建设用地使用权出让、出租; (二)开发区成片开发的国有建设用地使用权分割转让; (三)其他根据法律法规规定在土地交易市场进行建设用地使用权交易的; (四)合同约定在土地交易市场进行建设用地使用权交易的。 除前款规定以外的其他建设用地使用权转让,建设用地使用权人可以委托市土地交易事务中心在土地交易市场进行交易。	第八条　下列国有土地使用权交易,应当在土地交易市场进行: (一)国有土地使用权出让、租赁; (二)经济开发区成片开发的土地使用权分割转让; (三)出让土地使用权随房屋建设工程转让; (四)以划拨方式取得土地使用权的房地产转让(不包括居住房屋),但法律、法规、行政规定明确应当收回土地使用权的除外。 除前款规定以外的其他土地使用权转让,土地使用权人可以委托市房地产交易中心在土地交易市场进行交易。

影响与应对建议:

1. 根据2020年1月1日施行的新《土地管理法》,将集体经营性建设用地使用权纳入交易范围。

2. 将原有的“出让土地使用权随房屋建设工程转让”和“以划拨方式取得土地使用权的房地产转让”两项交易活动根据实际情况纳入“其他根据法律法规规

定进行交易”及“合同约定进行交易”范畴执行。

3. 请继续关注集体经营性建设用地使用权入市交易的配套具体操作细则。

九、公开土地交易信息(见表7-2-8)

表7-2-8　《管理办法》关于公开土地交易信息的修改

上海市土地交易市场管理办法 (2020年5月1日施行)	上海市土地交易市场管理办法 (2008年3月1日施行,2020年4月30日废止)
第八条　市土地交易事务中心应当在土地交易市场发布以下信息: (一)国有建设用地使用权和集体经营性建设用地使用权出让、出租的招标拍卖挂牌公告和交易结果公示; (二)开发区成片开发的国有建设用地使用权分割转让的招标拍卖挂牌公告和交易结果公示; (三)其他根据法律法规规定在土地交易市场进行建设用地使用权交易的公告和交易结果公示; (四)合同约定在土地交易市场进行建设用地使用权交易的公告和交易结果公示; (五)可以以协议方式出让、出租的国有建设用地使用权和集体经营性建设用地使用权供地公告和交易结果公示; (六)建设用地使用权人委托市土地交易事务中心在土地交易市场进行交易的公告和交易结果公示; (七)其他需要发布的土地交易信息。 前款第(一)至第(七)项的信息,还应当通过中国土地市场网、上海市规划和自然资源局网、上海土地市场网向社会公布。	第七条　市房地产交易中心应当在土地交易市场发布以下信息: (一)国有土地使用权出让、租赁的招标、拍卖、挂牌公告和交易结果公示; (二)可以以协议方式出让、租赁的国有土地使用权供地公告和交易结果公示; (三)经济开发区成片开发的土地使用权分割转让的招标、拍卖、挂牌公告和交易结果公示; (四)出让土地使用权随房屋建设工程转让的转让信息和交易结果公示; (五)以划拨方式取得土地使用权的房地产转让(不包括居住房屋)的信息和交易结果公示; (六)其他需要公布的土地交易信息。 前款第(一)至第(五)项的信息,还应当通过中国土地市场网、上海房地资源网、房地产交易服务网向社会公布。

影响与应对建议:

1. 明确将“建设用地使用权人委托市土地交易事务中心在土地交易市场进行交易的公告和交易结果”列为公示范畴。

2. 公开网站发生变化。

3. 在查询公开土地交易信息时,关注中国土地市场网、上海市规划和自然资源局网、上海土地市场网等更新后的网站。

十、国有建设用地使用权招标拍卖挂牌出让、出租交易规则(见表7－2－9)

表7－2－9 《管理办法》关于国有建设用地使用权招标拍卖挂牌出让、出租交易规则的修改

上海市土地交易市场管理办法 (2020年5月1日施行)	上海市土地交易市场管理办法 (2008年3月1日施行,2020年4月30日废止)
第九条　依法应当以招标拍卖挂牌方式出让、出租国有建设用地使用权的,由市土地交易事务中心按照国家和本市国有建设用地使用权出让、出租规则,组织招标拍卖挂牌交易活动。 经招标拍卖挂牌交易活动后,中标人、竞得人按照中标通知书或者成交确认书的要求,与土地管理部门签订国有建设用地使用权出让或者出租合同,并缴纳国有建设用地使用权出让金或者租金,依法申请办理不动产登记,取得国有建设用地使用权。	第九条　依法应当以招标、拍卖、挂牌(以下统称"公开交易")方式出让、租赁土地使用权的,由市房地产交易中心按照国家和本市国有土地使用权出让、租赁规则,组织公开交易活动。 经公开交易活动后,中标人、竞得人按照中标通知书或者成交确认书的要求,与土地管理部门签订国有土地使用权出让或者租赁合同,并缴纳土地使用权出让金或者租金后,依法申请办理土地登记,取得土地使用权。

影响与应对建议:

取消了"公开交易"的表述。

十一、国有建设用地使用权协议出让、出租交易规则(见表7－2－10)

表7－2－10 《管理办法》关于国有建设用地使用权协议出让、出租交易规则的修改

上海市土地交易市场管理办法 (2020年5月1日施行)	上海市土地交易市场管理办法 (2008年3月1日施行,2020年4月30日废止)
第十条　除工业、研发总部类用地和商业、金融、旅游、娱乐、服务业、商品住宅等经营性用地以外的国有建设用地使用权出让、出租供地公告发布后,规定的申请用地期限届满只有一个用地申请者的,由土地管理部门按照协议出让规则,与申请用地者签订国有建设用地使用权出让、出租意向书,并将该意向书或协议出让信息在土地交易市场内公示。公示期满后,签订国有建设用地使用权出让、出租合同的,应当在土地市场网公示交易结果。 有两个以上申请用地者的,应当按照本办法第九条的规定,由市土地交易事务中心组织招标拍卖挂牌交易活动。	第十条　工业用地和商业、金融、旅游、娱乐、服务业、商品住宅等经营性用地以外的土地使用权出让、租赁供地公告发布后,规定的申请用地期限届满只有一个用地申请者的,由土地管理部门按照协议出让规则与申请用地者签订国有土地使用权出让、租赁意向书,并将该意向书在土地交易市场内公示。公示期满后,签订国有土地使用权出让、租赁合同的,应当在土地交易市场内公示交易结果。 有两个以上申请用地者的,应当按照本办法第九条的规定,由市房地产交易中心组织公开交易活动。

影响与应对建议：

将研发总部类用地从“仅有一个用地申请者则可协议出让、出租”的用地范围中删除，也即对于研发总部类用地，即便只有一个用地申请者，也应采取招拍挂等方式出让、出租。

十二、集体经营性建设用地使用权招标拍卖挂牌和协议出让、出租交易规则（见表7－2－11）

表7－2－11　《管理办法》关于集体经营性建设用地使用权招标拍卖挂牌和协议出让、出租交易规则的修改

上海市土地交易市场管理办法（2020年5月1日施行）	上海市土地交易市场管理办法（2008年3月1日施行，2020年4月30日废止）
第十一条　有关集体经营性建设用地使用权招标拍卖挂牌和协议出让、出租交易规则，参照同类用途国有建设用地执行。	—

影响与应对建议：

1.《土地管理法》规定集体经营性建设用地使用权的用途为“工业、商业等经营性用途”，但未明确是否包括“商品住宅”，需关注后续相关配套细则的规定。

2. 请继续关注“集体经营性建设用地”入市交易用途的具体配套细则规定。

十三、成片开发的国有建设用地使用权分割转让交易规则（见表7－2－12）

表7－2－12　《管理办法》关于成片开发的国有建设用地使用权分割转让交易规则的修改

上海市土地交易市场管理办法（2020年5月1日施行）	上海市土地交易市场管理办法（2008年3月1日施行，2020年4月30日废止）
第十二条　开发区下列成片开发的国有建设用地使用权分割转让，应当以招标拍卖挂牌方式进行： （一）涉及工业、研发总部类用地以及商业、旅游、娱乐和商品住宅等经营性用地； （二）除工业、研发总部类用地和经营性用地以外，同一宗地有两个以上意向用地者的。	第十一条　经济开发区下列成片开发的土地使用权分割转让，应当以公开交易方式进行： （一）涉及工业、商业、旅游、娱乐和商品住宅等经营性用地； （二）除工业用地和经营性用地以外，同一宗地有两个以上意向用地者的。 经公开交易活动后，中标人或者竞得人按照中标

续表

上海市土地交易市场管理办法 （2020年5月1日施行）	上海市土地交易市场管理办法 （2008年3月1日施行，2020年4月30日废止）
经招标拍卖挂牌交易活动后，中标人或者竞得人按照中标通知书或者成交确认书的要求，与原国有建设用地使用权人签订国有建设用地使用权转让合同和转让监管协议，并依法申请办理不动产登记，取得国有建设用地使用权。	通知书或者成交确认书的要求，与原土地使用权人签订国有土地使用权转让合同，并依法申请办理土地登记，取得土地使用权。

影响与应对建议：

1. 研发总部类用地也应通过招拍挂方式转让；
2. 除签订土地使用权转让合同外，还须签订转让监管协议；
3. 请继续关注转让监管协议的具体签订要求及操作细则。

十四、其他建设用地使用权转让交易规则（见表7-2-13）

表7-2-13 《管理办法》关于其他建设用地使用权转让交易规则的修改

上海市土地交易市场管理办法 （2020年5月1日施行）	上海市土地交易市场管理办法 （2008年3月1日施行，2020年4月30日废止）
—	第十二条　出让土地使用权随房屋建设工程转让的，土地使用权人应当向市房地产交易中心提交申请报告，由市房地产交易中心报送原出让土地的土地管理部门审核。 经审核同意的，土地使用权人可以与意向受让人签订土地使用权转让意向书，也可以直接委托市房地产交易中心实施拍卖、挂牌交易。土地使用权人与意向受让人签订土地使用权转让意向书的，应当在土地交易市场公示转让意向书，由市房地产交易中心接受意向用地申请。公示期不少于5个工作日。公示期满没有其他意向用地者的，市房地产交易中心向转让双方当事人出具公示结果报告单，由当事人签订国有土地使用权转让合同；有其他意向用地者的，应当按照本办法第九条的规定，由市房地产交易中心组织拍卖、挂牌交易活动。

续表

上海市土地交易市场管理办法 （2020 年 5 月 1 日施行）	上海市土地交易市场管理办法 （2008 年 3 月 1 日施行,2020 年 4 月 30 日废止）
—	第十三条　以划拨方式取得土地使用权的房地产转让,土地使用权人应当向市房地产交易中心提交申请报告,由市房地产交易中心根据土地审批权限报土地管理部门审核。经审核需要依法收回土地使用权的,应当通知土地使用权人收回土地使用权;经审核需要收购并与划拨土地使用权人协商同意收购的,通知土地储备机构实施收购储备;经审核同意转让的,核发准予转让通知书。 土地使用权人取得准予转让通知书的,属于划拨土地使用权随房屋建设工程转让的,按照本办法第十二条第二款的规定实施交易活动。其他以划拨方式取得土地使用权的房地产转让,可以按照本办法第十二条第二款的规定实施交易活动,并缴纳土地使用权出让金或者土地收益后,依法申请办理土地登记。也可以由土地使用权人与受让人签订房地产转让协议,并缴纳土地使用权出让金或者土地收益后,依法申请办理土地登记。 以划拨方式取得土地使用权的房地产转让的,房地产转让结果、缴纳的土地使用权出让金或者土地收益数额应当在土地交易市场公示。
第十三条　按照本办法第七条第一款第（三）（四）项规定在土地交易市场进行的建设用地使用权交易和本办法第七条第二款规定委托市土地交易事务中心转让建设用地使用权的,建设用地使用权人可以通过市土地交易事务中心按照相关规定,以公开方式进行。 经市土地交易事务中心组织公开交易活动后,中标人或者竞得人按照中标通知书或者成交确认书的要求,与原建设用地使用权人签订建设用地使用权转让合同,依法申请办理不动产登记,取得建设用地使用权。	第十四条　按照本办法第八条第二款规定转让土地使用权的,土地使用权人可以与市房地产交易中心约定公开交易的方式。 经市房地产交易中心组织公开交易活动后,由中标人或者竞得人按照中标通知书或者成交确认书的要求,与原土地使用权人签订国有土地使用权转让合同,依法申请办理土地登记,取得土地使用权。

影响与应对建议：

将出让土地使用权随房屋建设工程转让规则、划拨土地使用权转让规则纳入“其他根据法律法规规定进行交易”及“合同约定进行交易”范畴，具体根据新办法第13条，建设用地使用权人可以通过市土地交易事务中心按照相关规定，以公开方式进行。

十五、投诉检举（见表7-2-14）

表7-2-14 《管理办法》关于投诉检举的修改

上海市土地交易市场管理办法（2020年5月1日施行）	上海市土地交易市场管理办法（2008年3月1日施行，2020年4月30日废止）
第十四条　市规划和自然资源局应当在上海市土地交易市场设立投诉检举渠道，并对外公示投诉检举途径、时间、地点及方式等内容，接受公民、法人和其他组织对土地交易违纪违规行为的投诉、检举。 土地交易行为违反法律规定的，应当依法承担相应的法律责任。	第十六条　市房地资源局应当在市房地产交易中心设立检举或投诉信箱，接受公民、法人和其他组织对土地交易违纪违规行为的检举、投诉。 土地交易行为违反法律规定的，应当依法承担相应的法律责任。

影响与应对建议：

调整优化投诉举报途径，意在加强对土地交易市场的监管。

十六、诚信管理（见表7-2-15）

表7-2-15 《管理办法》关于诚信管理的修改

上海市土地交易市场管理办法（2020年5月1日施行）	上海市土地交易市场管理办法（2008年3月1日施行，2020年4月30日废止）
第十五条　按照建立健全信用体系的要求，根据市场主体分类分级的动态信用状况，通过信用信息档案和交换共享机制，依法限制或禁止失信主体以直接或间接方式参与本市建设用地使用权交易活动，强化对市场主体的监管，推进土地交易市场信用体系建设，构建公平诚信的市场环境。	—

影响与应对建议：

1. 此为新增条款，宜引起开发企业的重视。

2. 根据该条款，理论上而言，“失信主体”不仅包括存在失信记录的房地产企业，也包括其他类型的法人跟自然人，一旦有失信记录，都有可能被列入限制名单当中。新办法明确“限制”乃至“禁止”“以直接或间接方式参与本市建设用地使用权交易活动”，则带有失信记录的企业或人员等可能较难以投资入股、合作开发等间接方式在上海拿地。

3. 该条也可能具有溯及既往的效用，即新规出台之前存在失信记录的企业可能都属于被限制的范围。

4. 该条新规具体将如何操作、执行力度如何，请关注后续更多配套执行细则。

5. 建议开发企业加强企业合规经营，加强对独立公司、区域公司乃至分公司的合规经营监管，同时重视防范公司股东、董监高的合规风险。

6. 开发企业应在拿地后乃至后续的建设开发、销售过程中均应合规操作，严格按照政府的要求进行。

十七、法律责任（见表 7－2－16）

表 7－2－16　《管理办法》关于法律责任的修改

上海市土地交易市场管理办法 （2020 年 5 月 1 日施行）	上海市土地交易市场管理办法 （2008 年 3 月 1 日施行，2020 年 4 月 30 日废止）
第十六条　市、区规划和自然资源局工作人员以及市土地交易事务中心工作人员在土地交易过程中收受贿赂、徇私舞弊、泄露秘密、玩忽职守、滥用职权的，由其所在单位给予行政处分或者相关监察机关给予政务处分；构成犯罪的，依法追究刑事责任。 中介服务单位及其工作人员在土地交易过程中，有违反有关法律、法规及业务管理规则、保密协议等规定行为的，市或者区规划和自然资源局或市土地交易事务中心应当依据相关服务约定，予以处理；造成损失的，依法追偿；构成犯罪的，依法追究刑事责任。 本办法所称中介服务单位，是指为土地交易市场提供有关专业服务的个人、机构或组织，包括银行、公证处、评标专家、主持人、咨询机构及相关行业组织等。	第十七条　市或者区县土地管理部门工作人员以及市房地产交易中心工作人员在土地交易过程中接受贿赂、徇私舞弊、泄露秘密、玩忽职守的，由其所在单位或监察机关给予行政处分；构成犯罪的，由司法机关依法追究刑事责任。

影响与应对建议：

1. 依据《监察法》等法规，调整完善对公职人员在土地交易过程中违规违法行为的表现形式以及责任追究等的规定。

2. 新增对土地交易中介服务单位的定义和该单位及其工作人员应承担的法律责任。

3. 开发企业在选择中介服务单位时，建议进行适当的背景调查，剔除有违规记录的中介服务机构，以免影响相关项目的正常运营乃至损害项目及企业的良好形象。

十八、制定业务规则（见表7-2-17）

表7-2-17 《管理办法》关于制定业务规则的修改

上海市土地交易市场管理办法 （2020年5月1日施行）	上海市土地交易市场管理办法 （2008年3月1日施行，2020年4月30日废止）
第十七条　市规划和自然资源局应当根据本办法，制订建设用地使用权入市交易业务规则。	第十八条　市房地资源局应当根据本办法的规定，制订土地使用权入市交易业务规则。

影响与应对建议：

建议关注“上海土地市场”（网址：http://www.shtdsc.com/2016/kfzq/）等网站了解更多的交易业务规则。

十九、施行日期（见表7-2-18）

表7-2-18 《管理办法》关于施行日期的修改

上海市土地交易市场管理办法 （2020年5月1日施行）	上海市土地交易市场管理办法 （2008年3月1日施行，2020年4月30日废止）
第十八条　本办法自2020年5月1日起施行，有效期至2030年4月30日。	第十九条　本办法自2008年3月1日起施行。

影响与应对建议：

新办法有效期为十年。

专题三　不动产抵押权证登记的抵押期限的相关法律问题

一、问题的提出

抵押权作为担保物权的一种,一般包括动产抵押及不动产抵押(包括在建工程抵押)。对于不动产抵押,法律规定登记时方设立。

实务中,不动产抵押权人在办理不动产抵押时,可能会注意到领取的抵押权证上或许会登记一栏“抵押期限”或“债权担保期限”,注明抵押期间的时长,一般为 1 ~ 3 年。此时,抵押权证上载明的抵押期限经过,会给所登记的抵押权[①]造成何种影响?

为此,笔者结合实践,以相关法律规定和司法裁判实务为分析样本,对不动产抵押权证登记的抵押期限所涉及的相关法律问题进行梳理和分析,以供参考。

二、抵押权证载明的抵押期限经过对所登记抵押权的影响

(一)法律分析

对于该问题,最高人民法院已通过司法解释及个案答复的方式进行了确认:

最高人民法院研究室《关于抵押权不受抵押登记机关规定的抵押期限影响问题的函》(法〔研〕明传〔2000〕22 号)规定:“依照《中华人民共和国担保法》第五十二条的规定,抵押权与其担保的债权同时存在,办理抵押物登记的部门规定的抵押期限对抵押权的效力不发生影响。”

最高人民法院执行工作办公室《关于超过抵押登记期限的房地产被查封处理后原抵押权人是否有权优先受偿的请示的答复》(〔2000〕执他字第 10 号)规

---

① 下文中所讨论的抵押权,如无特别说明,均为不动产抵押权。

定:“依据《中华人民共和国担保法》第52条规定:‘抵押权与其担保的债权同时存在,债权消灭的,抵押权也消灭。’抵押期限对抵押权的存续不具有法律约束力,抵押权不因当事人约定的或者登记部门要求登记的期限经过而消灭。”

(二)司法裁判实务梳理

对于此类纠纷,司法裁判中也给出了较为明确的裁判意见,依据《担保法解释》可直接认定抵押权证上的抵押期限对于抵押权的效力不具有法律约束力。

案例7-3-1 滦平县某采选有限责任公司、平安银行股份有限公司某分行金融借款合同纠纷案,最高人民法院(2019)最高法民申1643号再审审查与审判监督民事裁定书。

【法院裁判】抵押权消灭的法定情形,主要包括主债权全部清偿、抵押权实现、抵押物消灭等。对于登记机关登记的抵押期限到期是否导致抵押权消灭问题,《担保法解释》第12条第1款规定:“当事人约定的或者登记部门要求登记的担保期间,对担保物权的存续不具有法律约束力”。据此,某公司关于平安银行某分行对某公司的抵押权因登记的抵押期限到期而消灭的再审申请理由,缺乏法律依据,依法不能成立。

案例7-3-2 刘某、某养殖有限公司海域使用权纠纷案,最高人民法院(2019)最高法民申6399号再审审查与审判监督民事裁定书。

【法院裁判】《担保法解释》第12条第1款规定:“当事人约定的或者登记部门要求登记的担保期间,对担保物权的存续不具有法律约束力。”案涉《海域使用权抵押登记申请表》虽然登记抵押有效期自2014年4月14日至2014年12月31日,但对抵押权的存续不具有法律约束力。

三、“抵押期限”相关问题

(一)法律分析

我国《担保法》《物权法》等法律并未规定“抵押期限”,法条中与之相近的表述为“抵押期间”,如《民法典》第406条等。但上述法律均未对“抵押期间”的概念作进一步的解释。

现代汉语中,“期限”是指“限定的一段时间,也指所限定时间的最后界限”。此处所谓最后界限,在抵押权层面,可能指“抵押权消灭之日”以及“抵押权的行使不受法律保护之日”两种含义。

1.“抵押期限”到期不是抵押权消灭的法定原因

关于抵押权的消灭，根据《民法典》第393条的规定，抵押权因主债权消灭、担保物权消灭、债权人放弃抵押权等原因而消灭，但未规定因抵押权证上登记的抵押期限经过而消灭。

实际上登记部门在抵押权证上记载的“抵押期限”“债权担保期限”等，仅为过去有些登记部门所作的要求，并非法律的规定，实务中已在逐步取消。

如北京市住房和城乡建设委员会房屋权属处于2008年发布的《房屋登记工作规范（试行）》第2.9.10.2条规定：“房屋抵押登记不设抵押期限，原房屋抵押登记已设的抵押期限对抵押权的存续不具有法律约束力。”

但该规范已在北京市住房和城乡建设委员会于2014年发布《北京市房屋登记工作规范》后废止，新规范上已取消关于抵押期限的任何规定，未将其作为应变更或注销抵押登记的情形且未设抵押期限。笔者认为，如登记机关进行抵押期限的类似登记的，实际上缺乏法律上的依据或登记规范允许的登记范畴。

再如原国土资源部发布的《不动产登记暂行条例实施细则》规定了抵押权设立登记、变更登记、注销登记、最高额抵押权变更登记、最高额抵押权转移登记、在建建筑物抵押权首次登记等数种登记情形，亦均未将抵押证上载明的抵押期限的到期规定为应变更或注销抵押登记的情形。

至于抵押权证上载明的“抵押期限”“债权担保期限”等，实际上仅为登记便利而设置，对于抵押权的存续并无影响，即便该期限到期的，也无须特别办理延续登记。

2.抵押权应在主债权诉讼时效届满前行使，“抵押期限”到期不导致抵押权不受法律保护

如抵押权消灭的法定事由久未发生，为避免出现“主债权的诉讼时效届满，债权人仅持有自然债务，不享有胜诉权，但因抵押权仍存在，所以抵押权人可直接主张实现抵押权来清偿债务，则债务人可能因自有抵押财产被拍卖或第三方抵押人在拍卖变卖抵押物后向其追偿”的情形，导致诉讼时效的制度目的落空，我国法律并非保护抵押权直至抵押权消灭之日，而是保护至主债权诉讼时效期间届满之日。

《民法典》第419条规定：“抵押权人应当在主债权诉讼时效期间行使抵押

权;未行使的,人民法院不予保护。”

从人大常委会法工委给出的条文释义来看,立法者延续了《担保法解释》第22条第2款所采纳的将抵押权的保护期间与主债权的诉讼时效挂钩的方式,但未采纳上述条款将行使抵押权的保护日延至诉讼时效结束后的二年内的做法。即抵押权人应当在主债权诉讼时效届满前行使抵押权,如果超过该期间未行使的,抵押权没有消灭,但是不再受法律保护。这类似于主债权诉讼时效届满丧失胜诉权,如抵押人自愿继续履行担保义务的,法律予以支持。

3. 主债权诉讼时效届满后,抵押人可请求解除抵押权登记

主债权诉讼时效届满,更令抵押人关心的问题是能否申请解除抵押权登记?《物权法》第209条规定,抵押权消灭的方可办理注销登记。如主债权诉讼时效届满时注销抵押权似乎与现行法律冲突。然而实务中,主债权诉讼时效届满后仍同意履行抵押权的抵押人几乎不存在,在此种情况下仍不允许注销抵押登记的,导致抵押财产上的负担长期存在,不仅不利于保护当事人的合法权益,也不利于物之使用和流通效能的发挥。

对于这一困境,《全国法院民商事审判工作会议纪要》第59条规定,“【主债权诉讼时效届满的法律后果】抵押权人应当在主债权的诉讼时效期间内行使抵押权。抵押权人在主债权诉讼时效届满前未行使抵押权,抵押人在主债权诉讼时效届满后请求涂销抵押权登记的,人民法院依法予以支持。”该规定在表述上回避了对主债权诉讼时效届满与抵押权消灭之间的关系,但实质上仍倾向于认定主债权诉讼时效届满导致抵押权实际上的消灭。

(二)司法裁判实务梳理

下述案例中,最高院的裁判思路与上述条款基本一致。

案例7-3-3 海南某信托投资公司管理人与海南某股份有限公司、某机场有限责任公司合同纠纷案,最高人民法院(2015)民申字第1792号申请再审民事裁定书。

【法院裁判】关于二审判决认定某信托公司管理人对某股份公司的债权因超过诉讼时效而归于消灭,并导致抵押权消灭,判决解除抵押权登记,是否属于法律适用错误的问题。对于债权超过诉讼时效的法律后果,学理及实务的通行见解是,该债权并不致消灭,而是变为不能得到法律强制保护的自然债权。故二审

判决称某信托公司管理人的债权及抵押权消灭不当。但因本案诉讼中,某股份公司以诉讼时效抗辩,明确表示不再履行债务,故某信托公司管理人实质上并无再自行或协商实现债权的可能性。在此情形下,二审判决是否宣布该债权消灭并不会对某信托公司管理人实现债权的可能性产生实质影响。同样,因债权超过诉讼时效,某信托公司管理人请求实现相应的抵押权亦不能得到司法支持。因抵押人某机场公司向法院请求宣告抵押权消灭,亦表示其不再自愿承担抵押责任,某信托公司管理人不可能再有通过自行或与某机场公司协商处分抵押物实现抵押权的可能性,为有效发挥抵押物的效用,判决解除抵押权登记具有合理性。由此二审判决认定其债权消灭及解除抵押登记,不应视为足以导致再审改判的适用法律错误。

四、小结

综上所述,登记部门在抵押权证上载明的“抵押期限”并无现行法上的直接依据,到期后不导致抵押权的消灭,亦无须办理延期手续。同时,应注意抵押权的行使期间为主债权诉讼时效届满前。在主债权诉讼时效届满后,建议抵押人及时主张解除抵押权登记,以达物尽其用之效。

专题四　约定担保范围与登记担保金额不一致时的相关法律问题

一、问题的提出

为说明本文所分析的问题，试举一例：A 与其债务人签订抵押合同，约定债务人以不动产进行担保，担保范围包括本金、利息、罚息、违约金等费用，但办理的抵押权证上仅记载了被担保债权的被担保主债权数额，未记载利息、罚息、违约金等其他费用。那么实现抵押权时，A 只能在抵押项权证上登记的被担保主债权数额范围内享有优先受偿权，还是可将利息、罚息、违约金等费用纳入优先受偿范围？

笔者认为，这一问题的实质在于：抵押合同约定的担保范围和抵押权证上登记的担保金额不一致时，应以何者为准？

为此，笔者结合实务，以相关法律规定和司法裁判实务为分析样本，对约定担保范围与登记担保金额不一致时所涉及的相关法律问题进行梳理和分析，以供参考。

二、法律分析

2021 年 1 月 1 日施行的最高人民法院《关于适用〈中华人民共和国民法典〉有关担保制度的解释》（以下简称《担保制度司法解释》）①规定："不动产登记簿就抵押财产、被担保的债权范围等所作的记载与抵押合同约定不一致的，人民法院应当根据登记簿的记载确定抵押财产、被担保的债权范围等事项。"

---

① 该条源于 2000 年 12 月 13 日施行的最高人民法院《关于适用〈中华人民共和国担保法〉若干问题的解释》第 61 条，目前该 61 条已失效。但为确保判决书完整性，对本文中裁判文书中的相应条款未作修改。

《民法典》第 389 条规定:“担保物权的担保范围包括主债权及其利息、违约金、损害赔偿金、保管担保财产和实现担保物权的费用。当事人另有约定的,按照其约定。”

《民法典》第 400 条规定:“设立抵押权,当事人应当采取书面形式订立抵押合同。抵押合同一般包括下列条款:(一)被担保债权的种类和数额;(二)债务人履行债务的期限;(三)抵押财产的名称、数量等情况;(四)担保的范围。”

《民法典》第 400 条第 2 款将被担保债权的数额与担保的范围分别列于第 1 项和第 4 项,“被担保债权的数额”并不完全等于“担保范围”。该条源于《物权法》第 185 条。《物权法》第 185 条释义指出,被担保债权的数额,即为“主债权的数额,指主债权的财物金额,或者对劳动者支付的工资、劳务费”,而抵押财产担保的范围“包括主债权及利息、违约金、损害赔偿金和实现抵押权的费用。主债权,指抵押权所担保的债权,也即债权人与债务人之间因债的法律关系所发生的债权。[①]”因此,两者系法律上内涵及外延不完全一致的两个概念,在登记时应设置不同的栏目。

然而在抵押登记实务中,除个别省份不动产登记机构提供的不动产登记簿上设有“担保范围”栏目,使登记簿的记载内容可与合同约定内容一致外,多数省份的不动产登记机构提供的不动产登记簿上仅有“被担保主债权数额(最高债权数额)”的栏目设置,且规定只能填写固定数字。[②] 在此情况下极易因担保范围与担保主债权数额不完全一致而引发纠纷。司法裁判实务中往往出现两种截然不同的裁判情况,有法院依据《民法典》第 389 条的规定,以合同约定认定担保物权的担保范围;也有法院根据《担保制度司法解释》第 47 条的规定,判决抵押权人只能在登记的数额范围内优先受偿。

针对上述情况,《全国法院民商事审判工作会议纪要》(以下简称《九民纪要》,2019 年 11 月 8 日正式发布)第 58 条对此进行了专门规定,该条起到了解释说明及定分止争的作用。该条规定:“以登记作为公示方式的不动产担保物权的担保范围,一般应当以登记的范围为准。但是,我国目前不动产担保物权登记,

---

① 参见全国人大常委会法工委编:《中华人民共和国物权法释义》,法律出版社 2007 年版。

② 最高人民法院民事审判第二庭编著:《〈全国法院民商事审判工作会议纪要〉理解与适用》,人民法院出版社 2019 年版,第 358 页。

不同地区的系统设置及登记规则并不一致，人民法院在审理案件时应当充分注意制度设计上的差别，作出符合实际的判断：一是多数省区市的登记系统未设置‘担保范围’栏目，仅有‘被担保主债权数额（最高债权数额）’的表述，且只能填写固定数字。而当事人在合同中又往往约定担保物权的担保范围包括主债权及其利息、违约金等附属债权，致使合同约定的担保范围与登记不一致。显然，这种不一致是由于该地区登记系统设置及登记规则造成的该地区的普遍现象。人民法院以合同约定认定担保物权的担保范围，是符合实际的妥当选择。二是一些省区市不动产登记系统设置与登记规则比较规范，担保物权登记范围与合同约定一致在该地区是常态或者普遍现象，人民法院在审理案件时，应当以登记的担保范围为准。”

因此，应如何理解《担保制度司法解释》第47条规定的实质内容？就担保范围和登记的担保金额、实务中其他存在争议、需要注意的部分，笔者进行了进一步的整理分析如下。

三、司法裁判实务梳理

（一）对《担保制度司法解释》第47条及《九民纪要》第58条的理解

在《九民纪要》发布之前，如果抵押合同中分别列明了被担保债权的数额和担保范围，但是抵押权证上仅设有“被担保债权的数额”却未设“担保范围”一栏，从而导致抵押权证上仅登记被担保债权的数额而未登记担保范围的情况，那么该情况是否构成《担保制度司法解释》第47条所规定的“抵押物登记记载的内容与抵押合同约定的内容不一致”的情况？如果构成，那么根据《担保制度司法解释》第47条，法院本应当以登记簿记载的担保金额认定担保物权的担保范围。然而实务中出现了“构成内容不一致”和“不构成内容不一致”两种截然不同的裁判情况。

1. 第一种观点认为，上述情况构成了《担保制度司法解释》第47条所规定的“内容不一致”的情况。

此类判决中鲜有法院说明适用该条的理由，但是其基本的逻辑为：从字面上看，抵押权证上未记载合同中所约定的担保范围，即构成抵押物登记记载的内容与抵押合同约定的内容不一致。从理论上看，基于物权公示、公信原则，认定上述情况构成《担保制度司法解释》第47条所规定的“内容不一致”的情况，更有利于维护交易市场的安全性、稳定性。

案例 7－4－1　某镇银行股份有限公司与李某、孙某等金融借款合同纠纷案，宁夏回族自治区高级人民法院（2017）宁民终 136 号二审民事判决书。

【法院裁判】按照最高人民法院《关于适用〈中华人民共和国担保法〉若干问题的解释》第 61 条的规定，抵押物登记记载的内容与抵押合同约定的内容不一致的，以登记记载的内容为准。本案中，当事人虽然在合同中约定了抵押担保的范围，但是该约定与抵押物登记记载的内容不一致，在当事人未就担保合同约定的担保债权进行抵押登记的情况下，其不具有公示的要件，债权人无权就未进行抵押权登记部分的债权取得优先受偿的效力。一审法院依据抵押登记记载的内容判决某银行在抵押登记记载金额内即 500 万元范围内享有优先受偿权，并无不当，本院予以维持。

2. 第二种观点认为，上述情况不构成《担保制度司法解释》第 47 条所规定的"内容不一致"的情况，主要有以下三种理由：

（1）不能将"债权数额"理解为"担保范围"，从而认定抵押物登记记载的内容与抵押合同约定的内容不一致。

案例 7－4－2　中国某资产管理股份有限公司某分公司与江苏某房地产开发有限公司等合同纠纷案，最高人民法院（2019）最高法民再 69 号再审民事判决书。

【法院裁判】"债权数额"与"担保范围"分属他项权利证书中应当登记的两项内容，二者并非同一概念。原审判决将案涉他项权利证书中记载的"债权数额"理解为"担保范围"的记载，并据此认定抵押物登记记载的内容与抵押合同约定的内容不一致，以及本案优先受偿权的范围为上述他项权利证书中记载的"债权数额"，适用法律不当。

（2）"担保范围"并非抵押权证中必须记载的事项，抵押权证中虽未记载"担保范围"，但合同约定的主债权金额等内容与登记记载内容实际上是一致的。

案例 7－4－3　中国某银行股份有限公司某支行、潘某融借款合同纠纷案，长沙市中级人民法院（2017）湘 01 民终 10661 号二审民事判决书。

【法院裁判】抵押登记簿上所载明的仅是债权数额，未记载抵押担保范围，且抵押担保范围并非抵押登记簿中必须记载的事项,故本案不适用最高人民法院《关于适用〈中华人民共和国担保法〉若干问题的解释》第61条之规定,涉案抵押物的优先受偿权范围应以当事人之间的《个人购房担保借款合同》中所约定的抵押担保范围为准。

案例7-4-4 **中国某资产管理股份有限公司某分公司、重庆某地产(集团)股份有限公司金融借款合同纠纷案,最高人民法院(2018)最高法民终950号二审民事判决书。**

【法院裁判】本案中,《抵押合同》约定的担保范围是借款本金7亿元及利息、罚息和复利等,登记证书记载所担保的主债权本金也是7亿元。前者强调的是担保的主债权金额和担保范围,而后者强调的仅是担保的主债权金额。比较合同约定的内容和登记记载的内容,二者实际并未不一致,均明确担保的主债权本金是7亿元,只是登记证书并无担保范围的记载,而这是登记机构的登记制度造成的,与当事人无关。

(3)《担保制度司法解释》第47条适用前提是合同与抵押权证中存在"名目对应"的记载内容。

案例7-4-5 **兰州某商业银行股份有限公司某支行、白银某房地产开发有限公司金融借款合同纠纷案,兰州市中级人民法院(2020)甘01民终18号二审民事判决书。**

【法院裁判】最高人民法院《关于适用〈中华人民共和国担保法〉若干问题的解释》第61条规定:抵押物登记记载的内容与抵押合同约定的内容不一致的,以登记记载的内容为准。该条规范重在解决登记内容与抵押合同约定内容的冲突,其适用前提指两者都存在"名目对应"的记载内容,如两者关于主债权数额、担保范围的内容出现矛盾时,基于登记的公信原则,应当以登记记载的内容为准,但"债权数额"与"担保范围"两者种类不同,彼此并未发生冲突,故上述条款不能成为将抵押登记的"债权数额"作为优先受偿界限的依据。

为解决上述"同案不同判"问题,《九民纪要》在认定抵押权证上的"被担保债权的数额"与合同约定的"担保范围"构成不一致、应遵循《担保制度司法解释》第47条规定的"以登记内容为准"的情况下,为了避免债权人因此遭受不公平的损失,为平衡对债权人利益的保护,在登记不规范的情形下做了特殊考量。

最高人民法院民事审判第二庭在《〈全国法院民商事审判工作会议纪要〉理解与适用》(以下简称《九民纪要理解与适用》)中指出,“当合同约定的担保范围与登记簿记载不一致时,从优先保护相对人的合理信赖出发,应当以登记簿的记载为准。担保法司法解释第61条‘抵押物登记记载的内容与抵押合同约定的内容不一致的,以登记记载的内容为准’的规定体现的就是这一原理。”①但考虑到之所以会出现合同约定与登记簿记载不一致的情况,责任不在当事人,民二庭进一步指出,“在此情况下,让无辜的债权人承担因此导致的损失对其不公。基于现实的考量,本纪要采取了以合同约定为准的处理方法。”②

由此可见,基于登记作为公示方法具有公信效力,且为了保护后顺位抵押权人对登记的信赖,《九民纪要》第58条实则为对《担保制度司法解释》第47条的特殊规定,按照该条规定来规定认定债权人的担保范围,确定其可优先受偿的范围更符合物权的公示公信原则。

此外,关于《九民纪要》第58条末句“一些省区市不动产登记系统设置与登记规则比较规范,担保物权登记范围与合同约定一致在该地区是常态或者普遍现象,人民法院在审理案件时,应当以登记的担保范围为准”中的“比较规范”,笔者认为,结合该条规定的出台背景,应指不动产登记簿上设有“担保范围”栏目的情形。故当登记的“担保范围”与约定的“担保范围”不一致时,应当以登记范围为准。如《江苏省不动产登记条例》第67条第2款规定,“抵押权登记的担保范围应与抵押合同约定的担保范围相一致。”

(二)同一抵押物上存在多个抵押权时,前顺位抵押权人仍有权在合同约定的担保范围内优先受偿

在《九民纪要》出台前,对于在同一抵押物上存在多个抵押权的情况下,前顺位抵押权人可主张的优先受偿范围问题,实务中有不同的裁判意见:

1. 部分法院认为,根据合同相对性原则、物权公示、公信原则,为了保护顺位在后的抵押权人登记的抵押债权的实现,前顺位的抵押权人只能在登记数额范围内优先受偿。

---

① 最高人民法院民事审判第二庭编著:《〈全国法院民商事审判工作会议纪要〉理解与适用》,人民法院出版社2019年版,第358页。

② 最高人民法院民事审判第二庭编著:《〈全国法院民商事审判工作会议纪要〉理解与适用》,人民法院出版社2019年版,第358页。

案例7-4-6 **广元某商业银行股份有限公司、刘某执行分配方案异议之诉案，广元市中级人民法院(2019)川08民终1324号二审民事判决书。**

【法院裁判】不动产抵押登记的债权数额与《物权法》规定的抵押合同条款内容、担保物权的担保范围是几个不同的法律概念，不动产抵押登记的债权数额与抵押合同条款、担保物权的担保范围并不具有等同、从属等关系。被担保债权数额是抵押人负担保责任的一个认定标准，只有不动产登记将被担保债权数额及抵押合同约定担保的范围完整地记载，原告广元某银行才对被担保债权的数额在担保的范围内享有优先受偿权。不动产登记仅记载被担保债权数额，未记载担保的范围，抵押合同约定的担保范围的效力并不及于其他合法债权人。再者，不动产抵押登记具有公示公信的物权效力，当事人及相关利害关系人均应按照抵押登记记载的内容确定或者履行各自的权利和义务。当抵押登记簿记载的内容与当事人抵押合同约定的内容不一致时，按照抵押登记簿记载的内容确定原告优先受偿的债权数额，不仅符合法律法规相关规定，也有利于维护交易市场的安全性、稳定性。

2. 部分法院认为，根据《民法典》第389条的规定，后顺位抵押权人不得以“登记证明上仅记载被担保主债权数额”为由，对前顺位抵押权人的优先受偿范围提出异议。

案例7-4-7 **某银行股份有限公司某分行与潘某、瞿某执行分配方案异议之诉案，上海市高级人民法院(2018)沪民再14号审判监督民事判决书。**

【法院裁判】一般抵押权设立登记时登记证明上记载的“债权数额”仅是设定抵押时担保的主债权数额，且某银行在对涉案债权按规定要求进行抵押登记的同时，已将抵押合同进行了备案。其作为第一顺位抵押权人是无法预知后续可能发生的抵押。瞿某、潘某作为第二、第三顺位抵押权人，在抵押房屋上设立的抵押权均为余额抵押，其二人应当知晓法律关于担保范围的规定，亦应当知晓一般抵押权设立登记时的填写说明及相应规定。作为后顺位抵押权人，其二人负有审慎注意义务，在与债务人一起办理抵押权登记时，可以通过要求债务人查阅已在登记机关备案的抵押合同知晓债务人与第一顺位抵押权人平安银行约定的担保范围。综上所述,原二审判决关于在未登记担保范围情形下,则以某银行在办理抵押登记时按规定记载的债权数额作为优先受偿范围的认定,适用法律错误,应予纠正。

案例7-4-8 某银行股份有限公司某分行、某市某商厦金融借款合同纠纷案,河南省高级人民法院(2019)豫民再286号再审民事判决书。

【法院裁判】根据《物权法》第173条规定,"担保物权的担保范围包括主债权及其利息、违约金、损害赔偿金、保管担保财产和实现担保物权的费用。当事人另有约定的,按照约定。"及《担保法》第46条规定,"抵押担保的范围包括主债权及利息、违约金、损害赔偿金和实现抵押权的费用。抵押合同另有约定的,按照约定。"故抵押担保物权的法定担保范围应当包括主债权及利息、违约金等合理费用。案涉抵押合同亦明确约定抵押担保的范围包括主债权本金、利息、罚息、复利、违约金、损害赔偿金及实现债权、抵押权的费用和其他所有应付的费用等。故某银行的抵押权的范围包括主债权、利息、罚息等合理费用,其优先受偿权范围亦包括主债权及利息、罚息等合理费用。虽然抵押权证书中登记的债权数额为490万元,未显示双方约定的利息、罚息等费用,但根据原审查明的情况,抵押权证书中记载,他项权利种类为抵押,债权数额490万元,该内容与案涉借款合同中双方约定的主债权的数额一致。结合原建设部《房屋登记办法》第44条之规定,"对符合规定条件的抵押权设立登记,房屋登记机构应当将下列事项记载于房屋登记簿:(一)抵押当事人、债务人的姓名或者名称;(二)被担保债权的数额;(三)登记时间"。本案中,房屋登记机构对利息、违约金等内容未予登记,不构成《最高人民法院关于适用〈中华人民共和国担保法〉若干问题的解释》第61条规定的"抵押物登记记载的内容与抵押合同约定的内容不一致"的情形。因此,某银行对某商厦抵押房产的优先受偿权的范围包括主债权之外的利息、罚息等合理费用。

笔者认为,根据《九民纪要》第58条的规定,即使同一抵押物上存在多个抵押权,前顺位抵押权人也有权在合同约定的担保范围内优先受偿。原因有二:第一,《九民纪要》第58条已明确法院应当以合同约定认定担保物权的担保范围。如果为保护后顺位抵押权人的利益而缩小前顺位抵押权人的担保物权范围,则实质上架空了该条认定规则。第二,以合同约定认定担保物权的担保范围,更有利于保护后顺位抵押权人的利益。《九民纪要理解与适用》中指出:“该规则一旦确立,对所有债权人都是公平的,后顺位抵押权人在设立抵押权时,就不能仅仅去看登记簿,可能还要看当事人的合同约定。另一方面,后顺位受益权人在登记簿上记载的尽管也是主债权,但其范围同样及于利息、违约金等附属债权。相比更后顺位的抵押权人而言,对其的保护也是周全的。”①

四、小结

综上,对于抵押权证上仅设有被担保债权的数额但未设担保范围的情况是否构成“抵押物登记记载的内容与抵押合同约定的内容不一致的情况”在实务中存在两种不同的观点,一种观点认为构成,因此以登记记载的内容为准;另一种观点认为不构成,故应以抵押合同为准。而对于同一抵押物上存在多个抵押权的,前顺位抵押权人是否有权在合同约定的担保范围内优先受偿,实务中亦存在相反观点。

因此,建议双方在进行抵押登记时,应注意登记内容和合同约定的一致性,以防债权人利益被损害。

① 最高人民法院民事审判第二庭编著:《〈全国法院民商事审判工作会议纪要〉理解与适用》,人民法院出版社 2019 年版,第 358 页。

专题五　债务人物保与第三人人保并存时的相关法律问题

一、问题的提出

保证责任承担顺序问题在实务中常引发争议。试举一例：A 公司（有相应资质）和个人 B 签署《借款合同》，由 A 公司出借 B 款项，B 以其自有房屋作为抵押。同时，某担保公司作为保证人与 A 公司签订《保证合同》，约定“若借款客户未按借款合同等相关协议的约定偿还或未全部偿还其借款本金或足额支付资金成本的，A 公司有权直接要求担保公司承担无限连带责任”。此外，双方未有其他任何材料就担保实现顺序做出特别的约定。现 B 逾期付款，A 公司考虑到房屋变现程序较长，且担保公司资金相对雄厚，试图直接先起诉保证公司主张保证责任。那么 A 公司的做法是否存在法律障碍？

为此，笔者结合实务，以相关法律规定和司法裁判实务为分析样本，对债务人物保与第三人人保并存时所涉及的相关法律问题进行梳理和分析，以供参考。

二、法律分析

《民法典》第 392 条规定：“被担保的债权既有物的担保又有人的担保的，债务人不履行到期债务或者发生当事人约定的实现担保物权的情形，债权人应当按照约定实现债权；没有约定或者约定不明确，债务人自己提供物的担保的，债权人应当先就该物的担保实现债权；第三人提供物的担保的，债权人可以就物的担保实现债权，也可以请求保证人承担保证责任。提供担保的第三人承担担保责任后，有权向债务人追偿。”

由此可见，被担保的债权既有物的担保又有人的担保的，承担担保责任的顺序应当首先按照合同约定确定。没有约定或者约定不明确的，且债务人自己提供物的担保的,债权人应当先就该物的担保实现债权。

因此,上述案例的核心即在于认定《保证合同》中是否存在有关约定,且约定是否明确。

本案中,《保证合同》约定:“如借款客户未按借款合同等相关协议的约定偿还或未全部偿还其借款本金或足额支付资金成本的,A 公司有权直接要求担保公司承担无限连带责任。”该条款能否属于《民法典》第 392 条所涉及的约定,现结合司法审判实务进行综合认定作出判断约定的认定问题。

三、司法裁判实务梳理

本案中,上述保证合同中约定的债权人“有权直接向保证人主张保证责任”能否算作是明确地约定了保证人放弃责任顺位利益,从而债权人依此跳过债务人提供的物的担保而直接向保证人主张保证责任呢?通过总结大量案例,笔者总结相关约定应至少满足以下两个要件:(1)允许债权人有权要求保证人先履行保证责任;(2)保证人明示且确定地放弃债权人应先就债务人以自有物提供担保实现债权的抗辩。

相反,第三人仅承诺承担保证责任,或仅约定债权人有权自行决定实现担保的顺序,较难认定属于《民法典》第 392 条所规定的约定。

以下笔者摘录最高人民法院及地方高级人民法院的典型案例进行具体论证。

案例 7-5-1 **门峡市某置业有限公司、门峡市某发展股份有限公司金融借款合同纠纷案,最高人民法院(2019)最高法民终 1454 号二审民事判决书。**

【法院裁判】结合对本案《保证合同》以及四份《最高额抵押合同》相关条款的审查,本案被担保债权既有债务人提供的物的担保又有人的担保。虽然,根据四份《最高额抵押合同》第 10.8 条中就物的担保与人的担保实现顺序为“商务中心区支行有权自行决定实现担保的顺序”的约定,不能得出已就担保物权的实现顺序与方式等作出了明确约定,但结合《保证合同》第 6.2 条的约定,该条为关于物保和人保关系的约定,且明确约定“涧南支行主债权存在物的担保的”“不论其他担保是否由债务人自己所提供”,商务中心区支行均可“先”要求保证人“依照合同约定在保证范围内承担保证责任"，某发展公司、岳某、贾某、袁某、郭某、乔某将"不因此提出抗辩"。此处"先承担保证责任"应理解为包括无须先行就物保（含债务人物保）主张权利；"不因此提出抗辩"应理解为包括不得提出先就债权人物保先行清偿的抗辩。故此条无疑属于就实现担保物权的顺序所作的明确约定。本案商务中心区支行可以按照其与保证人的上述约定，直接要求保证人承担保证责任。

由此可见，最高院认为债权人仅以《最高额抵押合同》中关于"债权人有权决定实现担保责任的顺序"的约定可先要求保证人承担保证责任的主张无法成立，只有当保证人在《保证合同》中明确放弃就"债权人应先就债务人自己提供的担保实现债权"提出抗辩的情况下，最高院方认为案涉合同已就实现担保物权的顺序进行了明确约定，在此情况下，债权人方可按约直接要求保证人承担保证责任。

案例7-5-2　中国工商银行股份有限公司某支行、云南某酒店有限公司金融借款合同纠纷案，最高人民法院（2019）最高法民终1895号二审民事判决书。

【法院裁判】该案二审裁判认为：周某应如何承担保证责任。根据本案查明的事实，某酒店公司向工商银行某支行借款时，提供了自有不动产的抵押担保，并办理了抵押登记手续。周某虽然出具了《不可撤销担保函》，但该函并未特别约定担保责任承担的顺序。根据《物权法》第176条的规定，这种情况下债权人应当先就主债务人提供的物的担保实现债权。一审判决据此判令周某对某酒店公司提供的抵押财产以外不能实现的债务承担连带清偿责任正确，工商银行某支行主张应直接判令周某承担连带责任，与法律规定不符。

案例7-5-3　中国工商银行股份有限公司某支行与云南某酒店有限公司、云南某集团有限公司金融借款合同纠纷案，云南省高级人民法院（2019）云民初58号一审民事判决书。

【法院裁判】一审裁判认为：工商银行某支行主张某集团公司、某甲公司、某乙公司、周某对上述款项承担连带保证责任是否成立。某集团公司、某甲公司、某乙公司对其与工商银行某支行签订连带保证合同，承诺对某酒店公司的债务承担连带清偿责任的事实并无异议。某甲公司抗辩认为贷款中的部分款项是用于偿还该公司的欠款,所以该公司才提供连带保证。某酒店公司获得贷款后,并未按照约定归还该公司欠款,因此该公司不承担连带保证责任。但某甲公司与工商银行某支行签订的保证合同中并未附带条件约定贷款如不归还某酒店公司欠某甲公司的欠款,某甲公司则免除连带保证的责任。某甲公司也未提交任何证据证明某酒店公司与其有过上述约定,故,某甲公司的该项抗辩理由不能成立,不予支持。在某甲公司、某集团公司、某乙公司与工商银行某支行签订的保证合同中第6.2条约定,甲方主债权存在物的担保的,不论该物的担保是由债务人提供还是由第三人提供,甲方有权要求乙方先承担保证责任,乙方承诺不因此而提出抗辩。因此,某甲公司、某集团公司、某乙公司应当对某酒店公司欠工商银行某支行的贷款本息承担连带清偿责任。根据《物权法》第176条的规定,即同一债权既有保证又有物的担保的,保证人对物的担保以外的债权承担保证责任,被担保的债权既有物的担保又有人的担保的,债务人不履行到期债务或者发生当事人约定的实现担保物权的情形,债权人应当按照约定实现债权;没有约定或者约定不明确,债务人应当先就该物的担保实现债权。周某出具了《不可撤销担保函》,承诺对某酒店公司欠工商银行某支行的贷款和本金承担连带保证责任,该《不可撤销担保函》中并未约定周某放弃保证人对物的担保以外的债权承担保证责任的权利,因此,周某依法对某酒店公司提供的抵押财产以外不能实现的债务承担连带清偿责任。

上述案例中,通过对两组保证人出具的不同约定(承诺)进行对比,可更直观地看出,保证人仅承诺对债务人承担保证责任不足以认定已就担保物权实现顺序进行了明确约定(如保证人周某出具的《不可撤销担保函》),只有保证人在保证合同中明确表示"承诺不因此(即甲方不论主债权是否存在债务人物的担保而直接向保证人承担责任)而提出抗辩",方可认定保证人放弃了责任顺位利益,符合《民法典》第392条关于构成对担保物权实现顺序的明确约定。

四、小结

从上述司法实务的认定来看,如保证合同仅约定债权人可直接要求保证人承担保证责任,从中无法看出保证人放弃了在债务人的物的担保后承担保证责任的意思,此时如债权人跳过债务人物的担保直接要求保证人承担保证责任,可能较难获得法院的支持。

具体到前述案例,稳妥起见,A 公司还是应先就个人 B 的房屋实现债权。仍无法清偿债务的,再向担保公司主张。当然还需要注意保证人的保证期限及保证债务的诉讼时效等问题,此处不再赘述,笔者将在后续的文章中再做分析。

更重要的是,A 公司应在后续的与担保公司签订《保证合同》以及要求保证人出具保证书时,均应明确约定:即便在有债务人提供物的担保的情况下,仍可先向保证人主张保证责任,并且保证责任包括全部债权,不得排除债务人就物的担保所担保的债权范围。现提供下述条款内容供参考:

“保证人明确同意:除保证人提供的保证责任以外,如债权人的主债权已经或将来存在其他担保的,不论该担保是物的担保(包括但不限于抵押、质押、留置等)还是人的担保,且不论该担保是由债务人提供还是由非债务人提供,债权人均有权直接要求保证人就合同约定的保证范围承担保证责任,保证人承诺不因此提出任何抗辩。保证人在按债权人要求承担保证责任时,保证责任的范围应不得扣除担保物的价值所担保部分的债权”。